蓝狮子著名企业家
管理日志系列⑧

冯仑
管理日志

王建红　李乐／编著

全新修订版
★★★★★

ZHEJIANG UNIVERSITY PRESS
浙江大学出版社

管理实战专家推荐

此书可以看作是冯仑自著《野蛮生长》的"阅读伴侣",这是因为它像由此而生的一面多棱镜,从一些或关键或奇特的"偏光角度",映射出冯仑及其一代民营企业家或成或败的命运哲理。它们值得很多当事者及后来人深长思之、印证借鉴。

——和君创业咨询集团总裁李肃

冯仑的思想承前启后,上接柳传志"泰山派"长老,下启马云"江南会"新秀。

冯仑的企业"国民"(指国有企业与民营企业——编者注)融合,中西合璧,从海南纯江湖到天津滨海与泰达"联姻",越洋跻身纽约世贸重建,强力洗净民企的铅华。

——东方高圣投资顾问公司董事长陈明键

在书中我们可以看到一位商界哲人与自己企业十几年风雨同舟的心灵感悟。本书全景式地展示了冯仑"管理自己、成就伟大"的管理哲学,是这位"商业思想家"贡献给世人的又一部心血著作。

——正略钧策董事长、新华信董事长赵民

冯仑的语言与管理思想,是这个时代的活标本。如果想找一位既通古今中外又"现地现物"的大家学习,学冯仑就够了。

——北京锡恩管理顾问公司首席顾问、总裁姜汝祥

(以上排名不分先后)

五月　塑造董事会 / 101

六月　企业文化与品牌传播 / 129

4

原版前言

一艘领航船上的灯光

一艘船在黑暗的海面上前行，前面是无望的黑暗，旁边有坚石或者冰山，下面有暗礁，上面有电闪雷鸣，可能还有狂风暴雨……此时这艘船上的掌舵者是最艰难、最孤独的。

如果此时能看到前面海面上有灯光，哪怕是前面航船桅杆上隐约的灯光，掌舵者的心中都会增添不少温暖、增加不少信心——毕竟有人走过去了，他们在前面领航，这条路是能走通的，理想的彼岸是可以到达的！

这个生动场景，像极了30多年来中国改革开放和市场经济的发展历程！那些在黑暗海面上前行的船只，就好像是下海者创办的一家家企业。18年前，万通就是黑暗海面上的一艘毫不起眼的船；18年后的今天，万通已经成为黑暗海面上的领航船。

万通董事长冯仑的商业思想对于中国工商界究竟意味着什么——在《冯仑管理日志》一书完稿前后的几个月里，当我苦思冥想到上面这个生动场景时，我突然认为，冯仑的商业思想非常像"一艘领航船上的灯光"，不仅照亮了万通自己的航程，同时也可以照亮中国工商界以及更多后来者的心灵和信心。

可以看出，万通1991~2009年这近20年的商业经历，正是中国由计划经济向市场经济转型的关键阶段。新的市场经济体系没有建立健全起来，而旧的计划经济体系还没有被完全打破，身处其中的民营企业可谓在夹缝中谋生存、求发展，既要承担探索新体制、新秩序的风险，又要承受旧体制、旧秩序的束缚或打击。在这种时代背景下，即使是民营企业的佼佼者万通也不例外。诚如冯仑所言，万通几乎经历过国内民营企业经历过的所有类型的事情，几乎犯过民营企业犯过的所有类型的错误。所幸的是，万通改正得早，改得彻底，缓过来了，才有了今天万通稳健成长、奋发进取的好局面。这要归功于万通自身的"边知边觉"，或者在旁人眼里万通的"先知先觉"。

在改革开放后的中国办民营企业的特殊性和艰难在于，民营资本是在适合国有资本的计划经济体制、秩序和社会结构的"土壤"中诞生、发展的。这30多年来，民营资本的比重和地位不断上升，从"资本主义的尾巴"到"社会主义经济的补充"，再到"中国市场经济的重要组成部分"。然而，在前几年"国进民退"的浪潮中，中国民营经济的未来前途又陡然变得扑朔迷离起来。

在多年前，我以为：民营企业一定会在国内的经济体制结构中成为主力、占据主流。现在看来，我对国内民营企业的发展前景的预测太过乐观了。从未来宏观体制的发展趋势来看，未来中国的社会经济体制非常有可能真像冯仑预言的那样"将具有某种新加坡化的前景"。这样，面对国有资本，民营资本将以数量多、规模小、就业广、人数多为特征，其生存空间将被局限在与国有资本绝无冲突或者国有资本主动让出的领域。而面对外国资本，民营资本的最好方法是师夷之长技、用洋人的办法与洋人共处，在一些优势领域能占据一席之地或者守住原有阵地，已属不错结局。面对市场，企业需要具备生存发展所要求的市场能力；而在另一方面，非市场因素同样可以给企业带来不可控制的风险甚或是灭顶之灾。

从事财经媒体工作的多年间，我亲眼见证了民营企业和企业家命运的跌宕起伏：有声誉日隆者，如柳传志，并购了IBM的PC（Personal Computer，个人电脑）业务，在2008年以当时国内唯一民营企业的身份进入了《财富》世界500强，打造了"1+5"的联想商业版图；有维持现状或不进则退者，也有生意倒闭者，如昔日威风的某老板现在又给别人打工了；有逃遁他国者，如某省一老板，携款500万元潜往国外；有身陷牢狱者，如牟其中，在监狱服刑；更有丧命者，如东北某老板，因为涉嫌黑社会等多项罪名，已经被执行死刑。中国企业家在办企业的过程中，留下了太多离奇曲折的故事和满目疮痍的伤痕。

有一年，我所在的财经媒体给企业家写一则新年问候语时，"还有什么事情比做企业家更不容易"最终获得了一致认可，而社长在这句话中加了三个字"在中国"，最终"还有什么事情比在中国做企业家更不容易"这句话叩响了企业家的心门，让很多企业家热泪盈眶。

即使是表面潇洒如万科集团董事长王石，偶尔也会隐隐显露出内心的孤独甚或悲观。2006年8月，王石拜访徽商胡雪岩故居，颇有感触地录下了自己的心声："作为一个企业家，读到旧式商人的历史，尤其是以胡雪岩为代表的徽商历史，备感中国旧式商人脱离不了两个特点：资源霸占、倒买倒卖；更脱离不了对政府（帝王将相）深深的依附——这怎能不让我深深地失落？"

　　"在相当长一段时期内，我都觉得中国企业家的成长之路必然崎岖坎坷，就算前途光明，过程也必然曲折，充满让人灰心气馁之事，因为这些例子让人乐观不起来。从历史的角度讲，我们是传承他们而来的。对此，老王一直是相当的悲观……"（《万通》杂志，2009年10月期，第76页，王石文章《穿越岁月的道德力量》）

　　王石曾经感叹"企业家在中国是一个非常低贱的职业"，冯仑接着话茬儿说"干我们这行不仅低贱，服务态度还必须非常好"。海王老板张思民当面向笔者倾诉过，"街上随便来一个干部都可以找你的茬儿，企业其实是国内社会最底层的一类团体"。

　　在中国做生意，对一个人的要求太高——早在创业之初，冯仑就深深意识到了这一点。那时，他已经读过了一套四本香港版的《胡雪岩全传》，它说五场皆通才能做生意：官场、洋场、商场、赌场、情场。这三十多年民营企业的发展历程和外部环境大致亦如此。

　　正是因为在中国从商现实中的艰难甚至是险恶，才更需要包括冯仑在内的更多的企业家磨砺出的本土功夫和商业智慧。

　　其实，与冯仑掌舵的万通相类似，中国市场经济大海中行在前面、将走得久远的还有数得出来的、公认的"几艘领航船"：柳传志掌舵的"大联想"，王石掌舵的万科，任正非掌舵的华为，马云掌舵的阿里巴巴集团……这套"中国著名企业家管理日志"丛书的每一本书，都是各自企业掌舵人的思想之光，好像是每一艘"领航船"上的"灯光"，再加上更多航船上的灯光，交相辉映，让更多的民营企业和创业者看到了方向、路径和未来。

　　如果《冯仑管理日志》这本书或者书中的某一句话可以让阅读此书的人有一些启发，能温暖企业家孤独抑或奋进的心，照亮他们前行的一段航程，那此书值矣。

王建红

2009年12月于北京

修订版前言

"'商家'冯子"：冯仑在世界上留的记号

我的判断是，冯仑的商业思想回答了一个大问题：如何在中国做久、做精、做强、做大一家民营企业。冯仑的商业思想，可以说是"在中国的从商之道"、"中国民营企业的治理全书"。

后世人谈论起冯仑的这部"中国民营企业的治理全书"，一定会像今天我们谈论起前人"儒家"孔子、"道家"老子、"法家"韩非子、"兵家"孙子一样，尊称冯仑为"'商家'冯子"的。

在世界上留个什么记号

一个人究竟依靠什么才能在世界上、在历史上留下记号？

做官？赚钱？做事？思想？

先说做官——这东西，远不如做事，更能在身后留下名声。

战国时期的李冰，当时是一个地方官，是在秦朝蜀地郡守的位子上，才得以有治理河山的机会。后人记住他，是因为他修建了世界闻名的都江堰水利工程。他忙乎这一工程的时候，其他地方的官员都有谁？几乎没有人记得了。李冰整完这一工程之后，成都平原才逐渐富裕起来，他干的这事对后人影响够大的了！

中国"四大发明"中造纸术的发明者蔡伦，曾身居列侯、位尊九卿，但他闻名世界，不是因为官职，而是因为他对纸张的发明和改进。蔡伦捣鼓纸张的时候，在位的那个皇帝是谁？大家也记不清了，但是大多数人都记住了蔡伦。因为在他的发明之后，书写、记录才不再是一件成本很高、费时费力的事了。

当然，古今中外的帝王将相同样有在历史上留下好名声的——这不是因为他们做官、有权，更多地是因为他们做官的同时做事了。不过，只是做事，还不能确保在世界上留下痕迹，只有做了能影响后人的事情，才能在这个世界上留下记号。

比如曾国藩，到现在仍为大众所知，更多地是因为他的《曾国藩家书》、《冰鉴》仍然在影响着后人，而不是因为他当时平定了太平天国农民起义——这在当时清王朝可以说是头等大事，可是没有多少后人能记住，因为这和后人没有多大关系。

再说钱——财富，想依靠这东西在身后留点名声，同样不一定靠谱。

很多企业家在世界上留下了记号，不是因为他们赚到的那些钱，而是因为他们做的事情影响甚至改变了世界。

比如，"汽车大王"福特，美国人麦克·哈特在他著的《影响人类历史进程的100名人排行榜》一书中，把亨利·福特列为唯一上榜的企业家。因为他是世界上第一位使用流水线大批量生产汽车的人，这种生产方式使汽车成为大众产品，开始快速进入千家万户。"福特来到这个世界的时候，世界还是一个马车时代；而当他离开这个世界的时候，世界已经成为汽车时代。"

看来，要想在历史上留下自己的姓名，还是要依靠做事。当然，留下思想、精神产品，"刻它一部稿"远及后人，同样是"做一种重要的事"。

司马迁也做过官。但是他丢失官位后发愤所著一部《史记》流传了两千多年，由此将自己的姓名刻在了历史上。

商人们留记号的努力

三十多年来世界变化很大，各国纷纷把经济作为竞争重点，商业领域成为更多人做事的主流选择之一，企业家、金领经理人开始崛起，成为新的主流阶层。

这些商业成功人士，相当一部分人在人生上半场赢得巨额财富之后，开始为下半场的人生意义而活，强烈希望他们的成就能超越自己的生命，他们认同教皇约翰二十三世的箴言："不要度过人生长河而不留下值得追忆的证据。"

然而，多数商业精英未能实现这一愿望，因为他们的企业版图将在他们离开这个世界之后解体或消失，能持续经营百年的企业，太少太少。即使是《财富》全球500强企业，如果拿现在的这个榜单和几十年前的榜单相对比，会发现大多数企业都会消失。

摆脱被历史遗忘的命运，有一位企业家的做法最经典、最成功。

他就是诺贝尔，对，就是创立诺贝尔奖的那位实业家——阿尔弗雷德·诺贝尔（Alfred Nobel）！诺贝尔原来是一位企业家，是瑞典炸药巨擘。一个偶然的事件，商人诺贝尔毅然决定将他死后的大部分遗产作为资金设立诺贝尔奖。尽管他通过生产炸药和爆炸胶赚取了大量财富，但他如今因向伟大的科学家授予荣耀而被后人所铭记，而非作为一个军火和武器制造商。

冯仑的记号——"'商家'冯子"

国内知名民营企业万通的创始人冯仑，能在世界上留个什么记号？

——对于这个问题的思考，来自于创作《冯仑管理日志》一书的触发。

我深知，国内外喜欢阅读、聆听冯仑商业思想的粉丝，不只有商界人士，还有学界、政界人士，这表明冯仑商业思想具有"经世济用"的普遍价值和巨大市场空间。阅读冯仑16年，只是因为被他的商业思想深深吸引，而且持续阅读坚持了16年——我成了《冯仑管理日志》作者。

用一本书来全面呈现冯仑的商业思想——这个事情强烈地吸引着我。

此事意义很大，创作的工程量同样浩大——我搜集、收藏了16年的冯仑先生的文章，以及万通企业媒体等资料，共408篇，我前后看了三遍，如果仅以平均每篇2000字计算，共看了将近240万字；加上二十多万字书稿共看了三遍，创作这本书总计看了300万字。多看几遍资料，可以披沙拣金，避免有遗珠之憾。由于创作此书需要，我还专门购买、找来了《顶级董事会运作》、《高效的董事会》、《改造董事会》等不同主题的图书，通过有目的的专题阅读，来提高此书的思想深度。《冯仑管理日志》一书出版，我终于为那么多喜欢阅读冯仑的人奉上了一本"简明《冯仑商业思想全书》"。

此事最终做完，前后耗时共15个月。

我这么认真地做这件事情，不仅仅因为我和万通、和冯仑有这么16年交情，而是因为冯仑的思想的确是精品，我可得对老冯、对历史负责，别因为我的能力、态度把这么好的东西给糟践了！

二十多年间，万通从"野蛮生长"的多元化集团格局，在2003年前后变身为一家专业的地产公司，并在专业化的基础上实施精细化。如今，万通（万通控股）开始了新一轮的转型，以新加坡凯德置地为标杆，力争通过五到十年的努力，使公司成为中国最具竞争力的专业房地产投资公司。目前，万通实业已完成转型期的战略布局，在住宅地产、商业地产、工业地产、地产金融等领域拥有多样化的业务和资产。

在2008年至今的地产收缩周期中，国内房地产公司数量在减少，大部分公司业务在萎缩。万通逆市成长，其中一个主要原因即是得益于冯仑商业思想的引领。

我一直有一个观点：在后世人眼里，万通、冯仑的意义，更多地不在于万通的"行"，而在于从"行"中获得的"知"；不在于万通自身拥有的物质财富，而在于万通从商业实践中获得的精神财富，这些精神财富集中凝结、固化在冯仑的商业思想中。

阅读冯仑的商业思想16年、梳理《冯仑管理日志》的经历，我的判断是，冯仑的商业思想回答了一个大问题：如何在中国做久、做精、做强、做大一家民营企业。冯仑的商业思想，可以说是"在中国的从商之道"、"中国民营企业的治理全书"。

行动的持续成功，一定需要正确、成熟商业思想的指引。万通的持续成长，首先是适应中国国情的成功。万通1991—2014年这23年的成功商业实践，正处在中国从计划经济向市场经济转型的过渡阶段，新的市场经济体系没有建立健全起来，而旧的计划经济还没有完全打破，身处其中的个体民营企业可谓在夹缝中谋生存、求发展，既要承担探索新体制、新秩序的风险，又要承受旧体制、旧秩序的束缚或打击。这给民营企业领导层把握趋势、拿捏节奏增添了更大难度。民营企业中的佼佼者，如万通，由于走在前面，更早、更多地感受到了过渡期的种种碰撞、摩擦。

尽管我在八年前转型进入了金融行业，但我一如既往地关注着万通。遇有重要活动，万通依然记得邀请我这位老朋友参与，与冯仑聊得越多，越感觉到他这座商业思想金矿的开采空间仍然巨大。

比如，关于冯仑的商业思想，目前形成文字的主要集中在"道"的层面，在"术"的层面呈现的商业思想，有，但比较少。其实，冯仑亲自经历了万通的大事、小事、好事、坏事尤其是破事、难缠事，都扛过来了，且冯仑是民营企业中的"第二代企业家"、"灵通人士"，他上承柳传志那一辈企业家，下启马云这一代企业家，对中国为商之"术"了解的广度、深度，极其可观。开发冯仑商业之"术"的空间，远远大于商业之"道"的空间，且"术"的操作性对于民营企业更实用，帮助更大。有一次，我和康复之家医疗器械连锁经营集团董事长柏煜一起参与冯仑的活动，当时我们曾提议成立一个冯仑商业思想研究会，系统研究、整理、传播冯仑的商业思想，造福国内千万家民营企业。（当时冯仑笑答："还没死呢，等我死了以后你们再整这事吧。"）

　　如果站在《野蛮生长》、《理想丰满》两本畅销书的基础上，真能把冯仑的商业之"道"、商业之"术"全面、具体、系统地整理出来，分门别类、单独出版，比如《董事长之道》、《民营企业的增长极限》、《政商关系》、《学先进》等等，那将堪称一套"中国民营企业的治理全书"、"中国特色的为商经典"。不依靠万通，仅依靠这"一部稿"，冯仑将在历史上留下重要记号。

　　那时，后世人谈论起冯仑的这部"中国民营企业的治理全书"，一定会像今天我们谈论起前人"儒家"孔子、"道家"老子、"法家"韩非子、"兵家"孙子一样，尊称冯仑为"'商家'冯子"的。冯仑留在后世心中的记号，将更多地是"圣贤"而非"豪杰"。

　　或许，企业资产百亿元级的万通缔造者冯仑，他人生下半场的意义更多地已经不是赚钱，而在追求意义了。或许，冯仑心里认为，万通已然走向成熟，目前的万通更多地成为他生产思想、提炼思想的载体。

　　我愿意相信，我们每个人都是上帝的使者，接受上帝的拣选来人世间做一件什么事。我注意到，万通内部媒体上已经出现了"冯子"字样的连续专栏，冯仑也说过他"是自己的宗教徒"。或许，上帝派冯仑是来刻《冯子》这"一部稿"的，也或许冯仑已经在朝着自己的"冯子"理想努力了。

王建红

2014年12月2日定稿于北京

万通价值观体系诠释和图解

在国内工商界的芸芸众生中，万通是一家少见的、真正有灵魂、有价值观的企业。

诚如一个人身体和灵魂的成长一样，万通的灵魂、价值观一直在不断成长。创业伊始至今，从万通最初让人瞩目的与众不同的价值观——"以天下为己任，以企业为本位，创造财富，完善自我"，到2003年前后万通明确提出并体现公司前瞻性的价值观"站在未来安排现在"，万通在价值观方面最终形成了自己的"万通九条"。

在万通内部，多年来一直把"以天下为己任，以企业为本位，创造财富，完善自我"，作为"万通九条"的第一条。然而，在"万通九条"中哪一条是最核心的观念？这条核心观念和其他观念又是什么样的关系？其实，这个问题多年来一直没有得到解决。

2009年8月21日，在万通龙山学校开学典礼上，冯仑给出答案："守正出奇"是万通的核心价值观——这是万通走到今天，并越走越好的根本原因，是万通的生存之道、发展之道和长久之道。

核心价值观"守正出奇"的确立和突破，犹如混沌既开，立见万千世界，亦如高山已越，眼前一派景色。"守正出奇"同样是统驭万通其他八条价值观的核心观念，另外的"万通八条"恰好围绕和服务于这条核心价值观。

在2009年8月21日那一天晚上，万通在它的历史陈列馆举行龙山学校的开学仪式，冯仑忽然感到这陈列馆像是万通的祠堂或家庙，而开学仪式仿佛是万通的成年礼。那一年，万通18岁了，是成年人了，就要"成家立业"了。

我以为，一个人如果在18岁的时候能把自己的价值观、做人做事的原则真正确立起来，在心智和价值观上成年、长大，这个人在未来的路上才能"有定力"、"立定"、"立业"，并真正"立起来"。万通在自身18岁这一年，最终确立了企业的核心价值观，并梳理出了自己的价值观逻辑体系，这标志着万通在心智和价值观上的成年。

一家企业18岁时在心灵和灵魂上的飞跃和质变，同样是这家企业一份真正的、珍贵的成年礼。

下面是2009年8月22日冯仑于龙山学校梳理出的万通核心价值观和价值观逻辑体系：

万通核心价值观：守正出奇。

"守正出奇"，出自老子《道德经》：以正治国，以奇用兵；出自《孙子兵法》：以正合，以奇胜。

"守正出奇"是万通永续经营的核心价值观。我们所要守的"正"，一是勤劳致富，二是法律规范，三是国际惯例。业务要做正，做人要做正，对外交往要做正。我们可能与狼共舞，但我们还是人。在这些基础上，充分发挥主观能动性，法无定法，出奇制胜。我们要在浮华之中淡泊处世，于繁荣之时心平气和，不做明星与过客。

"守正出奇"的历史基点：毋忘在莒。

这是万通引用的古典成语，以此自警。此语始见于《吕氏春秋·直谏》篇，其曰："鲍叔奉杯而进"，曰："使公（齐桓公）毋忘出奔于莒也，使管仲毋忘束缚于鲁也，使宁戚毋忘其饭牛居于车下"。桓公避而辩，曰："寡人与大夫皆毋忘夫子之言，则齐国之社稷幸于不殆矣"。

万通人对此的解释是：无论企业如何发展壮大，无论何时何地，都不能忘记创业的艰辛，不能忘记做人的准则，不能忘记企业肩负的社会责任。也就是要艰苦奋斗，刻苦忍耐，不断进步。

"守正出奇"的智慧源泉：学习永远是万通事业进步的前阶。

为了"学好"，万通一直最重视学习，强调创新，用心实现企业的健康发展。每年的"周年反省日"活动是万通创业以来形式独特、长期坚持的重要学习方式。万通的真正价值是它所秉持的理性的批判精神，这种批判精神首先是对自我的内省和解剖，是一种"反求诸己"的功夫。

"守正出奇"的进步通道：学先进、傍大款、走正道。

"学先进"是为了自己成为先进；"傍大款"是为了结交友好企业、自己成大款；"走正道"是为了避免走弯路，铸造永续经营的坚实基础。

万通希望，公司的管理层是一个"好班底"，公司的员工是"好员工"，公司做的是奉公守法的"好事情"，从而吸引一批"好资源"，遇上一个"好年景"，迎来更大的"好发展"。如果坚持十年甚至二十年或者更久做到忍让、谦和、善良、勤劳、牺牲自己成全别人，我们的才能就会有所依托，我们的社会资源就会非常之多，而当社会有口皆碑时，大家就会支持我们的事业，我们的才能也就会得到最大的施展。我们一定要按中国人的良心道德把客户真正放在心上，要长存"感恩"之心，不断为客户创造价值。

实现"守正出奇"的公司四化：资本社会化、公司专业化、经理职业化、发展本土化。

支撑"守正出奇"的四个要素：全球观、中国心、专业能力、本土功夫。

以全球市场作为万通投资经营的平台，从国际视野出发来审视国内市场，以国际标准制定公司经营准则。

以中国的优秀文化内核为基础，始终体现中国企业的经营追求和风格特色。

以国际规范标准来实现经营和管理，具备跨文化、跨地域、跨市场的专业素质和执行能力。

以守法经营为准则，以国内经营环境和商业规则为基准，以对本土市场的洞察力和适应力为助力，建立在本土市场的领先地位。

"守正出奇"的战略特征：站在未来安排现在。

"前瞻力"是万通的核心竞争力之一，就是站在未来安排今天，以战略导向替代机会导向；就是要在未来找一个支点，引领自己的企业创造未来，赢取未来。不断通过创新而领先，这是万通决胜于未来的重要战略原则。

"守正出奇"的处世策略：不动即动，不争即争。

万通要真正做强做大，就要谦虚谨慎，戒骄戒躁，不招摇，不陷入不必要的社会矛盾和冲突，避免不能承受之重，心怀远大。这样，万通的社会生态环境就会越来越好，企业发展空间就会越来越宽广。

"守正出奇"的愿景：以天下为己任，以企业为本位，创造财富，完善自我。

这是万通创业者在1991年创业时就提出的理想，亦即"推动社会进步以报时代，创造财富以报社会，齐家敬业以报父母，完善自我以报个人"。说得俗一点无非就是两个字——"学好"：做好人，办好事，挣好钱。

"守正出奇"的处世策略
不动即动
不争即争

实现"守正出奇"的
公司四化
资本社会化
公司专业化
经理职业化
发展本土化

"守正出奇"的战略特征
站在未来
安排现在

守正出奇的愿景
以天下为己任
以企业为本位
创造财富
完善自我

万通核心价值观
守正出奇

守正出奇的智慧源泉
学习永远是万通
事业进步的前阶

支撑"守正出奇"
的四个要素
全球观
中国心
专业能力
本土功夫

"守正出奇"的历史基点
毋忘在莒

"守正出奇"的进步通道
学先进
傍大款
走正道

一月 | 创业者的心灵成长

MON	TUE	WED	THU	FRI	SAT	SUN
			1 元旦	**2** 十二	**3** 十三	**4** 十四
5 十五	**6** 小寒	**7** 十七	**8** 十八	**9** 十九	**10** 二十	**11** 廿一
12 廿二	**13** ·十三	**14** 廿四	**15** 廿五	**16** 廿六	**17** 廿七	**18** 廿八
19 廿九	**20** 大寒	**21** 初二	**22** 初三	**23** 初四	**24** 初五	**25** 初六
26 初七	**27** 腊八节	**28** 初九	**29** 初十	**30** 十一	**31** 十二	

1月1日 创业最重要的两个条件

　　年轻人创业最重要的就是两个条件：第一个是要有正确的价值观，第二个是要有毅力。

　　人的价值观，简单来说就是生命的目的、人生的理想，大概形成于15～20岁。人们大都是通过家庭、媒体、意外事件等形成自己的价值观的。

　　现在的年轻人太相信聪明，相信取巧和走捷径，不太相信毅力；喜欢把大道理留给别人，把小道理留给自己。如果你能反过来，把大道理留给自己，把小道理留给别人，你试试看，你一定会了不起。比如你把"你去干吧，让我歇会儿"变成"你歇会儿，让我去干"，你坚持二十年，最后的结果肯定是不一样的。大道理是经过几千年的论证的，你以为你是个例外，这种可能性是微乎其微的。

　　　　　　——摘自2001年9月3日《北京青年报》文章《冯仑：创业需要两件事》

背景分析

　　一般来讲，有什么样的价值观，就会形成什么样的价值取向。1988年诺贝尔物理学奖获得者崔琦，从小家里特别穷，他的母亲鼓励他一定要好好读书。当他确立了这样的价值观之后，读书在他的生活里就是最重要的事，激励他一生走做学问的道路。

　　刚刚走出校门创业的学生，最需要的是毅力。冯仑周围的许多企业家一干就是一二十年，每时每刻都顶着困难。这是一种没有自由的痛苦，而没有自由的痛苦是一种煎熬，所以冯仑说这一生最难忘的时光是与万通"谈恋爱"，扯来扯去却扯不开，因为创业者不能轻易言退。

行动指南

　　如果价值观正确，接下来需要的就是毅力了。毅力是一件说起来特别容易做起来特别难的事，就像竹笋顶石头。竹笋是软的，它破土而出靠的就是一种持久的力量，一顶就是许多年，这是很多人做不到的。

1月2日　做自己想做的人

从大的方面来说，我觉得自己已经实现了年轻时候的一些理想……从这个角度来说，我觉得目前的工作状态已经和我当时的想法一致了。但是又有不同，职业不同。

一般来说，我们年轻时希望的自己的将来的状态，是自己的工作能够和社会的进步联系起来，能有所贡献，另外也能得到大家的尊重，让自己的能力能更好地发挥。如果这是一个理想，这个理想状态在逐步变成现实。

——摘自2008年2月26日专访冯仑文章《大时代的小访客》

背景分析

冯仑认为，人有时无法成为梦想中的自己，但只要生命还存在，还是会有机会实现的。在实现预期梦想的中途，被社会、生计以及偶然事件打乱，人们会改变一下方向，但最终有条件他还会把方向转过来。

想成为一个什么样的人，从小的方面看，是指职业、兴趣、偏好；从大的方面看，是指人生理想，实现起来更加困难。

行动指南

人要实现理想，做自己想做的人，还是要回到冯仑的那个比喻：理想是什么？黑暗隧道尽头的光芒。你在黑暗隧道的起点，如果理想是那个光芒，那么过程就是这个黑暗。你在看到光芒之前，实际上都是在黑暗中坚持，努力去战胜自己的恐惧。这个过程可以看成是使你自己走向理想、走向成功不可或缺的一个步骤。

1月3日　强大的内心力量

在中国做生意，尤其是做民营企业，必须拥有非常强大的内心力量，否则就没办法野蛮生长了……这种力量并不是只用一天就能练习出来的，它是被磨炼出来的。

是奋斗，我觉得（生命中最重要的事情）是奋斗。在各种各样的潮流里，比如在海里，你要顽强地把脖子伸出来，要不就淹死了。这件事情对我来说特别重要。这就叫做奋斗。

你想，中国有十几亿人，你得从十几亿人里冒出头来。这么多人在各种行业里面，在几万家公司里面，而你想冒出来，所以你一生实际上都是在奋斗。所谓奋斗，这是正面表达；负面呢，叫折腾。我们刚下海时叫折腾，现在都叫奋斗了。

实际上是不想被淹死，老是在潮水来了、漫过去之后，又伸出脖子来。你想你在海水里面，上下翻腾，就会很紧张，一不留神就给淹下去了。

———摘自2008年2月26日专访冯仑文章《大时代的小访客》

背景分析

为什么冯仑在出版自己的那本"讲述民营企业心灵史"的《野蛮生长》时会突然想到用"野蛮生长"这个词呢？实际上，他在经营民营企业的过程中，经历过很多事情，有很多心理对白。冯仑说："有时候挺撮火，有时候真的会很江湖、很野蛮的，但是也会在这样的过程中变得很坚强，很有韧劲。"

国内民营企业野蛮生长的过程，也恰好说明在相当长的时期内国内的环境不利于商业文明的成长。在一个法律尚不健全的商业环境中，开家公司折腾起来很辛苦，是非判断也很复杂，需要完全依靠个人的经验和智慧。所以如果社会进步了，像现在这样，法律越来越完善，毅力、勇气都会用在科技、用在市场竞争上，而那时候冯仑他们的勇气和毅力有很大一部分是用在折腾人和磨合体制上的。

有魅力的领袖一定是从混乱的地方奋斗出来的，在按部就班的地方哪能出现魅力领袖呢？制度的魅力不存在，就出现了英雄的魅力，英雄取代制度来维持秩序。现在社会更需要一种制度所形成的秩序，而不是依靠领袖来维持这个东西。

行动指南

具备一种强大的内心力量、树立坚定的信念，是在中国取得成功的特别重要的因素。民营企业家一定要使自己拥有足够强大的内心力量，这样就不仅不会在民营企业转型的浪潮中被冲刷掉，而且可以成为站在潮头的人。

1月4日 平常心

平常心是企业经营的关键，要以平常心做寻常事……我觉得心要平，就是要把欲望控制在一个自己能够驾驭的领域内。不要在"大"上跟人较劲儿，而要在"好"上较劲儿，要在"愉快"上较劲儿。

怎样有平常心？总是从事物的终点看问题，才会有平常心。

大家要用一种平常心去看待任何事物。人的事业是场马拉松，在一个弯道处，前后的次序都会有所变化，但最终跑到底的不是某一段跑得最快的人，最后的胜利正是属于那些最有毅力而又不跑错方向的人。

——摘自《冯仑箴言》

背景分析

冯仑常说"以平常心做寻常事"。一般人看事情，最多只是"看见"，事情的后面是什么就不知道了。要从事情的后面看起，看透、看穿、看破、看烂。"我经历过离婚、家庭变故，现在已能很平和地去看待一切。我应该是地产界董事长里面上学时间比较多的。"冯仑说。

1996～1997年，万通开始收缩调整之前，冯仑内心的欲望也有所增长。在13个城市设立分公司，到哪儿都有大饭店住着，到哪儿打一个电话都有人送钱来，在江湖上走这是很愉快的事。可从财务的角度看，很多东西都是不应该的，而且是站不住的，虽然有钱但是可能亏损。于是万通一直压缩，直到还剩两个半城市，以前的人全跑了。当时西安最好的奔驰是万通的，那时也卖了，抵债了，最后万通人就开始坐出租车，找朋友接济，最后活了下来。

在德隆遇到危机的时候，冯仑曾跟德隆老板交流过这个故事和心情。冯仑向他们建议，要战胜自己的面子问题，像很多明星，过惯了聚光灯之下的浮华生活，突然要粗茶淡饭，一时之间接受不了，最后抑郁而终。其实粗茶淡饭是绝大多数人的生活方式，所以，你懂人情还不够，还得懂自己，你得把自己当成个正常人。这里面也有一个面子问题，俗人就有虚荣心。万通差不多犯过所有民营企业都犯过的错误，唯一不同的是万通改正得早，先把面子扔掉，就得有这么一个过程。

一家公司要有平常心，在合理控制自己欲望的同时，还要多找平衡，比如过去、现在、未来的平衡，公司内外的平衡，资产和负债的平衡，新项目与旧项目的平衡等。平衡都找好了，那么公司就可以上一个台阶了。

段子原声

必须有一些特别的经历，人才能明白道理，才能懂得人生，才能有平常心。

行动指南

只有采取平淡的人生态度，返璞归真，持普通人的生存态度，才能真正体验人生，从而办好企业，才能培养自己朴实、扎实、平实的作风。不要咋咋呼呼，否则就会惹事、办错事。在浮华之中能沉静处世，在繁华之时耐得住孤独，寓神奇于平淡之中，时刻保持与真实生活息息相通，才能不断感受人生的内涵，不忘真实的人生，不让自己的企业成为昙花一现的明星。

1月5日　爱你的人不教你生存之道

培养你的不是导师，而是你的对手。爱你的人不教你生存之道，恨你的人让你长了很多本事。

爱你的人融化你，恨你的人让你坚强，所以才会有"爱死人，恨活人"的说法。"爱死人"，一爱你就要死要活，不是他跳井了，就是你累死了；"恨活人"，一恨你就躲着，你天天研究怎么对付，你就长了本事，你就活了。

——摘自《万通·生活家》2006年第12期冯仑文章

背景分析

冯仑认为，别人说你不好，你会睡不着觉，但是如果能逐渐建立起一套自己的是非标准，能说服自己，就不会脆弱，就能管理好自己的情绪了。

当只有少数人骂你的时候，其实挺可怜，因为你没有价值。如果全世界都说美国总统不好，换个角度理解是因为他的能力在这儿、他的影响力在这儿。如果全世界没一个人说你好，你也完蛋了。

要保持适度的压力，并不断去积累你承受压力的能力。哪一天中国有一亿人说你不好的时候，这个影响力就算足够大了，说明你每一个决定都影响到一亿人。

段子原声

人的一生不在于消灭困难、消灭敌人，而在于选择困难、改变对手。比如，你是一粒种子的时候，浮土就能盖住你；你是一株芽儿的时候，碎石子都能压倒你；你是一个枝丫的时候，石块都能挡住你；你是一棵小树的时候，大树就能遮住你；你是一棵大树的时候，风必摧之。

你会发现，改变的只是对手，而且敌人越来越牛。尽管风一吹你就可能随风而动，但是你底下的根要扎实，树梢动没事，死不了。

行动指南

真正的老师不是朋友，而是对手，特别是那些要置你于死地的对手。在前行和进取的过程中，没有困难是不可能的，需要改变的是困难的类型。总玩一失恋就上吊的困难，你基本上就废了，你得弄点伟大的困难玩玩，但心里不畏惧是选择困难的前提。

1月8日　钱的是非

改革时期，要区分钱的是非，难就难在制度处在不断变化当中，昨是今非，今是昨非，此是彼非，彼是此非。有些钱有时候你不知道该不该拿，拿了它可能对，也可能不对。

这个是非过程是变化的，在中国难就难在这段时间，是非拿捏不好就可能栽进去了，所以处理这种状态下的钱，亦即在是非中处理钱的是非，难上加难。我们正处在是和非之中，商场是是非地，商人是是非人，钱是是非物，所以得格外谨慎。

——摘自2007年12月13日新浪读书频道冯仑文章

背景分析

钱的是和非区别在哪儿？非常清楚，合法的钱就是依法交易劳动所得或资本所得，利息、馈赠、遗产，这些钱都是"是"；非法的钱就是贪污、逃税、洗钱、贩毒、绑票、诈骗所得，是非法的钱。这个是非的界限很清楚。

2007年的一天，万通公司给了冯仑一张股票凭据，是当时（1993年）潘石屹以股票形式给大家发的奖金。这个钱冯仑当时就没拿，他不敢拿。为什么不敢拿？因为把公司的钱通过股票送给员工，得董事会提议，股东大会通过，可是那笔钱是因为当时募股很成功而决定给员工发的奖金。那时也没概念，潘石屹跟冯仑说过，冯仑也没有太明确地说"行"或"不行"，反正就办了。冯仑想，要是拿了这个钱就面临一个问题，他可能会涉嫌侵占或贪污；但他一个人不拿可以，员工们怎么办？

所以当时冯仑就想了个折中的办法，把股票凭据交到董事会秘书处，并嘱咐董事会秘书王连翔一定保管好。后来万通处理遗留员工股份的时候，股东会作了决定，就把这些钱分给大家了，冯仑才从秘书处领回股票的凭据。

这事其实一开始是"非"，但不是很明确的"非"，也可以说成是"是"，因为当时连《公司法》对此的规定都不明确，属于是非的边缘状态。后来《公司法》、《所得税法》将这些情况都界定清楚以后，万通又通过股东大会走了正常程序，前后经过了差不多12年时间，这笔钱才拿到手里。

行动指南

做生意的人特别要知道钱的是非。有人因为钱坐牢，有人因为钱获得荣耀，所以，懂得钱的是非是每一位企业领导人，甚至是每一个公民都要特别上心的事情。

1月9日 处理法律边缘上钱的是非问题

目前，最难处理的全都是这些处在法律边缘上的问题。如果不清醒的话，随时都可能被扯进去。从万通最初开始，我在金钱的是非上就特别在意，就像王石说的，到目前为止万通的人不管是离开的还是留在公司的，没有一个是因为钱被抓起来的。

所以钱的事很悬，一不留神就变成了陷阱。你光顾仗义了，不问是非，钱一给出去，麻烦就来了。

——摘自冯仑《野蛮生长》

背景分析

企业管理者必须面对很多法律边缘上是非不清楚的钱，比如企业之间的资金拆借，还有一些昨是今非、今是昨非的问题。

类似问题冯仑还碰到过很多次。某高官案子出来之后有一个人要逃跑，之前给万通打电话，要30万美元。冯仑看了一下，他在万通这儿有股份，有股份万通就应该给他分红，所以就批了这笔钱，作为分红给他，万通也没问他具体用来干什么。最后他跑到洛杉矶，后来又回来了，并没有发生什么事情。

后来有一天冯仑在车上的时候，接到一个电话，让冯仑过去协助调查，必须马上到。冯仑想了一下，觉得自己跟这个案子好像没什么牵扯，于是给公司和律师分别打了电话，让律师去。后来律师田宇去了，去了以后对方就问起这笔钱，说这个人跑的时候拿的钱是万通汇的，为什么给他钱？万通说因为他是股东，给他分红，不是单给他分，也给别人分。万通也不知道他要跑，那个时候谁也没说他是罪犯、他要跑，那该分红的就得分红。律师说了这个道理，这事就算了结了。

还有一件事也挺有趣。前几年有一家著名的公司出了事，当事人的兄弟来找冯仑，希望给点钱，一方面去"营救"，另一方面还有其他的事情。冯仑见了他以后，当时就说可以，大家都是兄弟，出来混不容易，出这么大的事能帮就帮一下。但是用什么方式给呢？明知道他有可能拿这笔钱去行贿，如果行贿被抓住了，那就得跟他在法律上兜圈子了。所以为了不惹这个麻烦，冯仑让律师写了一份声明，表明冯仑送他钱只能用于合法目的，不能做违法的事情。冯仑让对方来拿钱时签字，作出承诺，这事才算办妥。

行动指南

企业领导者必须非常清醒，必须懂法律，一定要知道钱在法律范围内的是非。在中国特别复杂的社会制度变革当中弄清楚钱的是非，尤其是要弄清楚钱在法律边缘上的是非，不清楚的时候宁愿不要，或者把它放在中间状态。

1月10日 钱的道德是非

钱的是非有两种，一种是法律性、政策性是非，这是比较刚性的；另一种是道德的是非，属于软性的是非。

道德的是非在中国也是一个很大的挑战，你怎么用钱，怎么花钱，怎么看待钱，在道德的取舍上往往有非常大的一个空间。一个人在这个空间的位置，决定了他一生怎么把握金钱和自己的关系。

——摘自冯仑《野蛮生长》

背景分析

在中国，钱的道德是非，属于软性的是非。比如说碰见弱势群体，你个人又力所能及，帮助不帮助，这就是道德上的是非，不帮助也不犯法，但是你会被别人认为麻木不仁，面临道德的压力。

有很多人把钱放在口袋里，但也有人要给爹娘修个坟，其实他没错，在法律上他没错，但是别人也许会指责他恶性消费，那他面临的道德压力就很大，尽管在中国尽孝本身也是一种美德。

一些民营企业的领导人有很多慈善之举，捐了很多钱，可是他在企业经营当中又在不断地坑人，坑害股东。大家就会说，你不能对股东诚信，怎么能相信你对社会的回报和慈善的捐款是出自真心的？反过来，你如果特别认真，特别诚信，工作特别好，但是你从来不捐钱，也有人会说你对社会公益不热心。所以，企业，尤其是企业里管钱的人要平衡这个问题。

万通公司平衡这个问题的方法就是制定一个公益战略，每年有一个预算，这个预算跟万通的营业收入有一定的关系。同时，万通把它纳入公司的文化，把它当作价值观来坚持，这样在道德和企业经营上就取得一个平衡。如果万通不这样平衡，就会在金钱的道德是非上分不清，弄得很难受。

行动指南

作为企业的领导者、管理者，特别是民营企业的当家人，在金钱上要特别考虑到道德的是非，就是你必须做到所有经你手的钱，出去的和进来的，要在道德上经受得住各方面的质疑。

1月11日　找到花钱与幸福之间的平衡

　　找到花钱与幸福之间的平衡，是花钱的艺术中的第一件事。

　　花钱很多，并不一定会有幸福。花钱的艺术就在于你花了钱能否增加自由，增加快乐，增加安全感，增加被尊重的感觉，增加一种个人自我实现的感觉。所以，在花钱与幸福之间要找到一个点，既把钱花出去了，又备受尊重，就会很满足、很有幸福感。

——摘自冯仑《野蛮生长》

背景分析

　　奢侈消费很多，层出不穷，但到底怎样花钱才能找到更多的幸福感呢？有很多时候，花钱跟幸福并不成正比，并不是说经济越发达、花钱越多，你的幸福指数就越高。全世界幸福指数最高的是一个海湾国家，不是欧洲，不是美国，也不是日本。

　　那么幸福是什么呢？自由、快乐、健康、满足感、成就感、被人尊敬等，这一系列加起来就是幸福。如果你花钱买一架飞机，却没有安全感，这等于花了钱却没有得到幸福。为什么"湾流"[1]的飞机上面有反导弹系统？俄罗斯的首富罗曼·阿布拉莫维奇拥有一艘超级潜艇，一旦遇到危机，可以潜到水下3000米。这显现出他缺少安全感，花了上亿美元的钱，却越发没有安全感，因为太招人注意，他曾几次遭暗杀。

　　在美国，盖茨是最富有的人，同时盖茨很懂得花钱的艺术。他把几百亿美元捐出去，在全世界花掉这笔钱，但他生活本身并不奢侈。有一次，冯仑在海南的博鳌大排档听到老百姓评论盖茨，就像评论一位国内的领导干部那样，说："盖茨这个人真好，平易近人，下了飞机也不要政府接待，自己就直接到会场去了。人家这么大个老板（笑），他完全可以搞得很夸张啊。因为在中国他有企业，有车，也有人，但是他并没有声张、铺张、很炫耀的那样儿。"盖茨花钱赢得了尊重，找到了花钱和幸福之间的平衡。

---

[1] 湾流宇航公司是目前世界上生产豪华、大型商务机的著名厂商，主要产品为"湾流"系列飞机。——编者注

行动指南

在当今中国，企业家、经理人等有钱群体的主要问题之一是奢侈消费甚至恶性消费。这种消费常常无法带来社会尊重，无法带来安全感，所以它可能不是一个跟幸福有关的消费，即花钱带不来幸福，而是带来更多焦虑，使你产生强烈的恐惧感，让你成为金钱的奴隶。

1月12日 解决好金钱和欲望之间的平衡

花钱的第二个艺术，就是要管理好欲望，解决好金钱与欲望的平衡。

要想用自己的金钱买到幸福，就要在花钱的艺术上把握好，实际上就是要在驾驭金钱增长的速度的同时管理好自身的欲望。我们通常挣钱的速度像散步，欲望增长的速度却很快，这样你再怎么花钱都满足不了欲望，都不会快乐。

——摘自冯仑《野蛮生长》

背景分析

在如今的金钱社会，存在着一个金钱和欲望赛跑的难题，金钱永远赶不上欲望的脚步。人类在世界上之所以有很多烦恼，就是这么造成的。

例如，以前不知道有游艇，你没有这个烦恼，你认为咱有一辆小轿车就行了；等你订车了，一看报纸，还有游艇，可能车还没到，你的新欲望就产生了。工资涨了以后欲望马上就开始变，下个月涨工资，这个月欲望已经变了，工资一拿到口袋里就又没有满足感了。

那么怎样才能管理好欲望呢？管理欲望效果最好的、让人满足感最强的、使人们用很少的钱就能得到幸福的方法要算宗教了。政治家、经济学家教育人们怎样让财富的积累赶上欲望的增长；而宗教采取另外一个办法，不管财富积累，而是要欲望的增长速度慢一点，或者让你欲望的结构发生变化，让你的欲望增长的方向发生变化。如果有一天你能管理好你的欲望，即使金钱增长的速度不快，你的幸福感也会增加。

企业家、经理人管理一家企业，过去可能是几千万元、几亿元，现在有几十亿元、上百亿元的规模了，这时，你怎样管理欲望才能幸福呢？冯仑觉得，这么多年来万通的管理团队在欲望的控制上是比较稳定的，就是保持适度的增长。万通管理团队的成员几乎没有打高尔夫的，也没有什么奢侈性的挥霍行为，公司也不会讲究很多很夸张的东西，比如买辆上千万元的宾利车摆谱儿。万通接待人也很简单，很正常。他们把这个欲望管理好了，所以一旦花点钱还是能找到点幸福感的。

行动指南

在如今的金钱社会，人们特别应当学会管理欲望，管理欲望的增长速度、发展方向以及欲望的构成，这样才会使幸福感不断上升。

1月16日 在私利和公益之间找到平衡

> 第三个花钱的艺术，就是必须在私利和公益之间找到平衡。钱多了以后你必定要面对一个私利和公益的问题，就是自己的事和大家的事之间的区分。大家也包括小团队，比如你所在的社区，这算一个大家；公众、城市算大家；人类、地球，这都是大家。
>
> ——摘自2007年12月13日新浪读书频道冯仑文章

背景分析

近几年来，国内有相当多的人提到企业公民和社会责任。冯仑觉得处理公益方面的事情有三点需要特别关注。

第一，中国传统文化当中的一些积极因素、伦理道德要求企业要积德行善，这会促使一部分有钱人和多数的公民想到做一些关心别人的事情，不然会有道德上的不安，相当于你有钱但是你没有道德感，会引起内心的痛苦。

第二，在积累了大量的财产，特别是在社会进步以后，相当多的人通过专业、勤劳、智慧以及竞争的方式获得了个人财富的积累，这些财产最终用什么方法回馈社会？美国刚发展起来的时候曾经也遇到这些话题，很多人经过竞争创造了财富，个人有了钱，但是社会存在弱势人群，存在所谓阶级的差别和不和谐。在西方，卡内基和洛克菲勒提出的方法就是私人产权、私人企业制度、个人自由，这是不能破坏的。创造出财富以后，财富的拥有者怎样来回馈社会？应该坚持个人主义的原则，就是这些有钱人自己决定怎么样用财富回馈社会，政府不要管，要坚持自由主义；同时，要坚持有效率地来使用这笔钱，要像挣钱一样有效率。

第三，要坚持在自己活着的时候就安排钱的使用，而不是等到死了以后，因为死了以后钱可能沦落到一些无能的人手里。那么，这笔钱用在哪儿？应该是用到国家管理不及而社会进步又特别需要的地方，比如说捐给医院研制新药，因为个别尖端的药政府现在来不及管。

在美国有三大基金会，洛克菲勒基金会、卡内基基金会和罗素·塞奇基金会，这三大基金会奠定了美国富人使用财富的一个方法。现在巴菲特、盖茨选择的方法，是沿着卡内基等先辈指出的这条理性的道路在走，这是一条最有希望的道路。

行动指南

针对目前中国社会出现的问题，很多人都质疑社会差异、财富两极分化。这个问题怎么解决？冯仑赞成用卡内基讲的办法来解决：投入公益事业。这个办法既能保持生产领域里的效率，又能解决社会当中的不和谐及社会差别造成的矛盾。

1月17日 伟 大

伟大是什么呢？——眼光、毅力、胆略、艰苦奋斗、大义凛然。什么是大义凛然呢，就是刀架在脖子上无所畏惧，要死就死！所以说，伟大都是感觉器官上极其难受的事情。

——摘自《万通·生活家》2004年第11期冯仑文章

伟大是一种状态，自然的状态，自由的状态，创造的状态，荒诞的状态，以及自我观察中的一种喜剧或悲剧角色。

——摘自冯仑《野蛮生长》

背景分析

在冯仑的定义中，伟大首先是一种自由的状态。凡是伟大的人内心都是极度自由的，他极度渴望跳出一种现存的格局。很多企业家，你现在看他很伟大，其实当初他只是想反叛，渴望自由。自由的根本在于掌握自己的命运，自己决定自己做什么、怎么做和跟谁在一起做。如果没有自由，伟大的状态永远出不来。伟大的人都是自由的，其内心、行为都处在这种状态中。

同时伟大也是一种创造的状态。自由一定不按常规，会创造一些新的规则、新的是非标准、新的机会选择。

伟大还是一种荒诞的状态，这个很少有人观察到。伟大的人都有一种荒诞感，都是别人觉得他很伟大，他自己却认为很荒诞。

行动指南

通向伟大的道路都是苦难的。通向伟大的道路，分解到每天都会很难受，但是如果你自己觉得社会需要你，你就奔着目标往前走，一路辛苦；如果你觉得社会并不需要你，那你就稀里糊涂地活，最后自生自灭。

1月18日 理 想

许多成功的人都是乐观主义者。乐观来自哪儿呢？主要是有一个信念，看到未来理想实现时候的光芒，就像基督徒看到了天堂。登山途中，甫一看到山顶的时候，脚下的每一步艰辛你都认为是值得的。理想可以转化为一个人乐观主义的精神和无限的毅力。

——摘自冯仑《野蛮生长》

我年轻时最大的一个理想就是使自己的工作对社会有意义，使自己的能力能够在工作中提升，而且得到一个很大的发展空间。这叫大话，但大话对一个人来说，一生当中，这就叫理想。

理想是什么呢，理想是黑暗最尽头的那束光芒。没有这束光芒，人就会在黑暗中死掉；有这束光芒，人才能忍受这个痛苦。我刚才说的这个大话，就是这束光芒，引导你不断去做。

——摘自2008年2月26日专访冯仑文章《大时代的小访客》

背景分析

在很多人眼里，像王石、冯仑这样的人已经被当作这个时代的偶像了。然而，在他们内心深处，他们自己觉得实现了自己的理想了吗？

冯仑说，他们那个时候的理想和职业选择是作研究，所谓"理论对策化、对策政策化、学者幕僚化、幕僚官僚化"，当时他们是这样一个职业规划。"那个时候从来没想过做商人"，冯仑曾坦诚地说，"从职业上来说不是原来想象的职业，但是状态是一样的。成为商人是一种偶然，但是已经做了快二十年了，就成为人生的一个必然、时代的必然。"

理想可以转化为男人乐观主义的精神和无限的毅力。比如阿拉法特，他哪来那么大的力量，折腾几十年，天天睡觉换地方呢？冯仑也看过越南胡志明待的监狱，看过纳尔逊·罗利赫、拉赫拉·曼德拉待过的监狱，他们都很乐观。冯仑经常说，要学会把丧事当喜事办，因为痛苦是男人的营养，一有烂事来了，你就有可能又伟大一点。

行动指南

理想可以促使人做一些自我转化的工作，让自己变得与众不同。首先就是自律。在目标约束下，自己就像导弹一样，盯住目标，坚定不移；再就是反省。凡是志向远大的人都时刻反省自己，提高自己，这种力量也不得了。

1月19日 立 志

立志决定了所有事情的思考方法，志向在哪儿，人就往哪儿琢磨……立志就是在人生海洋中立了一个航标，不管走到哪里，中间干了别的什么事，顺利或不顺利，都是顺着这个航标前行的。

一个伟大的志向可以让人忍受常人不能忍受的痛苦。如果立志做中国最好的企业，眼前一切困难就都无所谓，你的心态也会很健康。

——摘自冯仑《野蛮生长》

背景分析

人立的志向有多高，处理问题的起点就有多高。曾经有一段时间柳传志和他的合作者处得很不愉快，在这个过程中，他唯一能做的就是牺牲，把最好的房子、最好的车都给合作者，而他自己什么都不要，但得到了管理人的权力。有理想意味着敢牺牲。冯仑相信，柳传志的牺牲精神来源于他执着的理想，那就是要把联想办成最好的企业。

立志可以过滤人生很多是非，作出价值判断，帮助人们决定选择给予还是获取。如果赚到1000万元，究竟是分了，还是再投资，其实都是在用理想作取舍。当时如果没有培训、没有计划，可能万通也会选择分钱财。值得庆幸的是，由于万通坚持理想，结果把别人容易触发矛盾的问题和别人不能妥协的地方都过滤掉了，所以万通几个合伙人这么多年后还是兄弟。一个没有共同理想的团队，想解决这些问题是非常困难的。

行动指南

如果一个人志向远大，目标约束严谨，行为高度自律，随时自我反省，那么，这些品质会引导他把自己的人生像导弹一样发射到高处（天空）。同时他也会牺牲自己，变得勇敢、无畏、冒险、进取。

1月22日 毅 力

中国古人讲"必有坚韧不拔之志，方有坚韧不拔之力"。这个坚韧不拔之志，也就是理想、志向。先有理想、志向，然后才有毅力，所以毅力不是天生想练就能练出来的。你看凡是有理想的人、有信念的人，都有毅力，毅力是后天出来的，不是先有毅力后有理想，一定是先有理想后有毅力。

所以那些有理想的人，是最有毅力的人，而不是那些身体好的人才是有毅力的人。

……当理想引导你的时候，你才能坚持。很多人没有理想的引导就吓死了，他恐惧呀。还有一种是在弄清自己有多大的体力前，自己就放弃了，也许他再折腾一下就出去了。还有更多的人，他一开始就没有这个准备，走到一半又回去了，他不再往前走了。所以只有少数人，心里头看到了光明，并被这个光明引导，才一直不屈不挠地往前走，最后走出来。这种人很少。

——摘自2008年2月26日专访冯仑文章《大时代的小访客》

背景分析

有时候，冯仑鼓励朋友时也这么说：你看这么多的麻烦每天缠着你，你都能解决，已经没有人能拦着你的伟大了，伟大都是熬出来的。

任何人做事都会面临内心世界与外部世界的冲突。冯仑说，他处理痛苦的人际关系时，会使用在中国传统哲学到的那一套："在我很困难的时候，我读得最多的是《道德经》。《道德经》对我的世界观有很大的改变。比如说我觉得自己是万通的董事长，把它背在身上，我就让自己变小了。如果我没有什么角色，就拥有自由，就会变得强大。这便是老庄的'虚无'……"他还说过，不看表面强悍的书，而看终极强悍的书，比如《老子》、《庄子》。

行动指南

毅力决定了一个事业的长久和高度。国内的企业家尤其是民营企业家应该努力用毅力和阅历来修补内心的圆圈与外部世界圆圈之间的凹凸不平，使自己变得豁达而坚硬，使自己变得境界通透脱俗、做人通情达理、做事通权达变。

1月23日 时 间

时间决定一切是个真理……所以不是行为本身，而是时间会决定一件事的性质。你如果苦练一件事，朝着一个时间方向去努力，会不断提升这件事的价值。

——摘自冯仑《野蛮生长》

背景分析

冯仑对时间进行过深入研究，他发现，在时间的投资上有一个排挤效应，是个二律背反。时间这个东西特别有趣，它既是生产资料，也是消费资料，它既是资本品（投资品），也是消费品。所以，在人类有限的一生当中，有一个互相排挤的效应，也就是说，你拿多少时间用来生产，就减少你多少消费时间。

所以，如果人们在有效的时间内，尽可能地去做好一件专业的事情，用持久、专注的办法来对待，人们可能会得到很多的金钱，同时人们又能省出很多的时间来，而省下的那些时间，就相当于投资的回报，人们可以拿出来消费，可以去度假，可以去画画，去满足个人的其他兴趣。在人的一生当中，时间作为消费品和作为资本品是互相挤对的。你有这个就没那个，有那个就没这个。

所以每个人行为的选择都是有限的。正因为时间本身是一维的，所以你就必须在有限的时间里，去做一些特定的事情。

段子原声

我拿着一杯水，马上就喝了，这叫喝水；如果我举10个小时，性质就变了，叫行为艺术；如果有人举上100个小时，都死在这儿了，这个动作还保持着，实际上就可以做成一个雕塑；然后如果再放50年，拉根绳就可以卖票，就成文物了。

行动指南

想在人生的路上投资并有所收益、有所回报，第一件事就是必须在一个方向上去积累，连续的正向积累比什么都重要。而且时间越长，东西越金贵、越值钱。

做公司也一样，做一天房地产人家说你投机（炒房，炒地）；做10年，人家说是一个正经生意；你能做100年，人家叫你伟大的公司。所以时间会让你获得很大的回报，让你有一切机会伟大、光荣、正确而流芳。

1月24日 伟大是熬出来的

伟大是熬出来的，不是塑造出来的，不是设计出来的，也不是记者写出来的。

> "熬"就是看你能否坚持得住。不是指每一个细节都想到了，而
> 是在特别痛苦的时候坚持住了，并把痛苦当营养来享受。
>
> ——摘自搜房网冯仑文章

背景分析

在冯仑的理解中，伟大往往是激励一个男人一生的主线，所以伟大首先是一个梦想，这个梦想会成为为他一生指路的明灯。就像阿拉法特，他的梦想就是建立巴勒斯坦人自己的独立的民主国家。他大学毕业以后做巴勒斯坦学生自治联合会主席，然后做房地产，泡妞，成了小富翁，后来创建法塔赫[1]，在法塔赫坚持了45年。实际上，这都是源于年轻时候的梦想：建立一个民族独立的国家。在这种梦想的感召下，他一生都在为此奋斗，而这个奋斗成了一个奇迹。他成了没有国家的元首，没有护照的世界公民，最后，全世界的人都认为他是元首。

段子原声

熬是个什么概念？20多岁刚毕业，你是社会的边缘，什么事都是哥哥、姐姐，30多岁、40多岁的人在做，你得求这些人；等到30多岁，你开始进入到剧场最后一排，有了一张门票可以看别人演；到40岁、50岁，你就是中排靠前一点的观众，看戏可以看得清楚了；你如果出类拔萃，就变成第一排了；再出类拔萃你就成演员了，等到你演完了，别人一鼓掌你也就该下场了。

行动指南

中国企业界教父柳传志的一句"中国没有伟大的企业"说明中国企业都还没有熬够，都还需要继续熬。至于自己企业的好坏，从长远来看，还得经得住考验、经得住熬。

1月25日　伟大的基因

伟大实质上是一个基因。我们观察伟大的时候往往会把因果关系

---

[1] 法塔赫：巴勒斯坦解放组织所属的武装组织，巴勒斯坦民族解放阵线的简称。——编者注

颠倒过来。比如人们通常认为柳传志今天能做出这些成就是因为他伟大，事实正好相反，因为他有伟大的基因，今天才会变得伟大。伟大的原因恰恰是他伟大基因发育的结果。

伟大之所以是个基因，因为伟大其实是一个理想，这个理想和我们通常说的梦想不同，是社会理想，一种社会价值取向会变成一种伟大的基因。

——摘自冯仑《野蛮生长》

背景分析

伟大相当于一个导航系统，能够正确地引导自己，比梦想更加具体、更加微观，而且更加精确。伟大的人之所以伟大，从来都是因为把大道理留给自己，小道理留给别人。一般的人都是把小道理留给自己，大道理留给别人。就像柳传志，他什么都不要，但是他要一个可以领导你的权力，通过领导组织的权力，他的梦想得以实现。那些得到更好的车、更大的房子的人，也就是得到车得到房子，仅此而已，最后失去的是伟大的机会。

行动指南

要想成为伟大的人物或成就伟大的事业，一定得拥有这种基因。当一个人拥有未来，拥有整体，拥有管理领导的权力，就一定有一个伟大的未来在他手里。

1月26日 伟大首先是管理自己而不是领导别人

据我观察，伟大就是管理自己。过去，我们老以为伟大是领导别人，这实际是错的。当你不能管理自己的时候，你便失去了所有领导别人的资格和能力……伟大首先在于管理自己，而不在于领导别人。

——摘自冯仑《野蛮生长》

背景分析

冯仑有时跟王石一起爬山。王石大约只用了五年多时间，就把七大洲最高峰都爬遍了，而且还加上南极点、北极点。对于1951年出生的王石而言，做到这样很不简单。那他是怎么做到的呢？

冯仑发现，在山上王石和其他人最大的区别在于他能管理自己。比如说规定几点进帐篷，就几点进帐篷；为保持能量，食物再难吃他都往下咽，而冯仑觉得不好吃就会宁愿挨饿；比如在山上应该下午五点睡觉，若是聊得高兴冯仑晚上八点才睡，第二天肯定爬不了。在珠峰7000多米的时候，不管别人再怎么说风景好，王石都克制自己，不出帐篷，因为动一次能量就损耗一次；而且王石每次都认真做爬山的准备工作，比如涂防晒油，要求两层，他一定涂两层，而且涂得特别厚。王石以业余运动员身份能爬上去，管理自己的能力起的作用是非常重要的。

管理自己就是自律，是一种重要的品质。很多企业的领导者之所以失败，通常都是因为放纵自己，放纵自己的欲望，比如战略上主张多样化，组织系统和人脉也管理不好。

一个人在管理好自己，在组织中成为最好的成员时，才能取得成为领导的资格，大家才会信任你，才敢把命运寄托在你——一个首先能管理好自己的人身上。

行动指南

当一个人希望走向伟大的时候，一定先把自己管理好，管理自己的金钱、自己周边的人脉社会关系、自己的行为。你管理好了自己，人们称之为自律，称之为守法，很多类似的美德就产生了。

1月29日 决定伟大的最根本力量

决定伟大的两个最根本的力量中，第一个是时间，即伟大是时间的函数，随着时间的推移决定这件事的价值。第二个是跟谁一起做。你是花了很长时间，但如果不是和伟大的人一起做，这件事就会沦为平凡的事，和英雄无关。

——摘自冯仑《野蛮生长》

背景分析

冯仑认为，聪明人和笨人会随着时间的变化而互相转化。当所有聪明人都会去做一件事的时候，这就成为一个愚蠢的决策。时间使聪明和愚蠢不断颠倒。愚蠢的人靠时间变成聪明人，而聪明人想偷懒节省时间，结果自己做了愚蠢的事。所以伟大的人常常一开始做了一个被人认为愚蠢的决定，但他用十足的耐心，靠时间颠覆了是非标准。

伟大的第二个力量就在于你的合作对象。你选择了好的伙伴，然后以足够的时间做一件常人还看不到结果的所谓不正确的决策，就有机会成为非常伟大的人。

万通在纽约做世贸项目的时候，冯仑有一个极强的印象：所谓创造历史，就是在伟大的时刻、伟大的地点和一群伟大的人做一件庸俗的事。具体行为都很庸俗，讨价还价，只是时间、人物、场合是伟大的，结果这些庸俗的事改变了历史。

段子原声

如果一直跟着牟其中，花同样的时间，跟他在一起，叫参与经济犯罪活动，肯定被抓起来；如果是跟柳传志在一起，那就是做一个职业经理人；但我们自己做呢，叫创业。所以同样的时间下，你跟什么人在一起，同样也很重要。

行动指南

普通人是在平凡的时间、平凡的地点、和平凡的人说着伟大的事情，不改变任何社会，也不改变任何人。要想成为伟大的人，要选择伟大的时机、伟大的伙伴，但是具体事情要按规矩操作。

1月30日　大商得道，小商得利

李嘉诚讲追求无我，王石取名不取利，柳传志讲拐大弯，所有这些都表达了他们对生活的态度和对外部世界的看法，而这些东西恰恰就是他们的成功之道。

显然，在这些成功商人的背后，他们对于钱的看法、对于生活的态度和普通人有一个非常本质的不同，大家都在抓钱的时候，他们刻意

　　或者自然地与钱保持距离。他们对中国社会有一种看法，知道在中国社
会应该跟外部世界保持距离，也就是你的存在最好能够让大家舒服。

——摘自冯仑在《万通·生活家》悦读俱乐部

"哲学与生活"活动上的讲话

背景分析

　　是什么决定了李嘉诚和戴尔的成功？冯仑认为，肯定与钱没有关系，因为他
们在创业的时候，比他们有钱的人很多。大商人的成功一定是钱以外的某种能力决
定的。

　　如果说是机遇决定，也解释不通。同龄人的历史机遇差不多，同时，大家所处
的时代背景一样，唯一的差别是每个人对这个时代的感觉不一样，大家都在同一时
空里，对世界的感觉不一样，就相当于看法不一样，眼光不一样。

　　胡雪岩家有个对子，上联是"持家要存厚"，就是人生要保存你的厚道，下联
是"人生要自在"，就是你要尽兴。胡雪岩的这个上联对于今天在中国经商仍然具
有指导作用，"为商更要存厚"，这样才能获得商业上的长久成功。

行动指南

　　成功人士有独特的对世界的看法，这些东西使他们和普通人的思维有所不同，
促使他们处理任何一件小事情的方式都跟大家不一样，这样积少成多，就成功了。
成功是由价值观堆起来的。普通人用普通的价值观应付生活，这就是平凡与伟大差
别的由来。

二月 | 价值观

February 2
2015 CALENDAR

MON	TUE	WED	THU	FRI	SAT	SUN
						1 十三
2 十四	**3** 十五	**4** 立春	**5** 十七	**6** 十八	**7** 十九	**8** 二十
9 廿一	**10** 廿二	**11** 小年	**12** 廿四	**13** 廿五	**14** 情人节	**15** 廿七
16 廿八	**17** 廿九	**18** 除夕	**19** 春节	**20** 初二	**21** 初三	**22** 初四
23 初五	**24** 初六	**25** 初七	**26** 初八	**27** 初九	**28** 初十	

2月1日 价值观相当于GPS导航仪

（价值观）这个东西会决定每个人的行为方式。比如说有的人就愿意投机取巧，总是想不劳而获，这些想法反映了他的价值观，而这种价值观会决定哪些人会跟他在一起以及做哪些事情；另外一些人希望做长期的事情，往好里做，那么这些人就会在一起。所以不同的价值观，最后把人作了区分，人一生的幸福和方向就会有所不同。

……

最重要的还是应当在价值观的培养上下工夫。在价值观上的投资相当于给人生装上一个GPS，人生观就是人一生的卫星定位导航仪，有了它，在人生的任何时候都能找到方向；找到方向，一个人就有了生存能力。

——摘自冯仑《野蛮生长》

背景分析

冯仑在谈到投资时谈到了价值观对于人和企业的至关重要性。比如，投资于人，到底投资在他的什么上呢？是投资在他的技能上，抑或投资在他的价值观上？这点非常重要。

一般来说，学生家长（也是投资人）多数都投资在孩子的技能上，为了应付考试，可能三天两头逼孩子做作业，但很少会隔三岔五地去跟孩子谈价值观的问题。这说明通常人们比较愿意投资在技能上，相信技能能够转换为一种能力，但事实上，技能是最容易学的。一个人天天被你逼着写作业，他就会写。可他最后往往没有竞争力，因为大家都被这么逼着写作业，结果都差不多。

冯仑身边有很多朋友，因为所谓"道不同不相为谋"而走散了。所谓"道"就是这种价值观，就是你人生的一个GPS，定位仪。这就相当于在沙漠里或戈壁滩上，有一个GPS，能正确使用，你就知道往哪儿去，就能活下来；但你没有这个GPS，或者定位定错了，你就会走错方向，甚至死亡。

段子原声

不同价值观带来的福利是不一样的，例如，"小姐"和良家妇女的福利曲线就是完全不同的。"小姐"的福利曲线是刚开始大起大落，随后一路往下或在低位平着走。她的价值观就是及时行乐、捞钱。她16岁就不上学，出来混；18岁收入就达到了峰值；20岁就开始生病，也开始介入是非，马上曲线就往下走了。然后开始不断地遇麻烦，一会儿被劳教，一会儿折腾，老了以后就贫病交加，也嫁不到一个好男人，最后就把自己毁了。

但良家妇女呢，研究生毕业都24岁了，一个月才挣3000元，之前全是花钱；二十八九岁了，找个老公，两口子大概每月挣两万元，开始供个房子；到45岁的时候，小孩儿也慢慢大了，上初中了；到50岁的时候，小孩儿上大学了，两口子可能房子也供完了。这时候老公的收入不错，自己的收入也不错，越老收入越高，保险啊什么都有，又体面，又安稳。退休后还可以继续兼职挣钱，社会也尊重。总之，她是越老越好，人生曲线是喇叭口朝上的。

行动指南

了解一个人的价值观，就是要考察清楚他的世界观、人生观，最重要的是要花时间去了解、去发掘、去研究、去塑造他正确的价值观，使他的人生有一个好的GPS。

2月2日　"守正出奇"：万通的核心价值观

"守正出奇"是万通永续经营的根本战略原则。我们所要守的"正"，一是勤劳致富，二是法律规范，三是国际惯例。做业务要正，做人要正，对外交往也要正。我们可能与狼共舞，但我们还是人。在这些基础上，充分发挥主观能动性，法无定法，出奇制胜。这也是我们的人生态度，在浮华之中淡泊处世，于繁荣之时心平气和，不做明星与过客。

——摘自万通历史陈列馆新馆开馆文稿

背景分析

2009年8月下旬，冯仑经过认真思考，提出把"守正出奇"确定为万通的核心价值观，并以此来统驭万通的其他八条价值观和企业理念。

"守正出奇"一直是万通最重要的价值观之一。

所谓"守正"就是遵循客观经济规律的引导，依法依规老老实实办企业，消灭一切多余动作。而"出奇"则是在依法经营前提下的必要的变通。

"守正出奇"的原话出自《老子》"以正治国，以奇用兵"，以及《孙子兵法》"以正合，以奇胜"。古法说："奇正之术交相为用。"一个人老是出奇，奇多了就邪了，要以正合以奇胜，守正才能出奇。守正需要依法经营，有良好的心态，比如说欠钱还钱，亏损认账，做错了赶紧检讨。

冯仑曾说过，万通发展到今天不是偶然的，是在社会经济急剧转型时在不规则空间出奇制胜的结果，其中创新、变通等大的战略安排都是很关键的。现在法制环境规范了，他们提出守正出奇，在非专业化领域做到专业化，在专业化空间精细化，在精细化空间做市场网络，都是围绕一个"正"字来做的。随着出台的法律越来越多，只要在规范空间内做，拙就是巧。

行动指南

守正当然显得拙，看着很慢，但本质上很扎实，最后一定还是快，因为减少了失误，提高了成功率，是持续稳定的正向积累。从长远来说，做生意要守正才能出奇，要有非常良好的价值观，有正确的目标和很好的责任感，这样企业才能做好。

2月3日 以天下为己任，以企业为本位，创造财富，完善自我

万通的创业者在1991年创办企业的时候就提出"以天下为己任，以企业为本位，创造财富，完善自我"的原则和理想，其目的是"推动社会进步以报时代，创造财富以报社会，齐家敬业以报父母，完善自我以报个人"。简单地说就是"学好"：做好人，办好事，挣好钱。这是万通以核心价值理念和公司文化的灵魂。

——摘自2009年8月万通地产公司网站

> "以天下为己任，以企业为本位，创造财富，完善自我"——万通以这一核心价值观统率全局，不仅克服了许多民营企业自身的局限性，而且能够以变应变，顺天应人，不断开拓新的未来。
>
> ——摘自2002年9月冯仑写给万通历史陈列馆的献词

背景分析

20世纪90年代初，六君聚义，开宗万通。创业之前的万通六雄都在党政机关工作，由于种种原因都下海了。他们的理想和未来究竟在哪里？经过数年思考，最后他们决定，用办企业、经商来实现他们这些年轻知识分子的社会理想。

这个思考过程就是判断中国未来的发展走势。现在讲好像很伟大，其实当时想法非常简单，就是：中国工商群体是否会成为未来中国社会里除了政府之外的一个主体？工商界本身是否拥有大的发展空间？如果是，那么在这个领域内奋斗，也一样可以实现他们报效祖国的理想。

他们的确是一批非常富有理想的年轻知识分子。当时他们的思考大部分集中表现在1992年万通首次反省会成果总结——《披荆斩棘 共赴未来》。这篇文章确定了万通六雄直到今天的"核心价值观"。

在创业之初，冯仑他们就开始思考："我们为什么要'下海'办公司？我们究竟要把公司办成什么样子？在强手如林的竞争环境中，我们怎样把自己当成一颗钉子，顽强地揳进去？一群带有理想主义色彩的'哥们儿'怎样在新的利益基础上进行合作，总结过去，开拓未来？怎样把日常大量琐碎的经营活动和青年知识分子精忠报国的高尚追求紧密结合起来？等等。"这一系列严峻而现实的问题，不仅摆在他们几个人的面前，而且是对他们整个一代人的挑战。

冯仑认为，他们正在做一件意义远大的事情，中国青年知识分子苦苦寻求推动社会进步的报国道路，或搞文化启蒙，或搞理论研究，或以激烈的方式表达自己的愿望，或远渡重洋向西方学习，以求学有所成，报效自己的国家。闯来闯去，都没有得到完满的答案。中国青年知识分子向何处去，成了摆在他们面前的一个严肃课题。

他们认为，当时所走的道路，是一条能够解决这一课题的道路。推动社会进步以报时代，创造财富以报人民，齐家敬业以报父母，利用所学知识在商品经济中锻炼自己，在实现个人价值的同时改善自己的经济现状以报个人，这一切都体现在他们以企业组织的形式，从事商品经济实践的过程中。他们的确找到了一条很好的道路。

行动指南

做一件事情，如果找到了超出赚钱之外的普遍价值和使命，做这件事情的人就非常容易拥有持之以恒的毅力，无论中间有多难和多少坎坷，都容易做好做成。

2月4日 "毋忘在莒"的自警

"毋忘在莒"（"莒"应读为"举"，现属山东日照市莒县）是万通的企业自警。万通人对此的理解是：无论企业如何发展壮大，无论何时何地，都不能忘记创业的艰辛，不能忘记做人的准则，不能忘记企业肩负的社会责任。这就是要艰苦奋斗，刻苦忍耐，不断进步。这是万通企业文化中最具代表性的精神。

——摘自2009年8月万通地产公司网站

创业十余年后印行的《万通全书》中，冯仑强调万通企业文化九条基本理念，第二条还是"毋忘在莒"。

——摘自万通内刊《万通》2008年5月号"大寒"的文章

背景分析

1992年，如果你有幸来到海口市义龙路华昌大厦一层，找到一家简朴的名叫"农高投"的公司（全称是海南农业高技术联合投资总公司，万通集团的前身），走进去不免会在一块横匾前停留片刻。匾上四个行书大字："毋忘在莒"，使人立即感受到传统文化在一家新公司中的积淀。

"毋忘在莒"是万通一以贯之的企业自警。这句成语的形成始见于《吕氏春秋·直谏》，其文曰："齐桓公、管仲、鲍叔牙、宁戚相与饮酒酣，桓公谓鲍叔牙曰：'何不起为寿？'鲍叔牙奉杯而进，曰：'使公（齐桓公）毋忘出奔于莒也，使管仲毋忘束缚于鲁也，使宁戚毋忘其饭牛居于车下。'桓公避而辩，曰：'寡人与大夫皆毋忘夫子之言，则齐国之社稷幸于不殆矣。'"

这段话的意思是：有一天，齐国君臣在一起饮酒，酒酣之时，桓公得意地对鲍叔牙说："为什么不起来为我祝酒呀？"鲍叔牙就端起酒杯向桓公敬酒说："祝您不要忘记逃亡在莒国时提心吊胆、愁困落魄的那段日子。"又向管仲敬酒说："祝管仲不要忘记了在鲁国做囚徒的时候。"还向宁戚敬酒说："祝宁戚不要忘记了当初在车下喂牛的时光。"几句话使齐桓公等人猛然警醒，桓公离开座席感谢说："我和大夫们都绝不会忘记先生的话，这样齐国的江山才能长治久安啊。"

行动指南

"毋忘在莒"——万通人的这种精神，值得所有民营企业借鉴。冯仑也多次提出民营企业要珍惜资本，然而，"由俭入奢易、由奢入俭难"，民营企业能做到这一点的少之又少。

2月5日 顺天应人

> "顺天应人"是万通一以贯之的处世态度。万通必须符合中国社会进步，具体地说就是改革开放和现代化事业这一大趋势，这就是万通的天和势。在处理具体事务中，万通人必须稔熟"应乎人情"的道理，做事入情入理，"前半夜想想别人，后半夜想想自己"，方圆处事，真诚待人。
>
> ——摘自万通历史陈列馆新馆开馆文稿

背景分析

是否能成就一项事业，在一定程度上取决于历史提供的机遇和舞台。企业一定要弄清楚中国社会发展的规律，懂得企业对社会的依赖性，同时在这个前提下好好工作。

万通走到今天，取决于局部战役胜利，更取决于整体战略成功。在整体上，当别人沉浸在海南炒房炒地的欢乐之中时，万通到了北京；当别人赶到北京的时候，万通又到了上海；当别人沉浸于多元文化大面包时，万通已经紧追不舍地奔专业化整合了。冯仑说，三步以外的事不去看是打仗的下策。万通的胜利很明显是来自大战略上的不失误，来自有效的集团调度，靠的是辛勤劳动，在这些前提下每一个局部做得精而又精、好上加好才有意义。

行动指南

一家企业，一个人要成功，非常重要的一点是否能适应周围的环境。要顺天应人、顺乎天意、合乎人情，否则就会跟不上社会变革的节奏。

2月8日 学习、学好

万通地产曾经梳理过万通价值观最核心的东西，得出的结论是"学习"与"学好"。万通地产的很多说法和做法都源于此，比如"学先进，傍大款，走正道"，比如守正出奇，比如现在在住宅方面和商用物业方面分别向标杆学习。万通人勤于学习，善于学习。

——摘自2008年10月17日焦点网文章

学好和学习是万通地产发展到今天的制胜法宝。

——摘自冯仑的多次演讲文稿

背景分析

说到企业人学习或学好，很多人的第一反应是这是出于道德和上进的需要。冯仑不这样认为，他认为学习或学好对于企业来讲是生存的需要，对个人来说就是安身立命的需要。

冯仑希望万通能做成伟大的事业，虽然最后未必能成功，但取法其上，得乎其中，虽不能至，心向往之。要实现万通未来的伟大目标，万通所有员工都必须把学习放在首要地位。从公司创立至今，万通一直认为，竞争的核心是人的竞争，而人的竞争则是学习能力的竞争。冯仑和万通一直以学习作为公司的核心能力，通过学习，发现新境界，寻找新方法，保持创新活力，因为只有这样，才有可能做到步步领先、招招制胜。冯仑提醒，万通人应当始终记住列宁的遗训："学习、学习、再学习"。

冯仑认为，尽管万通在中国已经走过了二十多年的历史，但与欧美百年以上的长寿企业相比，万通还是一家年轻的企业，还很稚嫩，还有许多不完善的地方，在国际国内更为复杂的形势下，万通人应当愈加谦虚谨慎，朝所有"先进"看齐，继续发扬"毋忘在莒"的精神，兢兢业业，务实进取，再接再厉，更上一层楼。

行动指南

中国的民营企业要长期存活并持续发展，就要不断学习、坚持学好、处处学先进。

2月9日 学先进、傍大款、走正道

"学先进"是为了自己成为先进；"傍大款"是为了结交好企业、自己成大款；"走正道"是为了避免走弯路，铸造永续经营的坚实基础。

万通希望，公司的管理层是一个"好班底"，公司的员工是"好员工"，公司做的是奉公守法的"好事情"，从而吸引一批"好资源"，遇上一个"好年景"，迎来更大的"好发展"。

——摘自2009年8月万通地产公司网站

背景分析

万通犯过与其他民营企业一样的错误，不同的是万通改正错误的自觉性和勇气较高，而这种不同来自于万通"学先进、傍大款、走正道"的理念和价值观。

1993～1997年时，万通纵横七省，横跨五大行业，人员达到6000名，但不久之后，便纷纷陷落，被迫彻底调整，一直到2000年才渡过此劫，公司和业务回复到正常发展的轨道上。其间甘苦不言自明。

这几年，冯仑看的故事多了，方才明白在"财富赛跑"游戏中，跑全能是不行的，要么选择短跑、跨栏跑、中长跑，要么选择马拉松跑。在一生的运动生涯中，只能选一种最适合自己身体条件的运动项目。做公司同样如此，跨栏（如并购）好看，但风险大；马拉松（如办一家百年老店）拼的是毅力和身体的综合素质，但没什么看头。

要想跑赢财富赛跑这场比赛，选择好自己的企业定位，提高核心竞争力才是最重要的。所以，"学先进、傍大款、走正道"在万通已经成为一个永远的话题。

行动指南

一家公司的核心理念不是说给别人听的，而是用来让自己照着做的。冯仑提出了"学先进、傍大款、走正道"的核心价值观，万通则通过行动实践了这些理念。

2月10日 反 省

为了"学好"，万通一直重视学习，强调创新，努力实现企业的发展战略。"反省"是万通创业以来长期坚持、形式独特的重要学习方式。万通的真正价值是它所秉持的理性的批判精神，而这种批判精神，首先是对自我的内省和解剖，是一种"反求诸己"的功夫。

——摘自2009年8月万通地产公司网站

在万通，自我反省与调整是一门必修课。"反省会"在万通经历了三个阶段：第一个阶段，反省公司管理，成了员工的一个牢骚会；第二个阶段，集中在公司高层对发展战略的反省；第三个阶段，从2000年起，转变为"前瞻式"反省，即站在未来反省万通的现在。

——摘自《万通全书2001》

背景分析

万通地产的反省会是反映万通地产珍视自己的价值观，以及价值观给万通地产成长所带来深层影响的最好窗口和标本。

一家企业，嘴上挂着"学习"、"学好"、"反省"并不难，难的是嘴上说，内心真正相信，还一直坚持做。比如反省这件事，万通坚持至今，而且还要继续，于是这事就成了万通地产形式上的宗教仪式和骨子里的价值观。时间成就了价值，并且检验价值。

通观万通发展历史，万通能够持续发展，以及未来能持续发展的关键就在于始终反省，公司的价值启蒙、关键危机的化解，以及布局未来的前瞻战略之把握，都同反省会息息相关。因此，反省会也成为观察这家"老公司"极好的历史坐标。

1992年是万通第一个生日，也是万通的反省会元年。在海南凡庆祝公司成立周年则大吃、大喝、大发红包蔚然成风之时，在《公司法》远未出台的草莽甚至蛮荒的时代里，万通的一群年轻人却坐下来，认认真真地探讨企业的未来和行为的准则。

如果说1992年的第一次反省会是奠基，1996年的反省会则化解了万通地产历史上最严峻的危机。从2000年起，万通反省会改进为"前瞻式反省"，站在未来反省现在，以检视万通的战略、价值、业务与管理。

从公司发展的角度，第三次重要的反省会是在2004年召开的。在这个阶段，万通地产提出了新战略，提出了美国模式和反周期生存，引进了战略投资者天津泰达集团，完成了上市，开始进行天津滨海新区的业务布局。可以说在这个阶段奠定了万通地产以战略前瞻为标志的战略导向型公司的根基。

万宗归一，学习和学好其实都是反省，是反省的两种形式，也是反省的参照系。在2008年的万通地产反省会上，冯仑表示，人思考问题有两种思维方式，一种是从自己的角度看别人，以己度人，容易批判；另一种是躬身自问，自我批评。人们常常习惯前一种，而少后一种，他提醒万通人，"要多躬身自问"。

行动指南

反省，实际上就是要自觉纠错，扬弃过去，站稳今天，预知未来。从万通的发展过程中，可以发现中国民营企业存活和发展的健康基因就是"守正出奇"、反省和不断学习，以及专业化的产业发展道路。

2月11日　创　新

万通已活了12个年头，回首望去，但凡绝处逢生、狭路获胜之时，除了归功于正确的价值观引导，在战略和经营上主要得益于创新，即所谓"守正出奇"。今天，创新已成为万通的一种命运安排。不创新，毋宁死。

——摘自冯仑文章《创新是一种命运》

> 　　万通地产强调"以创新来扩张市场"；"创新一步，领先一步"
> 是万通地产不断进步的推动力；万通对于消费者的潜在需求和技术市场
> 的应用能力始终保持非常强的洞察和分析能力，对于下一阶段住宅的形
> 态和特点的研究一直没有停止过。
>
> 　　　　——摘自2002年8月冯仑在联想—万通数字家庭战略联盟
> 　　　　新闻发布会上的演讲文稿

背景分析

　　万通从创立以来，一直在创新。在最早的房地产业务中，万通就使用了在当时还是创新的按揭手法。万通在体制方面的创新也引人注目，包括北京万通的成立和大发展、引入战略投资者天津泰达集团、积极进入境内外资本市场等。

　　在企业战略方面，万通的创新也大有成效。2002年提出新战略，房地产开发以"美国模式"代替"香港模式"。2009年参与纽约重建自由塔，开发"中国中心"。

　　万通最大的优点是长期坚持思考研究问题，在重要时刻万通总能比别人提前一步。比如，万通比别的公司早一年离开海南，万通是北京第一家房地产股份公司，万通最先开发新世界广场这种市场化的写字楼产品，最早大规模转向住宅市场，最早提出商业模式变革，最早在民营公司股东中引入国企。这一系列万通进行得最早的动作，实际上都是万通生存、发展的根本。

　　万通一直强调"创新一步，领先一步"。这是经验而不是口号，从万通的历史来看，万通做的创新的事情都发展起来了，是创新挽救了万通。

　　可以发现，创新是万通健康成长的基因。万通的目标不是规模最大，而是努力使公司"赢利能力最强、最受市场欢迎"。"理性变革、科学管理"是万通追求的境界，不断在创新中领先是万通制胜的法宝。

行动指南

　　大凡创新都会受到旁人的白眼，人们的生活经验、人情事理、工作成绩都会成为一块板结的土地，扼住新生命。

　　创新与时间也是一对好朋友，最终支持创新的是时间，因为只有时间才能催生波澜，造成时势。胜利永远属于那些敢于和时间赌博的英雄，勇士只是那些敢于和时间较量的疯子。

2月12日 站在未来安排现在

> 凡是知道未来的人，站在未来、站在终点看现在的人，很清晰。
> 掌握未来才能掌握今天，掌握未来才能掌握今天的命运，只有掌握未来
> 的人才真正拥有未来。
>
> ——摘自《万通·生活家》2003年9月13日专访冯仑文章
> 《站在未来看今天》

背景分析

自创业伊始，万通就以"站在未来安排现在"的前瞻意识来确定发展战略。万通先后成功投资开发了北京万通新世界广场、中国国际航空公司大厦、北京万通中心等知名高档物业项目，同时还开发了北京万泉新新家园、北京亚运新新家园、北京新城国际、北京龙山新新小镇等高档住宅项目，成为中国最有活力的房地产投资公司之一，这些项目的成功运作可以称为万通"站在未来安排现在"的第一次成功。

之后万通实业又完成了转型期的战略布局，拥有地产领域的多样化资产。同时，积极开拓海外市场，纽约新世贸中心"中国中心"项目已如期签约，是为继2004年万通与天津泰达集团结为战略合作伙伴之后"站在未来安排现在"的第三次成功。

行动指南

如果未来能够拉近、拉远，就像照相机的长焦镜头，如果你拉到非常远，再来看今天，就可以说是前路迢迢，一清二楚。在这样的情况下，人当然很愉快，有前瞻力，就可以知道应该在哪儿拐弯，哪儿不拐弯，在哪儿会摔倒，哪儿不摔倒。一个人或企业没法做到像神一样，只能做到接近于神，站在离神所指向的道路比较近的地方，回过头来安排今天。

2月15日　不动即动，不争即争

> 一个人在一生中要学会放弃，学会不动、不争，不动即动，不争
> 即争。这是最高的境界。
>
> ——摘自《冯仑箴言》
>
> 万通要真正做强做大，就要谦虚谨慎，戒骄戒躁，不招摇，不陷
> 入不必要的社会矛盾和冲突，避免不能承受之重，心怀远大。这样，万
> 通的社会生态环境和企业发展空间将越来越宽广。
>
> ——摘自2009年8月万通地产公司网站

背景分析

钱心跟着人心走。假定你一次能挣10元，你跟对方讨论半年才把这事谈下来，从人心上讲他就会很烦你，觉得你矫情。但如果你突然说算了，就挣1元吧，他会认为你傻，心想这家伙该挣的钱不挣，脑子一定进水了。

所以，让不是送，送就不是买卖人了。你应该在7元、9元之间选择一个点，9元谈一个月，7元谈两天，无非在中间找个缝儿；若是谈到8元，就尽快成交，对方还很有面子，觉得占了便宜，看起来你是少挣了两元钱，但只用一两个星期的时间，半年下来也许会多十几次机会，挣的绝对比10元多。人家觉得能占你便宜，觉得你做生意爽快，在你这儿有面子，就会老来找你。

冯仑曾经为了毛泽东在中苏论战中引用的一句"万里长城今犹在，不见当年秦始皇"的典故，到安徽时特意到桐城当地去看那堵"让他三尺又何妨"的"典故墙"，然后悟出："人生当中，舍即是得，让便是进，不争即争。"于是，让，在冯仑心中成为一种生意人的至高境界。

行动指南

实际上，不动并不是真的不动，而是不乱动；不争并不是真的不争，而是不乱争：不争现在争未来，不争局部争全体，不争有形争无形。

2月16日 为什么要资本社会化

　　我们追求既不远又不近，既不完全属于私人又不能完全国有，那就是股份制，出资人是可以看得见的，可以数得过来的，如果对这个东西作个理论化的解释，我们称之为"资本社会化"。

　　IBM有几万家股东，通用、微软都有上万家的股东，但是不管怎样，都是有边界的，数得过来的。这种情况下，企业治理结构就比较好，投资人可以监督经理人，经理人也会对投资人负责，所有人都是劳有所得。资本有股息，资金有利息，劳动有报酬，管理者有人力资本的回报。这就是和钱的距离适中，人人劳有所得，这是我们认为比较理想的公司架构。

　　……

　　　　　　　　——摘自冯仑演讲文稿《在当代中国办企业的一些理性认识》

背景分析

　　在冯仑此前的概念中，企业要么是国有的，要么是私人老板的。在冯仑那一拨从机关、国有企事业单位出来的人中，脑子里的概念就是要变成私人老板。但是万通走过七年时，冯仑认为要资本社会化，也就是钱不要离自己太远，也不要离自己太近。

　　一家企业如果离钱太远，像国有企业，全民所有，人人有份，等于谁都没份。你投入太多精力，结果赚的钱和自己的业绩、个人生活都没关系，干多干少一个样，干好干坏一个样，大家都无所谓。

　　而企业家和钱的关系，如果太近了，像纯私人企业，容易导致心胸狭隘，盲目投资，家族管理，不能应变，排挤人才。这时候，花钱就像割自己的肉，这也不好。

　　冯仑坦率地说，1993～2000年，万通在资本上基本没有作为，无论是具体的资本结构，还是在资本市场上的借力发力，都无积极的作为。因此，欲提升万通整体的实力，资本的革命是当务之急。这既符合资本结构或股东结构的良性调整的需要，也预示着已调至良性状态的主营业务需要尽快驶入资本市场，加速前进。1995

年，当万通将"资本社会化"作为一条原则来坚持并借以推动"公司专业化"和"经理职业化"时，冯仑就已经意识到资本结构本身对公司发展和治理结构有着至关重要的作用。然而，令人遗憾的是，当时万通在行动和操作上迟疑了。

行动指南

一家好企业，如果脱离外部资本和资本市场，就会失去持久而快速发展的动能，也会失去衡量得失的客观标准。当资本社会化的时候，制度的制衡保证了企业的战略决策从0与1的博弈变成了1与2的博弈，也就是说，从生存还是死亡的博弈转变成好一点还是更好的选择上。因此，资本私有化不是潮流，资本社会化才是潮流。

2月17日 为什么要公司专业化

我们不知道能干什么时，反而什么事都干，现在知道了自己不能干什么，只能干什么。所谓专业化，是针对多元化而言的，我们初期试过许多行业，万通能发展到今天，很大程度上因为我们四年前开始做专业化，知道自己很多事情不能干。

——摘自冯仑演讲文稿《在当代中国办企业的一些理性认识》

背景分析

1993～1997年，是万通的高速扩张期。万通进入了很多行业，买过上市公司、国有企业、证券公司、信托公司，也买过民营企业。这个阶段万通积累了很多经验，但总的来说通过多元化尝试这种方式，知道了自己不能干什么，然后才知道自己能干什么。

后来，万通按专业化的方式作了调整，把地产和创业投资以外的其他产业都砍掉，然后对地产和创业投资进行精雕细刻，这就是公司专业化。把地产和创业投资作为两大主业，两翼齐飞，是1997年时万通的公司战略。到2003年时，万通干脆把创业投资也砍掉了，只剩下了房地产一个主业，经过了10年左右的尝试和折腾，万通又回到了自己的老本行——房地产。

段子原声

有些企业出现问题，可能和投资领域太宽有关系。大家常说，武林有三个阶段：最低水准是花拳绣腿，好看但不堪一击；第二阶段叫精专一门，可能十八般武艺只会使棒，但棒使得好，可以像林冲那样；第三境界是十八般武艺样样精通，但是你看不出哪一门最强，最强的是能把十八般武艺融合在一起的功夫，而且这个功夫是任何人都不能比的。

行动指南

实际上，做企业的道理和天下其他的道理都差不多。不知道自己能干什么的时候就什么事都干，知道能干什么的时候就干得很少，特别精，再精到一定的时候，都是针尖对麦芒，事情发展到顶点的时候，企业就要拐一下，"穷则变，变则通"，最后又得变，可能再扩充一点领域。

2月18日　为什么要经理职业化

我们逐渐意识到，随着法制环境、市场环境、竞争环境的完善，管理者和创业者要有适度的区分，创业者可以作为股东代表，管理者发挥管理作用，这就是我们说的"经理职业化"。

强调"经理职业化"，是由"资本社会化"决定的。我们不是私有企业，也不是国有企业……我们要使股东安于股东地位，经理安于经理地位，让人力资本与货币资本很好地结合。

——摘自冯仑演讲文稿《在当代中国办企业的一些理性认识》

你的公司即使是做房地产的，如果具体企业战略不清楚，专业化就不能实施，经理人也无法职业化。经理职业化的前提是公司专业化。

——摘自2008年4月冯仑在北京师范大学珠海分校的演讲文稿

背景分析

在我国《公司法》颁布之前的很多创业活动，有许多特殊的问题伴生，叫"原罪"，创业者的身份也不明确。经过几年之后，创业者算是股东了。然后到了下一阶段，管理者和股东之间又出现了矛盾。如股东（老板）与经理之间的权力欲望之争，经理要获得老板这样的地位，两个人就开始打架。因为人力资本没有市场化，经理人不可能通过管理劳动获取报酬，而只能通过控制权来得到报酬，最好的办法就是把老板赶走自己当老板。

在创业的头三年里，万通的组织结构也是较乱的，经理人、股东和监督者的关系都不清楚。后来，随着《公司法》的颁布、市场的规范、法制的完善，管理者的地位越来越被承认。在服务行业，人力资本的贡献越来越大，超过50%。优秀的管理者被大家记住了，老板反而没人知道。万通从事第三产业，对人力资本越来越尊重。

从2006年开始，万通的一系列决策使职业经理人即管理者能够发挥能力，而使股东能够起到监督决策作用。这样，万通让股东真正成为股东，股东研究决策，协调社会关系，处理疑难问题。万通的股东非常理性、非常成功地完成了角色的转变。

行动指南

国内企业家越来越清楚地认识到，经理人本身具有人力资本，你的资本就是你这个人，管理劳动要变成人力资本的一种体现，就要得到钱和必要的东西，而且还要市场化。

为了让人力资本和货币资本很好地结合，股东可以给予人力资本一定的奖励，也就是奖励货币资本、股份等，这样两权才能合理分配。同时，经理人安于股东委托的本职工作，经理人就慢慢职业化了。

2月19日　为什么要发展本土化

我们如果在这么熟悉、有竞争优势的本土市场上都不能做老大，怎么发展到人家那里去？我们认为，"人必自强，而后强人"。

——摘自冯仑演讲文稿《在当代中国办企业的一些理性认识》

万通不盲目强调国际化，而把本土化作为发展路线并广为宣传，是基于我们对国际经济舞台和华人企业历史的客观评判，加之吸取这些年来盲目国际化、赶时髦带来的惨痛教训。万通始终是中国的企业，首先应是中国市场经济舞台上的佼佼者，然后才谈得上扬威海外，振兴中华。

——摘自冯仑1997年新年献词《以平常心做寻常事》

背景分析

从事房地产行业多年的冯仑，深入研究过世界范围内的房地产公司，发现万通所处的行业——地产业是全世界产生华人富翁最多的行业，而他们的资产、客户和业务70%都在本土，这是有规律的。冯仑说，万通要了解这个规律，按规律办事，万通至少要把70%的业务放在本土，发展本土市场。

万通需要西方的主要是资本市场、竞争经验和管理能力，而不是产品市场和只懂得面包黄油的洋经理。学习国外先进经验是一个长期过程，不可一蹴而就。要师夷之长技，必先强固我中国市场和中国文化之本，否则邯郸学步，必然落下笑柄。

在如今这个国际化时代里，冯仑大讲"发展本土化"，这与当前国际化的潮流并不矛盾。事实上，冯仑并不反对国际化，而且他已经迈出了国际化的大胆步伐，在纽约重建的世界贸易中心上承租了十多万平方米的"中国中心"，就是最明显的例证。

行动指南

坚持本土化，同时并不排斥运用国际观念、国际经验和资本，争取在中国的市场和客户用中国的方式来管理，这是发展本土化的准确含义。

2月22日 全球观、中国心、专业能力、本土功夫

2007年1月1日，先锋置业公司改写了它的生命历史。从此，它就是万通地产。万通赋予它的使命是：创造最具价值的生活空间。万通的愿景是：中国房地产行业高端市场第一品牌。万通的价值观是：前瞻、创新、合作、团队。万通的目标是：成为一流的、符合国际管理规范的、

受人尊敬的专业地产公司。

全球观、中国心、专业能力、本土功夫，是万通达成使命、实现目标的可靠保证。

——摘自《万通》2007年第3–4期卷首语

背景分析

在很多年前，冯仑就提炼出了万通"全球观、中国心、专业能力、本土功夫"的核心理念。

2009年8月，万通地产公司网站这样解释这一理念：以全球市场作为万通地产经营的平台，从国际视野出发来审视国内市场，以国际标准制定公司经营准则；以中国的优秀文化内核为基础，始终体现中国企业的经营追求和风格特色；以国际规范标准来实现经营和管理，具备跨文化、跨地域、跨市场的专业素质和执行能力；以守法经营为准则，以国内经营环境和商业规则为基准，以对本土市场的洞察力和适应力为助力，建立在本土市场的领先地位。

万通在国内房地产行业率先提出从香港模式转向美国模式，主动联姻国企、让泰达成为第一大股东，首推定制服务，在美国世界贸易中心上运作"中国中心"……万通以自己一次次的行动实践演绎了"全球观、中国心、专业能力、本土功夫"的核心理念。

行动指南

国内很多行业领先企业都在追求"全球观、中国心、专业能力、本土功夫"这一理念，然而能真正具备如此理念的国内企业可谓凤毛麟角。只有业内认可的事件、社会公认的评价，才能证明一家企业是否拥有了这样的理念和能力。

2月23日　坚定不移地相信市场的力量

我们要坚定不移地相信市场的力量。民营企业必须抛弃与体制博弈的习惯，勇敢地在与市场的博弈中做大做强。

市场经济发展了中国经济，创造了前所未有的繁荣与昌盛。毋庸置疑，市场经济是使国家走向经济繁荣、社会稳定、政治进步的一个重要力量。中国如果要进步，市场的力量就必须发展，民营企业的力量也就必须发展，在这样的前提下，人们对民营企业未来的信心丝毫不能动摇。

———摘自冯仑2009年新年献词《在历史的长河中学会坚定不移》

背景分析

中国过去三十多年的改革，是非常成功的。这个成功主要体现在两件事情上：第一，在市场调节上，建立和扩大了市场调节的范围。有市场才有经济，有经济才有财富的增长和创造。第二，在市场中允许民营企业做大做强，目前非公经济已经发展到不容忽视的规模。在这样一个巨大的成就和事实面前，人们没有理由不相信市场在未来将发挥更重要的作用。

行动指南

民营企业与市场是休戚相关的，与市场本身的发展是生死与共的，民营企业家应该更多地去和市场打交道，尽量减少转型中的一些体制性摩擦。

2月24日 坚定不移地推动企业的组织变革

不管怎么样，我们应该有勇气适应社会经济的变化，这当中最重要的就是坚定不移地不断提升企业的组织化程度，使自己公司的组织能够适应经济环境和竞争规则的变化。

只有把一家企业的组织架构提升到能够和外部标准、外部公众期待以及所有强制性的法规自然接轨的状况，这样的组织才能见容于社会，才能够在社会的主流渠道上健康发展。

———摘自冯仑2009年新年献词《在历史的长河中学会坚定不移》

背景分析

企业组织变革有很多种方法，每一家企业的历史起点和发展路径也不同，但不管怎样，无论是怎样的出身，从哪里开始，用什么方法，最终都会归拢到一个地方，那就是现代公司的治理结构。

比如，可以从家族企业变为类家族企业，像已经去世的中国台湾"经营之神"王永庆等，既采用市场经济规范的公司治理方法，又在家族成员中遴选优秀人才管理企业，将两者结合起来。

又比如，由一些江湖性的、山寨性的公司变成了一种现代公司的组织形式，抛弃江湖兄弟之间的人际关系，进而改变为财产关系和股东关系，建立起公司制度。

再比如，由于种种原因，原有的和国有企业或国有资产界限不清的不规范的混合经济，应该尽快按现有的《公司法》逐步变成规范的混合经济，变成一种规范的、透明的有限公司或股份公司，按照规定的治理结构来加以运行。

这样一些组织变革最终会使公司管理依据由内部标准变为外部标准，由老板标准变成市场标准、法律标准和公众标准。要由人治变为法治，这个法可以是《公司法》、公司章程、公司规章，也可以是外部的监管条例，以及一切与公司运行相关的法律。

段子原声

如果说公司是一辆汽车，社会外部的监管环境就像交通规则，一方面我们（司机）要熟读交通规则，因为交通规则是强制性的，必须按照交通规则的要求开；同时，汽车内部的方向盘、油门、前后镜、座位、刹车等，就相当于公司的组织架构，一定要收拾好。如果一辆汽车的性能不能够和外部的交通规则相匹配，这辆车就不可能在马路上顺利地行驶，并且按照设计时速跑得又快又好。

强调民营企业进行组织变革的重要性，就如同把车调试到能够在社会变革的高速公路上快速前进的状态，这样我们的汽车（公司）才能够长期合法驾驶、顺利驾驶、安全驾驶，最终达到我们的目标。

行动指南

建立规范的治理结构的目的，就是要让公司能在一个充满矛盾和变化的社会中找到一个存在的理由，取得一个好的竞争成绩。

2月25日　用变革来跨越经济周期

> 我们要坚定不移地用创新和变革来对抗并跨越经济周期……我们
> 知道，企业家除了要面对自然灾害、社会革命以及技术革命外，实际上
> 作为领导者和管理者能够发挥最大创造力、想象力和生存能力的地方，
> 就是不断遇到经济周期性波动并进而战胜它。
>
> ——摘自冯仑2009年新年献词《在历史的长河中学会坚定不移》

背景分析

从2008年下半年开始，全球经济都陷入巨大的波动和不确定中，有许多人困惑，也有许多人准备逃避，甚至有许多人等待死亡，但也有一些聪明和有勇气的人选择用创新与变革来对抗这种周期，努力去获取下一次经济繁荣的奖章。

从历史上来看，只要是市场经济，波动就是难免的，周期就是经常的，这一点必须要非常客观地来看待。

段子原声

在2008年的全球经济危机之前，美国已经经历了大概50多次经济波动，在中国这是第一次经济波动。美国市场经济的波动是健康的，经过50多次波动后成了全球最强大的经济体。中国遭遇全球经济危机影响则是第一次，不能把它当做疾病，而应该把它看做是市场经济新的生命能力的开始。

行动指南

企业在面对经济周期波动时，怎样才算是积极的办法呢？首先是要洞察未来、预见周期，站在未来安排现在。古人讲"智者察于未萌，愚者黯于成事"，要求智者能够在事情尚未充分显露的时候就预知它可能的变化。这就要求企业用很大的精力去研究行业、研究市场、研究经济周期波动的规律；而作为一家后发达的市场的后进入企业，企业就要研究先发达地区、先成长的企业，用他们的经验来照耀自己未来的道路。

2月26日 坚定不移地进行自我提升

　　民营企业家必须坚定不移地进行自我改造和提升……如果我们不能够在变化和进步的社会中自我改造和提升，过去的成绩将会是我们失败的根源，而不是让我们进一步成功的动力。

　　企业家在人生的道路中，必须不断调适自己的观念和心态，使自己的价值观、知识、行为都能够适应社会变革的需要，只有这样，企业家才能够真正成为这个社会的楷模，成为为社会大众所欢迎和青年人学习的一种积极的社会力量。

　　　　　　——摘自冯仑2009年新年献词《在历史的长河中学会坚定不移》

背景分析

　　2008年的"汶川大地震"和"毒奶粉"事件使一些企业家的形象受到极大的损害，甚至可以说是偶像坍塌的一年，这种情况促使企业家自我反省，不光要更好地认识自己，也要更好地改变自己。随着经济社会的急剧变化，企业家同时扮演着多种角色，有时候也会出现角色的冲突，而在角色冲突的过程中也会使偶尔的错误与社会公众预期以及行业发展要求之间产生矛盾，从而使企业家自身的形象被大大地损伤，也使民众和政府对企业家的看法出现更多的分歧，提出更高的要求。

　　显然，承担社会责任和做企业公民不完全是简单的捐款和见媒体、发布报告，更重要的是把企业内部的品质、管理、对员工负责任，也通通都纳入企业的社会责任当中。2008年，冯仑去日本考察，发现日本一家食品企业没有为负责企业公民责任事务单独成立一个部门，而是放在质量管理部门。他们说，公司是做火腿生意的，只要食品安全、健康、不出问题，就是对社会责任的最大的承担。

　　这也给冯仑很多启示，那就是坚持承担社会责任一定要重视长期性的制度安排，同时也要把外在的、表面化的一些工作，转化为内在的、长期性的、基础性的建设，用这种方法提升企业在社会责任方面的水平。

行动指南

　　企业家必须通过自我反省、改造与提升，促使自己成为经济社会成长的动力，为建立和完善和谐社会作出贡献。

三月 | 学先进

MON	TUE	WED	THU	FRI	SAT	SUN
						1 十一
2 十二	3 十三	4 十四	5 元宵节	6 惊蛰	7 十七	8 妇女节
9 十九	10 二十	11 廿一	12 廿二	13 廿三	14 廿四	15 廿五
16 廿六	17 廿七	18 廿八	19 廿九	20 二月大	21 春分	22 初三
23 初四 30 十一	24 初五 31 十二	25 初六	26 初七	27 初八	28 初九	29 初十

3月1日 学先进是冯仑基因的企业表达

我有一个病根，从小就喜欢学先进，在小学、中学、大学都好跟中国最有名的人写信……1993年，（万通集团组建之后）我提出一个计划，把中国的好公司列一下，明确自己的学习目标，然后就挨家挨户去拜访。

——摘自冯仑《野蛮生长》

背景分析

冯仑从小就喜欢学先进，在学生时代就好跟中国最有名的人写信。"文化大革命"期间，冯仑给很多名人写过很多信。有的人理他，但大部分人都不理他。冯仑不气馁，报纸上每登出一个英雄人物的事迹，他就写信跟人家交流。

冯仑认为，他思想的脉络和逻辑是从少年时代开始形成并延伸出来的。他回忆道："记得周恩来总理逝世后，我备受打击，因为他是一个道德和正义的化身。我想到了退学，像周恩来那样成为一位职业革命家。当时我和另外一名同学到上海、浙江等地跑了一个月，联系社会上各种各样的人，学习，访问，思考。"

冯仑个人"学先进"的基因奠定了万通的企业文化内核。1993年，新成立的万通集团搬到新办公楼，六个合伙人之间的权责关系也已明确下来，冯仑马上提出了一个"学先进"计划，他们拉了个名单，这个名单中有联想等企业。

在发展历程中，万通"学先进"的标杆主要包括三种类型，一是向房地产行业内的优秀公司学习，先后到万科、金地、华新国际等公司学习过；二是向房地产行业以外的优秀公司学习，比如联想、海尔；三是向国外的优秀公司学习。

行动指南

在中国，什么样的人就会办出什么样的民营企业，企业文化也一定会深深打上主要创业者个人的烙印。

3月2日　学习永远是万通事业进步的前阶

> 万通需要的不是一两个天才和神人，万通事业的成功一定是所有万通人的成功。因此，所有万通人都应发愤学习，向一切人学习，向一切同业先进甚至竞争对手学习。还是那句老话，"学习永远是万通事业成功的前阶"。
>
> ——摘自万通最初的六位合伙人撰写的文章《方圆处事　真诚待人》

背景分析

企业之间的竞争，说穿了就是人才的竞争，有什么样的人才，就有什么样的企业。万通在1996年前后就深刻认识到，人才是公司的根本，再好的项目，再有效的管理，也得靠人来操作。冯仑意识到，万通要成长，首先领导者要成长，要从孩子变成大人。万通要有十足的勇气面对每一天的竞争和困难。真正的大智大勇者，必须对历史有深透的理解和对现实有准确的把握。所以，学习，特别是学习中西方近代社会、国家和企业的兴衰历史，会促使万通早日成熟。另一方面，万通也要向中国优秀的国有企业和民营企业学习，机制上向民营企业学习，管理上向国有企业学习，扩大交流，博采众长，自成一家。

行动指南

一家企业掌舵人率先学习，能带动公司高管的学习行动，影响员工的学习行为，进而真正形成公司的学习氛围。

3月3日　学习可以拓展事业的边界

> 其实人和人在肉体上没什么差别，都是100多斤肉，从生物学的角度上说都是一样的，差别是在灵魂上，你的精神世界有多大，你的视野就有多大，你的事业就有多大。我认为，一个人事业的边界在内心，要想保证你事业的边界不断增长，就必须扩大你心灵的边界，因此，学习

是唯一的途径。

　　我从来没有把万通当成一个小买卖去做，虽然赚到的钱的多少是变化的，从几百几千元到几亿几十亿元，但对于我来说，几十亿元也是一件很小的事情，因为我内心事业的边界早已超过了100个亿，而且我相信再过三五年，超过100个亿应该是能够办到的事情。

——摘自《财经时报》专访文章《冯仑的体验式读书》

背景分析

　　2003年夏天，冯仑顺利通过了法学博士论文的答辩，拿到了中国社会科学院研究生院法学系宪法学与行政法学专业的博士学位。对CEO们来说，很时髦的是去商学院听一些短期的"总裁班"，而用三年时间"啃"下一个地道的博士头衔，恐怕只有像冯仑那样为了"解心之疑惑"的人才能坚持下来。

　　作为董事长的冯仑说："万通做多大，我都不紧张，因为我的心能够把握这件事。"

　　冯仑的自信源自学习："保持一个长期的学习状态，使你觉得你做的任何事都是小事情，都在你的认识范围内，我们长期做的事就是'烹小鲜如治大国'，事虽然小，但我把它当成大事去做，它就会越做越大。"

　　如果从"在商言商"的角度讲，读书除了可以历练心智，也会增加商业机会。冯仑认为，首先知识拓宽了交流的频道，可以使交流的对象变得更宽泛。谈商务、谈国际关系、社会政治、历史、文化艺术，"就像是电视台，只要你拿着遥控器，你想听什么我就能说什么"。人际交流的频道宽了，带来的直接好处就是事业边界的扩大以及人际交往层面的增加。

　　"不断地去读书学习，对于修正一位企业领导者的价值观有着极其重要的作用，而且经常不断地汲取知识，还能够使你在一个群体中保持领导力，领导力中包括前瞻力、决策力、沟通能力等。读书、学习对这几方面都大有帮助。"冯仑说。

　　对冯仑来说，无限多的未知信息都需要通过学习来获得，随着不断学习，思考的空间扩大了，视野开阔了，就可以"站在未来"，把万通一步步往前带。

行动指南

　　一位成功的企业家在跨越了创业和成长的阶段后，再向上行，靠的不单是具体的管理方法和自身经验，还必须具备一种更为高远的谋略与眼光。通过学习，发现新境界，寻找新方法，保持竞争创新活力，才能努力做到步步领先、招招致胜。

3月4日 团队学习是很重要的人生观训练

除了知识性的训练以外，我认为团队学习是很重要的人生观训练，达观、乐观，既知耻又知勇。另外就是毅力的训练。

在平时阅读过程中，我遇到一些好的书和文章，都会给公司的其他一些人看，让这些有用的知识经过冯仑的传递之后传到他们手中，这对于他们来说既节约了时间，也能够开阔整个团队的眼界，提升了境界。因为光开阔眼界、不提升境界就变成傻大胆了，而光提升境界、不开阔眼界就容易变成不劳而获的闲人。

——摘自《万通·生活家》2003年第8期文章《心灵的边界》

背景分析

万科董事长王石曾经说过，从海南出来的企业，像万通这样历经二十几年之后，几位老总还没有"出事"的，的确非常罕见。这要归因于以六位创始人为主的万通团队正确的人生观，归因于他们的"学习、学好"。

万通虽然不是一家标准的学习型企业，但一定是一个学习气氛、文化氛围很浓的公司。在万通，冯仑一直支持、鼓励并推荐公司的其他几位领导去读书进修，并希望整个公司领导层的学习状态能带动大家的学习兴趣。

行动指南

用长时间来检验企业高层团队的人生观就可以发现：有什么样的人生观，就会有什么样的企业命运和结局。

| 3月5日 | 不断学习，就可领先一步 |

1991年我们在海南时，在一万多家房地产公司中排倒数十几位。和他们相比，我们一没有政府背景，二没有家庭背景，三没有跌个跟头捡块金子的偶然机遇。为什么后来我们能在复杂环境里一步步走到今天，我们总结，至少有一点：我们善于学习。

——摘自《万通·生活家》2004年第11期

背景分析

1991年冯仑在大排档吃饭的时候，听广东人"按揭"来"按揭"去地说。于是冯仑请他们把"按揭"两字写在纸上，回去查字典、问别人，一定要弄清楚是怎么回事。后来冯仑就在公司跟同事们讲按揭，于是公司决定，借500万元做头款，又贷款1300万元，按揭买了8栋别墅，装修后卖出去。这样万通赚了第一笔钱，这是万通做的第一单房地产生意。这笔生意，不知道是不是中国第一家，但是在海南，确实是第一家以按揭形式炒楼的。所以如果不注意学习，万通是拿不到这笔生意的。

20世纪90年代初，中国还没有MBA。当时冯仑成立公司，对公司组织形态心存迷茫。于是组织公司人员琢磨江湖式组织结构，学习《上海滩》、《水浒》；后又看《胡雪岩》等，从中汲取营养。

后期万通创业的六个人出现分化时，他们也很苦恼，都是有理想的人，为什么就不能在一起做事。于是开始研究《太平天国》，并达成共识：如果没有找到比太平天国更好的办法，那他们就还在一起。后来冯仑正好去美国，见了一位经济学家，他告诉冯仑一种解决问题的办法：僵局规则——就是钱的规则，要不你买我走，要不我买你走。这就是商人方法，使用的是商业规则，超越了太平天国。

当时许多民营企业相互掰扯、组织因此分崩离析，万通却充分学习，学习历史、学习新规则，万通才有了今天的发展。

段子原声

当别人还在炒项目的时候，我们（万通）已经办了股份公司；当别人还在扩张，搞多元化没清醒过来时，我们已经完成了调整；当别人开始研究战略的时候，我们已经开始起飞了。

行动指南

万通是国内最早的学习型企业，同时也是学得最富有成效的企业。在万通，"学习"、"学先进"绝对不是为了附庸风雅，而是为了学以致用。

3月8日 读书的作用就像"把模糊望远镜擦干净"

> 人要通过读书来观察世界，就像你本来有一个望远镜，看东西很模糊，读书就是把它擦干净，看得更远。如果不读书，我们只能得到报纸或其他载体提供的单一的看法，但是通过大量读书就可以校正我们的视角，得到相对丰富的认识。
>
> ——摘自冯仑文章《学好才会赢》

背景分析

众所周知，冯仑是中国企业家中读书最多的之一。他有两个在业内很有名的书房，一个在北京阜成门的万通新世界广场，一屋子满是古色古香的线装书；另一个在冯仑自己家里，他经常在里面一埋头就是一两个小时，他经常对自己的孩子说"不要去里面乱动"。

冯仑是一个嗜书如命的人。冯仑对记者说过："我一天坐车的时间大概是三个小时，这三个小时我除了接电话，就是看书。""我在飞机上的时间也用来看书。我的书哪里都有，到哪里都可以看。"

冯仑觉得，"要把读书当成生命中像吃饭一样的事情，它是摄取营养的一个过程"。观察世界和读书对冯仑来讲，几乎是同时的。

行动指南

实际上，读书能为一个人的实践提供很大的帮助。第一，读书让人成为一个巨大的信息台，频道宽，能结交各种各样的朋友；第二，有助于看问题时客观、全面、真实，可以从更多的角度来看同一个问题；第三，读书会使人的心情比较平静。

3月9日　学好要抵制诱惑

　　学好要抵制诱惑——做好人如此,做好公司也是如此。

　　时至今日,万通的高管们仍给自己定有三个"土政策":一不转移资产,二不办外国护照,三不追求第二利益来源。为什么有的民营企业家办外国护照呢,说不准他是办了坏事,随时准备逃跑。万通的高管们没这样想过,因为他们认为自己从来没有办坏事,不需要逃跑,也不需要转移资产。

　　　　　　　　　　　　　　　——摘自2004年冯仑对新员工的讲话

背景分析

　　万通的学好,需要从万通创立初期说起。万通最初成立公司时,公司没有进账,四个月没发工资,但没有人拿回扣。第一单生意由冯仑负责和对方谈,以谈回扣的方式和对方压价,后来,冯仑用报纸包着一包现金回到公司交给了众合伙人。当时如果冯仑从中抽一沓,他们也不知道,可冯仑没有那样做。

　　做好人要"不欺暗室",就是你不能指望别人不知道。后来万通就形成了一个传统:公司几个合伙人从来没有人在外谈事拿回扣。后来万通的股东增加了,万通具体办事的这几位合伙人还是没人谈回扣。

行动指南

　　抵制住诱惑,仅靠信念和原则不行,还要靠具体的措施,尤其是那些不给自己留后路的措施。

3月10日　学好是个很昂贵的事情

　　学好要敢担当——忍受委屈并且一路埋单……学好不仅是道德问题,更是财务问题。做好人是需要花钱的!人一辈子学好,是牺牲的过程、一路埋单的过程和受委屈的过程,做好公司也是一样。

　　　　　　　　　　　　　　　——摘自2004年冯仑对新员工的讲话

背景分析

1994年，海南的经济泡沫破裂。本来当时万通可以全身而退，不料被一家坏公司、一群坏人"摧残"，他们不仅逼着万通把卖出去的房子收回来，而且还要收取20%的利息。因为万通买楼的钱也是借的，所以7000万元的本金，连同10年20%的利息，给万通造成了很大的债务压力。后来，政府为万通做主，这帮坏人被抓起来了，可万通的损失还是一分也拿不回来！冯仑现在所说的集团遗留问题，就是这件事。

当时也有人劝冯仑，让这些债务烂掉，反正政府能向债权人证明，万通也是受害者，万通的钱被坏人抢走了。但冯仑心里一直不踏实，最后还是决心自己扛着，不让债权人牵扯这些，做个好人。

后来冯仑算了算，这一件好事做下来，等于万通白干10年。冯仑和万通就是"这样学好的"。

行动指南

学好是一个境界问题，你要忍受委屈。人之所以能忍受委屈，是因为人有理想，有希望，对自己的事业有崇高感和责任感。所以古人讲，人必有坚韧不拔之志，才有坚韧不拔之力。

3月11日　学好要有行动力

学好要有行动力，这是成事的基础……共产党在延安，行动能力是很强的。延安历史博物馆中陈列了大量的外文书籍，说明他们对外部信息的捕捉、对大趋势的掌握是一流的，干的很多事是实实在在的，所以说他们的行动能力极强。

——摘自2004年冯仑对新员工的讲话

背景分析

万通每年都有反省日，1993年的反省日是在去陕西延安途中的黄陵开的。本来是要到延安开，怕被人误解成"延安整风"，就改到了黄陵。当时万通的几个合伙人就想搞清楚一件事：历史上很多人"造反"，为什么偏偏这群人能成！万通的几个合伙人也是一群"造反"者，知识分子"造反"者。所以研究他们对万通发展事业很有启发。

"黄陵反省"对万通的几个合伙人有很大的启发。万通之所以被人摧残，就是因为行动能力不够。所谓道理，知道些就够了，关键是要能行动，不能行动还做什么买卖。

行动指南

行动力就是克服重重艰难的必备能力，这意味着你必须同时解决好体制、市场等不同方面的实际问题。

3月12日　学好要"把小公司当大公司办"

（共产党在延安时期的经历）给我们一个启发：我们要把小公司当大公司来办，大公司该有的东西我们都应该有，包括理想、自律、奋斗等。学好要有理想，有理想才会有毅力。

后来万通的几个合伙人还在延安看到了其他东西。共产党在延安有中央有边区，印邮票印钱，完全把延安当一个国家来治理，所谓"烹小鲜而如治大国"。

——摘自2004年冯仑对新员工的讲话

背景分析

万通的几个合伙人在延安参观时注意到，中国共产党能在延安坚持13年，是因为他们有理想的支撑，能忍受很多痛苦。

举个例子，1939年戴笠往延安派了很多特务，延安一天要去很多人，共产党根本无法判断谁是好人谁是坏人，于是他们想了个办法：在伙食里掺土。凡是能痛快吃下去的就是自己人，吃不下去的就可能是敌人！这就是说，凡是有理想的人就是乐观的人，再加上苦出身，吃点土不在乎，这就是自己人，而戴笠的人，一个女特务，给脸上涂上锅烟，装成女学生，吃点土，"哇"地吐出来，于是被抓起来了。

行动指南

有理想的人才能忍受痛苦。一家企业之所以能够忍受巨大的痛苦，就是因为这家企业有理想，对自己的事业有崇高感。没有理想，就没有毅力，不能坚持；没有行动，就不能成事。

3月15日　学好要坦荡地做人处世

> 学好要坦荡做人处世，用道德约束人……外界都说，万通没出问题，万通系统没出问题，这一定和万通学好的传统有关系。所以万通的文化中又加了一个道德条款，并固定成为："用制度筛选人，用业绩淘汰人，用道德约束人"。
>
> ——摘自2004年冯仑对新员工的讲话

背景分析

很多公司用人的原则是宁用自己人不用能人，就是希望做了坏事，"自己人"能扛着。后来冯仑跟一些警察聊，他们说其实没有谁能真正扛得住。

既然如此，于是万通提倡：光明做事，坦荡做人。既然都扛不住，公司也就不做坏事，也不让员工做什么见不得人的事，不给你扛事的机会。

行动指南

无论是老板还是员工，都要坦荡地做人处世，首先需要保证自己不做坏事，尤其是不做违法乱纪的事情，同时不希望、不依赖、不强求别人替自己扛事。只有这样，企业才能确保持续经营。

3月16日　学好不能作秀，要持之以恒

> 万通学好并非作秀……一时学好，难免有作秀之嫌，但一路学好就一定是真的。我可以负责任地说，万通是极其认真地一路学好。
>
> ——摘自2004年冯仑对新员工的讲话

背景分析

在万通的发展历程中，有很多变化的因素：股东的变化，战略方向的变化，战术上的调整。同时也有一些不变的因素，比如万通坚持"学好"的信念，每年的反省会等。

行动指南

很多时候，不是事情本身，而是时间来决定事情的性质。一家公司如果能10多年来一路学好，就一定是真的，同时也是值得其他企业钦佩和借鉴的。

3月17日　好公司的道德溢价

现在市场上给好人溢价（道德溢价）的事情越来越多了，资本市场上也已经开始给好人溢价。你到证监会去批东西，万科可能三个月就能批完，金地、万通四五个月能批完，而其他（企业）的平均时间是7～9个月。

随着时间推移，好公司在市场上发行新股的时候，投资者逐渐愿意给高价。根据国际上的经验，好公司（治理结构比较清楚的）大概溢价都在5%～10%，换句话说，如果做好人、办一家好公司，你的股票会比别人贵5%～10%。

——摘自2007年4月12日冯仑在"首届天津地产年会"上的演讲文稿

背景分析

在市场经济中，一家企业要做好人，就意味着它要分红，要缴税，还要给员工发工资和奖金，更要给客户最好的产品和服务。市场经济非常残酷，做一个好人是要买单的，做一个坏人是要坐牢的……做好人会有好的回报，这个回报之一就是投资者更信任你。

直接投资者的青睐如同一张很细的网，这张筛选的网就在证监会。监管的力度在加大，同时专业水平不断提高。2008年10月，万通地产发行10亿元公司债的申请获批。在2008年中国A股几近丧失融资功能、银行对地产惜贷的背景下，万通地产进入了国内获批发行公司债的不超过10家地产公司的行列。

不同企业在监管部门获得融资批准的时间长短不同。万科比其他企业获得审批快的原因是，它上市早，在资本市场和证监会有信誉，是个"好孩子"，有些审核步骤会省去。万通和金地也还不错，瑕疵少，通过审批也快。但如果是一家历史上曾有污点的公司，证监会就要甄别，审批会拉长半年一年，有的可能根本通不过审批。

与此同时，国内法制化的进步、市场的进步和政府监管的进步，远远超过普通民营企业想象的范围。如果一家企业无法向投资者证明自己是"好人"，监管部门就不放行，耗个一年两年，企业的现金流就"干枯"了。

行动指南

一家企业想在资本市场上获得投资者的青睐，必须要规范，必须要有最专业的团队、最好的中介服务、最好的券商帮助，然后要有最诚信的态度、最职业化的管理人员。

做好公司不是为了得到掌声，而是企业的生存之本，是国内整个资金市场和资本市场发生变化以后，企业求得生存、持续发展的唯一途径。

3月18日　学习万科的均好性

万科的均好性，即从资本结构、公司战略、治理结构、管理团队，到产品生产、公司文化、品牌价值，目前仍是房地产行业中最具有竞争性的。这不是我几句溢美之词可以涵盖的，而是年交付117万平方米和50亿元的营业额所证明了的事实。

……

今天，如果走进万科，你会发现无论投资者关系（透明度、诚信）、投资管理、财务管理、人力资源管理、客户管理，甚至公关管理都非常清楚细致，井井有条。王石对万科的贡献，在于他从不把精力放在门面和项目的炒作上，而是认认真真，数十年如一日，不厌其细地建造了终于可以自动行驶的"万科牌汽车"。

——摘自冯仑2003年新年献词《学习万科好榜样》

背景分析

1997～2002年这5年间，国内整个房地产行业每年增长30%以上，房地产类上市公司的净资产收益率的平均值却一路下滑。这中间只有万科例外，不仅保持长期稳定增长，2003年更是爆出新闻：公司业务增长近80%，单一公司产量以交付117万平方米位居世界前茅，营业额以50亿元人民币在中国夺冠。这不能不引起一向"学先进"的万通的特别关注。所以，冯仑对万通的同事们说："学习万科好榜样。"

万科之所以先进，首先在于它有一套非常正确的价值观。大家知道，万科很早就解决了产权问题，也很早股份化，又很早上市，它的创业者和管理团队始终以职业经理的道德操守严格要求自己，敬业爱岗，全心全意回报股东。所以，万科形成了一整套与职业经理人相关的价值观和公司文化（白领文化）。万科的管理，点点滴滴中都透露出由此而带来的专业、专注和细致、严谨。这种价值观和文化，甚至成为万科产品的特色包装和特有的品牌价值。

所以，对万科来说，深植于经理人当中的企业文化和价值伦理才是其最重要的获胜基因。

公司的成败在战略，战略的成败在治理结构和管理团队。万科的治理结构是有优势的。由于最早一批股份化改制和上市，加之股权相当分散，使股东、董事会和管理层的职责和权利界定得比较清楚。

更重要的是，万科创业者很早就完成了转化为职业经理人的定位，从而避免了许多民营企业创始合伙人之间的冲突和震荡，使管理团队得以长期稳定，并且养成了系统的经理人文化，理性的创业者和优秀的职业经理团队使万科在管理上能够集中精力，做细做透，不仅积聚本地优势，而且建成了跨地区管理的高效体系。

一家好公司一定是方方面面都好，才能好得持久，只要有一两方面不好，就会拉后腿。万科人做到了"均好性"，所以万科创造了国内企业不可比拟的成功。

行动指南

学习万科，就要在均好性上下工夫，追求一招鲜是靠不住的。

3月19日 万科持续领跑的姿势

　　领跑者并不容易。领跑者一般经历了比被领跑者更多的曲折、更深刻的教训。先知往往来自于先愚，愚而能省，省而后发愤，遂成师范……万科能领跑不是他先知先觉，而是他知错能改，善于在过程中自省和改过，渐次逼近真理。

　　自己跑得好、跑得快、成绩好，才能让追随者有信心。所以领跑是一个打铁的活儿，一定要自身硬。

　　领跑要让人相信你的真诚和善意，才会有众多的追随者。简单地说，就是要有道德的力量。

　　　　　　　——摘自2004年8月冯仑为《万科的观点》一书写的序言

背景分析

　　在国内房地产行业甚至工商界，万科是最先提出专业化的企业之一，特别是将公司百分之百的业务集中在住宅领域，更是着人先鞭，快马当先。最近五六年，万科又收拢拳脚，将地域集中在三大经济区，将产品删繁就简，百分之百地集中到中产阶层住宅方面。

　　领跑的资格不是天赐的，而是以往竞赛的奖章赋予的。房地产行业有3万多家公司，平均资本规模不超过500万元人民币。上市公司有67家，然而从过往十多年的业绩来看，上市公司平均的净资产收益率不超过4%，其中能活过两个经济周期的企业更是寥寥无几。这当中，只有万科是异数，不仅连续10年保持增长，净资产收益率高过10%，而且近年来增长势头之猛，更是令人咋舌。

　　领跑者万科是平等和开放的，它随时接纳众多同行的企业和朋友去参观交流，在中城联盟当中更是倾囊而出，从战略到治理，从产品到团队，只要大家需要，无不与之促膝长谈，共话未来。

　　当全国同行"学习万科好榜样"时，万科也派出人员，互相走访，取长补短。当国际合作与竞争日益激烈时，万科又瞄准美国、日本的同行先进，奋力学习与赶超。万科在资本市场上的诚信记录，更是让人瞠乎其后。万科还坚持不行贿，阳光经营，足令后来者汗颜涔涔。总之，一个领跑者的道德力量比技能还重要，还更有持久的领先性。

行动指南

"重要的事总是简单的", "简单的事总是难做到的", 这是美军的两条作战条例。侧身来看, 万科这十多年所谓的"观念", 其实不正是在印证这两条吗?! 而这两条的精髓, 也正是万科作为领跑者的标准姿势。

3月22日 万通住宅的新标杆: 托尔兄弟

> 众所周知, 万科学习的标杆是帕尔迪, 帕尔迪曾经是美国最大的房地产开发商, 一向以集成化和规模取胜。而万通地产(在住宅方面)学习的榜样托尔兄弟公司(*Toll Brothers, Inc*), 是美国一家专供高档住宅的开发商, 服务对象为高收入高学历的社会新贵、第二物业买主和有钱有闲的退休人士, 也是《财富》世界500强中建筑企业平均净利润最高的房屋建筑公司。
>
> ——摘自2008年10月17日《第一财经日报》文章
> 《万通住宅: 学习托尔兄弟好榜样》

背景分析

在从香港模式转向美国模式的过程中, 万通研究了美国很多家住宅公司, 从互联网上寻找各家公司的相关信息, 然后向它们发送电子邮件索求更多更详细的资料。

万通发现, 托尔兄弟公司, 美国唯一一家专供高档住宅的大型住宅营建公司, 致力于美国高档住宅的开发, 平均每栋住房售价为67万美元, 居于美国前20位住宅开发商之首。

接下来的深入研究发现, 万通在很多方面和托尔兄弟非常相似: 第一, 都定位于高档住宅中同一个层级的客户群体; 第二, 万通探索多年的定制模式和托尔兄弟的订单生产类似; 第三, 两家公司在本国的行业位置相似, 托尔兄弟公司在美国规模不是最大, 销售额也不是最高, 但是它的赢利水平最强。美国的平均住宅售价33万美元, 托尔兄弟做到67万美元, 面积并不是大很多, 价格却贵一倍。万通在这方面也呈现类似的特征。

于是，美国托尔兄弟公司进入万通地产的视线，并成为万通住宅的最新标杆。

万通认为，托尔兄弟有"两个专注"最值得学习。第一，托尔兄弟专注它的目标客户群。托尔兄弟的目标客户群是就是"二战"后的"婴儿潮"人群，这些人在1970年左右成人，是受过高等教育、收入丰厚的社会主流人士群体。第二，托尔兄弟长期以来坚持垂直的管理系统，整家公司在美国宾州有一个特别大的总部，它的设计、建造、法律、人力资源、财务等都建立在这个大的平台上，辅之以若干个小项目。这保证了它对产品品质的控制和市场扩张的能力。

行动指南

对标管理是一家企业学先进的重要学习方法之一。国内其他企业应该像万通一样，找到适合自己学习的标杆，无论是国内的标杆还是国外的标杆，都是企业前行路上的路标，借鉴其成功的经验，汲取其失败的教训，一定会收到事半功倍的效果。

3月23日 万通商用的标杆：铁狮门

万通地产发现，相比中国房地产企业，铁狮门（Tishman Speyer）的思路完全是"投资式"的。投资房地产与投资其他行业的核心理念一样，都是资产价值保值增值，他们会从投资效益、回报率、增值空间等方面全面衡量商用物业的价值。

铁狮门的整体业务线包含了开发、收购、资产管理、基金管理、施工管理业务等几个方面，作为导演式的开发商，每一部分铁狮门都有利可图。同时，凭借强大的资产运营能力，同样的不动产项目由铁狮门来运营的出租率、租金水平、升值速度也比由其他企业运作更高更快，也就促使更多的商业不动产业流向铁狮门，形成一个"滚雪球"般的良性循环，所以铁狮门的资本运作效率提高，整个环节的风险大大降低。这样，不论房地产前景如何，铁狮门都可以在风险最小的情况下获得最大的利润。

——摘自2008年10月17日《第一财经日报》专访万通文章

背景分析

以美国模式为根本，万通地产确立两个学习标杆：住宅方面锁定托尔兄弟；商用物业选定了铁狮门。万通地产商用物业事业部总经理许良飞表示，铁狮门的商用物业业务已经进入中国，比如成都铁狮门天府广场项目，今后可能成为万通地产强劲的竞争对手。

按照万通地产"优化住宅业务，加快商用物业步伐"的计划，万通地产将在人均国内生产总值 6000 美元以上的城市加快城市建筑综合体——万通中心的复制拓展。所以，很可能万通地产对铁狮门的学习将会与竞争同步。

研究铁狮门的投资观念和成熟模式后，万通地产决定，除施工管理方面外，对于其他所有商业不动产领域与环节，万通地产都将尝试进入，达到风险最小情况下的安全有效的资本回报。而万通地产自己的商用物业运作思想也逐步成熟，遵循16字方针：中期持有、能力导向、收入多元、资本回报。

国内向铁狮门模式学习的开发商还比较少，因为核心的资产运营能力需要很长时间才能形成，并且上市的商业地产企业有短期业绩的压力。而万通地产目前的优势就是还拥有住宅地产业务，在较快时间内回款的同时可以保障企业尝试做长期的商用资产运营，在这方面万通地产已经走在了本土商用物业运营领域的前列。

行动指南

找标杆，要选对，不要找错了榜样，拜错了老师。如今国内大部分行业已经细分化甚至高度细分，在一个行业的大类下面已经延伸出了中类、小类，找到自己所处细分市场的国内外标杆，是对标学习的前提。

3月24日　万通实业的新偶像：凯德置地

目前，万通实业已经初步形成专业的不动产投资公司的架构。我们未来的战略目标是，以新加坡凯德置地为学习的"标杆"，力争用5～10年的努力，不断完善不动产投资模式，将公司收入结构调整为投资收益、资产交易和管理费三部分，从而成为中国本土最具竞争力的专业房地产投资公司。

——摘自《万通实业2008年度报告》

背景分析

2008年6月1日，冯仑对外透露，万通地产在A股上市之后，作了一些重组。今后的定位是要打造专业的地产投资公司。"类似于凯德置地，凯德置地相当于房地产资本家。"冯仑表示。

在把凯德定为万通实业的标杆企业后，冯仑在2008年9月带领董事会的主要成员，专门到新加坡去拜访凯德，请教了凯德老总廖文良和其他高层。廖文良有本书提到"建宇树人"，冯仑和同事都在看这本书，希望对凯德有进一步的了解。

冯仑认为，凯德目前有"两个第一"：第一，具有政府背景的房地产投资公司，全球应该是最大，它是一家国企。第二，它是房地产投资公司模式，管理的资产规模达到了自身资产规模的两倍，这种投资模式在当前世界也是一种创新。

凯德置地在亚洲地区、在全球都是一家非常有竞争力的地产投资型企业，它不是开发型地产公司，是综合类地产投资企业。凯德置地的赢利、市值一路领先，服务公寓已经做到全球第一。所以，万通实业把凯德定为自己的标杆企业。

行动指南

仔细研究会发现，万通实业学习凯德置地，主要是学它的公司架构和商业模式。在对标学习之前，企业要搞清楚自己所选择的标杆哪些地方是应该学习的，同时更要搞清楚哪些地方是无法学习或者不能生搬硬套的。

3月25日　中下层员工之间的"部门对口学习"

万通到万科总部的学习方式是"部门对口学习"，增强学习的针对性。

——摘自2004年1月本书作者专访冯仑文章《万通学万科》

"向外国标杆学习最好的方法就是交流，甚至送人到标杆公司去培训，只有深入到企业内部，我们才能真正地了解对方，最后才是成为商业伙伴。最重要的交流是跟对方中下层的员工建立很多沟通，深入基层才能学得彻底，以后合作起来才能更顺畅。"

——摘自《万通·生活家》2008年第9期

背景分析

2003年10月，万通总部各个部门都派出代表到深圳万科总部学习，前后历时两个月，总共有数十人，回来之后每个部门都很认真地写了学习心得。此次万通到万科总部学习方式是"部门对口学习"，万通集团从总部每个部门中抽出两位代表，放到万科总部相同的部门中去，和万科同一部门的人去交流，去学习。

接下来是"总结汇报和研讨交流"。从深圳回来之后，万通要求每个部门总结学习的体会并写出报告，在万通内部进行研讨交流。

通过这样的学习过程，万通逐步把不同标杆企业适合自己的管理方法、管理制度"移植"到自己的系统中来。

行动指南

"部门对口学习"法，尤其是中下层员工之间的"部门对口学习"，是学习和吸收标杆企业长处和经验的具体方法，同时也是提高学习效率、增加学习收获的有效途径，学人之长，补己之短。

3月26日 向顶级商业伙伴学习

拿万通跟香港置地的合作来看，我们现在觉得是非常完美的合作……以至于我们的架构80%是复制香港置地。这就是我们认为最成功的合作。

结合万通最近几年的发展，我发现，万通在合作伙伴的身上得到的东西比他们想象的多很多。目前和万通合作时间最长的一个伙伴已经与万通一起走过了13年。突然有一天，双方感觉其实彼此都很需要，应该长期在一起，后来我们就作了一些重组，现在就变成了在股东层面、在公司层面上的合作。

——摘自《万通·生活家》2008年第3-4期冯仑文章
《商业伙伴：万通的选择与思考》

背景分析

万通跟别人最大的不同在于，万通从一开始就是靠跟别人的合作发展起来的，并且以合作发展这种方式形成了商业伙伴信赖万通的特别理由。

比如万通跟泰达之间达成了非常成功的合作。一家民营企业的创业者，怎么让国有企业成为控股股东，这是一个具有挑战性的问题。现在他们之间合作得也很愉快，万通已经成为环渤海地区最大的一家地产公司，同时成为在滨海新区投资最多的地产公司之一。如果当时万通不能选定这样的一个伙伴，万通自己进入天津会比较困难，而现在滨海新区的任何一个地方，万通的机会都是最优先的，万通的股东泰达会提供很多第一线的资讯，还有策略资源上的支持。所以外部的商业伙伴非常重要。

又比如在纽约的中国中心项目，万通一直有一个很好的伙伴——纽约合作组织，现在包括雷曼。纽约的人均国内生产总值是6万美元，在这个地方怎么做房地产？他们教给万通很多所谓"美国模式"，使万通能够在商业国际化方面领先于国内同行。

国内的中城联盟也是重要的商业伙伴，万通不仅投资了它的基金，而且获得了它提供的一些经验，在交流中也受益良多。

行动指南

商业伙伴给企业带来的最重要的价值，是除钱以外的价值。找到一个好的商业伙伴，可以让企业很快融入新的平台。

3月29日　选择商业伙伴的两条标准

有两句话特别好地反映了我们当时和现在选择商业伙伴的标准。第一是价值观上要趋同，第二能力上要互补。能力不互补那就不用合作了，价值观不趋同就合作不好。这两句话贯穿到我们在外部商业伙伴和内部商业伙伴的选择上。

——摘自《万通·生活家》2008年第3-4期冯仑文章

《商业伙伴：万通的选择与思考》

背景分析

从过去的经历来看，万通对商业伙伴价值的认识有一个变化的过程。在2000年之前，特别是跟香港置地合作之前，万通对伙伴的认识基本停留在资金层面上，并没有发现金钱背后会有很多东西。

再往前追溯，万通从别人手里买地，并不把它当成商业伙伴，而是当成交易对手，我买你东西，你卖给我。交易对手是路人，而伙伴是要一起走的。冯仑看到的资料显示，参加策略联盟和企业之间横向合作的跨国公司，它的回报和业绩都比不参加的好，并且参加策略联盟的数量越多，其市场表现越好。

万通和商业伙伴之间在能力上有很大的互补性。比如万通的长项是战略规划、品牌、治理结构、团队，相对而言项目的直接经营、工程、与外部打交道的有效性则稍微势弱。而商业伙伴的长项除了资金以外，在细节、有效性以及经营上比万通更有执行力。在一起合作，彼此都得到了很大的利益，而且创造了很多它们过去不能想象的成绩。

当然，企业内部的伙伴也很重要，就像万通原来的六个合伙人。这种人和人之间形成的伙伴关系，对万通在1999年以前特别是创业初期非常重要，因为那个时候外部资源还不能聚集。在这种情况下，他们能够发展，完全就靠钱以外的本事了。

这一起创业的六个人，现在看实际上能力互补性很强。

冯仑比较宏观，长于统筹、包容，对钱的不敏感就变成了宽容。如果冯仑对钱很敏感，可能有时候矛盾就很大了。必须要有一个人能够包容这件事，又能够负责任。王功权是学管理的，他对日常经营管理，对人的管理比较有经验，当时他是唯一做过法人代表和经理人的。所以冯仑跟他合作，冯仑当董事长，他当总经理是最合适的。潘石屹对财务比较敏感，在组织内部是一个做经营做得很好的人。易小迪的性格比较像冯仑，有弹性，所以他当时做副总，做助理。回头想起来，每个人的角色都有一定的互补性。

行动指南

由于价值观趋同、能力互补，合作容易成功。合作成功以后即使分开，仍然在一起聊天，还是朋友。这是企业选择商业合作伙伴最重要的两条，同时也是保证成功的两条。

3月30日　好企业的"和尚与庙"理论

　　企业家是谁？就是小和尚后面的大和尚，企业就是那座庙。大和尚你永远看不到，他经常去建新的庙，到晚上等着小和尚把钱柜子抱进来数。

　　一家好的企业就是一座好的庙，一位好的企业家就是一个好的大和尚，一个好的职业经理人就是一个好的小和尚……我觉得，企业家的价值就在于办好这座庙。

　　　　　　　　　　　　——摘自搜狐博客2008年1月7日冯仑文章

背景分析

　　怎么样才叫做一家好企业？以冯仑多年的理解，好的企业就像一座庙。在庙里，常常能看到有不幸的妇女正在跪拜。一位妇女老公要病死了，她家里还剩10块钱，拿5块钱去庙里下跪，拿了一把灰、求了一个签、磕了几个头、听了几声木鱼响、看了几眼晃动的蜡烛，然后带着希望回了家。这叫什么？这叫客户。庙里那个小和尚敲着木鱼把烛灯点亮，把收钱的箱子收拾好，晚上把箱子拿走。他呢，就是职业经理人，他传达了佛和大和尚给客户的希望，具体标志是敲好木鱼、点好蜡烛并把箱子收拾好，别让客户把钱扔错了地方。客户拿走的是一包香灰和99%的希望；大和尚卖的是1%的产品，给人的是99%的希望。这中间传达信任的角色是由职业经理人来充当的。

行动指南

　　管理的最高境界就在于不仅能把明确的规则搞清楚，而且也能把潜规则搞清楚，最后办好自己的庙，成为一个伟大的大和尚。

四月 | 战略领先

April 4
2015 CALENDAR

MON	TUE	WED	THU	FRI	SAT	SUN
		1 愚人节	**2** 十四	**3** 十五	**4** 十六	**5** 清明
6 十八	7 十九	8 二十	9 廿一	10 廿二	11 廿三	12 廿四
13 廿五	**14** 廿六	**15** 廿七	**16** 廿八	**17** 廿九	**18** 三十	**19** 三月小
20 谷雨	**21** 初三	**22** 初四	**23** 初五	**24** 初六	**25** 初七	**26** 初八
27 初九	**28** 初十	**29** 十一	**30** 十二			

4月1日 战略像目标和航线，动力是资本

　　战略是什么呢？对于飞机起飞来说，战略是目标和航线。如果公司是飞行器，那么动力就是资本，包括货币资本和人力资本。接下来就要起飞，起飞靠什么呢，靠项目。

　　起飞之后是平飞状态，这个过程要依靠团队，因为要想让飞机在天空中正常运行，必须有驾驶员、机械师、导航员等。在这个过程中，外部环境如同天气，好飞机能全天候飞行，不好的飞机只适合一种天气。

　　　　　　　　——摘自《万通·生活家》2004年第9期冯仑文章

　　　　　　　　　　《万通：披荆斩棘走过来》

背景分析

　　事实上，国内的很多企业包括国有企业和民营企业，都没有战略。不仅没有战略，而且相当一部分企业不像现代公司。也许人们会奇怪，中国现代意义上的公司办了30年，怎么公司不像公司呢？其实中国民营企业最初的组织形式，特别容易复制成江湖式或家族模式，而国有企业依然像机关，或者像政府部门的附属物。

　　经过了几次震荡调整，万通在2000年以后逐渐进入平稳的增长期，尤其2002年以后，万通做的主要工作是为公司重新起飞作准备，把公司拉回到一个正常的商业轨道上，使其按照一个现代公司的模式往前运行。

　　当时外界看到，万通首先做的是战略，接下来是资本和人才的引进。这个思路是清晰的。然后是增加投资、私募资金、上市等。之所以对外部环境不像其他公司那样关注，就是因为万通力求做一架全天候飞行的"飞机"。

行动指南

　　国内的企业需要重新回到商业环境中来，从研究战略、制定战略开始商业实践。

4月2日　做5%的杰出公司

就公司而言，要达到的目标有两种，一种是做95%的平庸公司，即大家都按照常规的思维方式和标准来想问题。另一种就是要做5%的杰出公司，你做的很多事情也许大家都看不懂，认为是胡思乱想、毫无可能，可最后却成功了，你成了精英。万通现在就是要做这样的公司。

——摘自2003年10月15日《21世纪经济报道》文章

做"5%的杰出公司"，是大多数企业所追求的目标。但事实是，大多数企业都在平庸之列。于是，怎样才能做这"5%的杰出公司"成为企业管理的永恒话题。只有进入这5%杰出公司的行列，一家企业才可以说解决了"能够长多大、能够走多远"的所谓"基业长青"问题。

——摘自2003年12月16日冯仑文章《做5%的优秀企业》

背景分析

经过十多年的发展，万通把目标确定为"做5%的杰出公司"。为达到这个目标，公司确定了"创造最具价值的生活空间"的万通使命。

冯仑希望，万通能够成为一家推动社会进步、创造财富、完善自己同时创造客户满意的产品和服务，为股东创造满意的回报，同时吸引最优秀的员工、获得同行尊敬和钦佩的公司。要达到这个结果，就一定要满怀激情，而不是因为顶着来自领导的压力才去做。这样万通就要有使命感，如果没有内力的激励，企业肯定无法做大、做长久。企业最终的竞争就是企业价值观和使命的竞争。

"95%的公司会在公司创建周年纪念日里大吃大喝，而我们要在这个日子里坐下来反省，反思自己的问题，思考自己的未来。"冯仑说，他们这样做是因为万通拥有正确的价值观，有成为一家卓越公司的愿望，有进入5%杰出公司行列的决心。

冯仑深知，对于万通来说，必须从眼前的每件细小的事情做起，企业文化、形象树立、体制改革、人才管理，如果这些细小的环节跟不上，那么，进入5%便是空谈。

行动指南

市场中真正杰出的企业，是具有生命力的企业，是坚持到最后的企业，是"剩者杰出"，而不是"胜者杰出"。因为，在一个经济高速增长的经济环境中，一时的辉煌和暂时的商业成功并不难，难的是长久生存。

4月3日　反周期能力

当我们研究国内外经济规律的时候发现，一家企业要长久发展，必须对经济周期有一个把握，要具有反周期能力，也就是我们所说的"熨平"经济周期。房地产产品周期长，一般都要经过经济低潮期，开发商在经济低潮期受打击最大，我们必须通过商业模式的创新来缩短经营周期，以减少经济周期的影响。

反周期能力，具体是指怎样在繁荣的时候卖产品、萧条的时候买土地，怎样研究产品的抗跌性，怎样研究产品的差异化和均质化，怎样对付不同的周期，怎样借助资本市场的作用，怎样规避债务融资过度，怎样使繁荣时候的市场扩张行为能够在萧条的时候不被勒死等问题。

——摘自2003年1月27日《北京晚报》文章《冯仑：万通新战略》

对于一家公司而言，萧条周期是出现死亡率最高的时期；企业必须要保持足够的现金流，减少负债，踏准节奏，留好退路，培养抗风险的能力，才能灵活应对市场的波动。因此，企业必须学会"反周期思考"，这也是万通一直坚持的反周期经营策略。

照此，企业应该在市场繁荣时为萧条时作准备，在萧条时为繁荣拓展。"对地产企业而言，就要在繁荣时卖房，低迷时买地；或是繁荣时在郊区买地，低迷时在市区买地"。

——摘自2008年3月26日《厦门商报》文章
《冯仑：楼市明年步入理性生长期》

背景分析

房地产业的商业周期是非常清楚的，尤其和宏观经济、政策环境有密切的关系。经典的商业周期一般在7年左右，7年完成4个环节：萧条、复苏、繁荣、衰退。

万通经历了两个经济周期。在第一个经济周期中，万通1991～1993年在海南完成了原始积累，赚到了钱。在第二个经济周期中，万通2002～2007年在北京尤其是在CBD做了一些好项目，又赚了很多钱。不过，在1993～1997年的高速扩张期，尽管万通进入了很多项目，但多元化却让万通赔了很多钱。

"现在的房地产上市公司很少是国内房地产业最初兴起时的那批公司。"冯仑慨叹，当时和他一起做房地产的公司现在已经没剩几家了，每次经济周期的波动都会使一部分房地产公司消失。冯仑对同行的经历颇有些可惜，"有没有什么办法能够尽量减少经济周期带给公司的打击呢？"

冯仑在1999年就开始琢磨，如果这么波动着走，这一波赚钱了，下一波填进去，再下一波再捞一些回来，公司就无法持续稳定增长。由此，冯仑认为，公司发展要解决一个反周期的问题：在繁荣之后怎样应对萧条，在萧条来临后怎样从容面对复苏，政策周期、经济周期、企业周期、产品周期，这几个周期必须配合好，企业才能顺。

行动指南

房地产的创新，不仅仅是在产品层面上的创新，更应该深入到商业模式层面，尤其应该思考房地产公司怎样依靠反周期能力活下去并活得好这个深层问题。这种创新将会使公司进入到理性的持续增长的阶段，这样公司才能够拥有未来。

4月4日　前瞻力

我们需要前瞻力的目的就是希望能够站在未来决定今天，不走弯路，不做多余动作。也正因为这样，我们才能够有自觉的战略，有了战略，我们才能用战略来剪裁机会，然后能够把握机会，同时有战略我们才能决定我们的方向。

——摘自《万通·生活家》2003年9月13日专访冯仑文章《站在未来看今天》

"前瞻力"是万通的核心竞争力之一，就是站在未来安排今天，以战略导向替代机会经营；就是要在未来找一个支点，引领自己的企业，创造未来，赢取未来。不断通过"创新"而"领先"，这是万通决胜于未来的重要战略原则。

——摘自2009年8月万通地产公司网站

背景分析

万通非常重视一年一度的反省，非常重视指向未来的学习。那么，怎样想问题才能有前瞻力？冯仑在2003年前后才把这个问题想清楚。

想问题有三种方式，第一种是站在过去看今天，只有回忆力，没有前瞻力，如果什么事情都是站在过去看今天，就只有埋怨、回忆，然后自满，这样是一个比较容易犯错误的思维。

第二种是以现在判断现在，也就是说用从别人那里看到的东西来判断我今天做得对不对，这也不是前瞻，而只是一个横向比较和判断，不能构成前瞻力。

能够构成前瞻力的一定是第三种想问题的方法，也就是站在未来安排今天。站在未来的某个时点，然后看到未来那个时候发生的所有的变化和可能发生的变化以及必然发生的变化，然后决定万通今天哪些事情要做，哪些事情不做，着眼未来，发现规律，按照规律去安排自己的事情，这样才能表现为前瞻力。

万通制定战略、做事情强调前瞻能力已经很多年了。万通提出要用美国模式取代传统的香港模式，之后有了新的战略，并按照新战略变成了一个专业的房地产投资公司，随后又有了四大板块的业务、地区战略和子战略等延伸的一些东西。比如这几年大部分地产企业都在忙于应付激烈的竞争，万通却反复强调研究商业模式、商业周期，在《关于进一步加强房地产信贷业务管理的通知》（央行121号文件）没有发布之前，大家可能不认为这是件前瞻性的事情。但是这几年看得越来越清楚，万通做的是一件非常有前瞻性的事情，真正把商业模式研究透了。

行动指南

前瞻能力对于一家公司非常重要，只有一家公司具备了前瞻性，才能做到从机会导向到战略导向，从"公司办我"转化为"我办公司"，从"钱摧残我"变成"我驾驭钱"，从"被财富引导走"变成"自觉地创造财富"。一家企业只有想到未来，并为未来作好准备，才有可能在未来生活得更好。

4月5日 看未来的三种方法

关于趋势的判断，难就难在你怎么看未来。我看未来有三种方法：

一是把别人的历史当作我们的今天和未来。北京现在的人均国内生产总值是6000美元，纽约是60000美元，那我们就把人均国内生产总值从6000美元到60000美元之间别人走过的历史，当成我们的未来。这是一个最简单的方法。

另外一个方法就是去作逻辑研究和推演，按照人类历史发展已有的知识，进行逻辑上的分析，从经济学、政治学、法律方面去研究，得出一个对趋势的判断。

最后一个方法就是去感知，用知觉和经验去感知未来。

最好同时运用这三种方法，最后综合起来，形成一个对未来的总看法。

——摘自冯仑《野蛮生长》

背景分析

一家公司最应该投资的就是趋势。投资趋势，就意味着要投资战略，因为你的战略是根据这个趋势来定的。所谓战略导向，就是按照一个方向持久地努力，累积你的核心竞争力。机会导向就是今天做这个，明天做那个。古人说："君子立恒志，小人恒立志。"立恒志就是战略导向，恒立志就是机会导向。

根据历史的经验，投资趋势可以得到更高的回报。换句话说，一家公司必须要有战略，用战略来引导，按照一个趋势去发展自己的业务。

比如，国内房地产市场有调控时，企业就得分析什么是趋势，什么是未来。冯仑认为，在未来，人均国内生产总值到1万美元、2万美元的时候，商用不动产将会是一个更重要的产品市场，而且不动产金融将会很发达，房地产的直接融资将会成为一个主流。

过去几年，国内房地产市场的集中度大大提高，A股市场的房地产公司前10位的市值已经从过去20亿~30亿元达到了100亿元以上，第一位已经超过了2000亿元，集中度变化非常快。这些都是未来的趋势。万通针对这一趋势来制定战略，就一定能赢。

行动指南

一家企业的掌舵人要想看清未来，就必须勤奋，必须知道别人的历史，必须有丰富的知识，同时还要有很好的经验和正确的价值观。只有这样，才能看到未来，才能站在未来安排今天。

4月8日 用必然性驾驭偶然性

万科能在今年今月今日高速成长，好像只是机会好，看上去是偶然的，其实是必然的。这种必然性来自其十余年坚持不懈的公司战略和制度建设，这种必然性的力量是持久的、决定性的，它甚至可以创造出适合自己的"机会"或偶然性。

哲人曾经说过，机会只青睐有准备的人。这是一种有智慧的断言，即用必然性驾驭偶然性。

——摘自冯仑2005年新年献词《决胜未来的力量》

背景分析

常常听说"这是一个好机会，千万别错过"，或者议论某某人之所以成功不过是因为得到了某种机会而已，似乎"机会"决定着企业生死、个人荣枯。其实机会只是一种偶然性，它最多对创业者的原始积累或者说"第一桶金"具有决定性的作用。当企业进入正常发展时，通常所说的机会并不重要，不仅不重要，甚至还是陷阱。

伟大的人物和企业，不仅按照自己的内在逻辑，沿着必然的道路和趋势驾驭着一次次机会，而且还因势利导不断创造着自己所需要的"机会"。因此，对伟大的人来说，永远没有迟到，永远不会"过了这个村没有那个店"，永远在创造着自己和别人的机会，也永远没有事后的喟叹。

段子原声

一个身体强健的人，暴风雨对他恰好是机会，既可豪情把剑搏击长风，一展身手，快步向前，亦可慷慨解囊，扶危救困。这时，经年累月的锻炼，身强体健就是准备，就是必然性，而搏击风雨、助人救人则是碰上的机会，是偶然性。

行动指南

国内民营企业经营者最大的问题之一，是把自己偶然的成功当成必胜的逻辑，把偶然性错误地夸大为必然性。要避免这个问题，重视自己的长期战略、公司治理、价值观养成、团队训练等公司内在的基础性建设。

4月9日 改正自己犯下的最大错误

万通犯的最大错误是1993～1995年制定的多元化扩张策略，以致在德隆垮掉的时候，德隆说为什么他们学万通，结果他们垮了万通没有垮。当时在我们多元化的业务中有一个是金融，万通在1993～1995年是民营企业投资金融最多的公司……我们有这么多金融机构之后，用太多的钱四处进行扩张，最后失败。这是最大的一个失误。

从1998年、1999年与万科交流以后，我们就开始更多地专注于房地产，所以我们是走了一个弯路又回来了。

——摘自2008年4月冯仑在北京师范大学珠海分校的演讲文稿

1994～1997年，是万通多元化、大扩张的阶段。如果让我来总结这4年，我想应该叫作盲目扩张阶段，这个过程一直延续到1997年。盲目扩张虽然就4个字，可这4个字做起来非常辛苦。

——摘自冯仑在新员工培训上的演讲文稿
《我记忆中的万通那四年》

背景分析

在1993～1997年万通集团刚成立的那个阶段，万通进行了全国性的多元化投资和扩张，行业涉及地产、金融、商业、制药、IT、文化等，地域遍及13个省市。

万通盲目扩张时做了很多稀奇古怪的事情，比如万通到贵阳重组贵州航空公司，还到哈尔滨改造地下人防工事，等等。当时不知道哪来的钱，反正就去做了。这期间万通形成了一个状态，在全国13个城市有主要业务，一时之盛，简直类似于德隆倒台的时候。当时的资金也很多，到1997年底，总资产规模将近80亿元。

但是接着也带来非常多的问题，冯仑认为有三个问题最让他们非常痛心：

第一个问题，万通经常会莫名其妙地被监管部门、政府管理部门查。虽然每次查都能解释清楚，但总得去解释。而且各种政策都没有说民营企业不能投金融，可就是要让万通退出。

第二个问题，内部组织矛盾非常多，不能像现在这样安下心来做事情。1995年，万通做了一次股份拆分，三个股东撤资退股，然后到1997年，又有一个股东离开万通，这样就大家分开做各自的事业了。第二个问题影响很大。

第三个问题，在这一阶段，万通发现不知道该怎么管理公司，因为业务太庞杂，人员也复杂。公司复杂到究竟有多少家公司、有多少成本、人与公司的边界在哪儿，连冯仑都不清楚。比如天津有一个员工在业务上做了违法的事，万通把他炒掉以后才发现他的简历是假的。万通参股的金融机构中，有个证券营业部经理的姐姐因为贪污坐了牢。为了稳定他的情绪，公司提供帮助，争取让他姐姐减刑。结果刚搞定姐姐的事情，他却从营业部偷偷搞走几百万元，移民加拿大了。在这种情况下，按下葫芦浮起瓢，非常麻烦。

行动指南

一家公司如果能够及时改正自己犯下的重大错误，不重复自己的错误，也不重复别人犯下的错误，这家公司就具备了走得更远的必要条件。

4月10日　引进国企泰达做第一大股东

一年半之前，我们引进国有企业天津泰达成为万通的第一大股东。当时人们都认为我们傻，心里嘀咕：哪有民营企业让国企控股的道理。殊不知，随着房地产市场周期波动的加剧和天津滨海新区成为中国经济改革继深圳和浦东之后的第三极，人们才发现，我们的傻，其实也是有"根"的。

——摘自冯仑2006年新年献词《傻根精神永放光芒》

背景分析

2004年4月，万通确认泰达为战略投资者。泰达集团以3.08亿元全额认购万通增发的3.08亿新股，从而拥有了万通27.8%的股权。

针对万通和泰达的联姻，最初万通内部是反对的，谁也无法断定与泰达合作的最终结果如何，毕竟这关系到万通未来的生存与发展。

但冯仑认为，泰达是新兴国企，有国企的资源，特别是土地资源，有100亿元左右市值的土地储备；而且它没有国企的臃肿凝滞，经历了多年的发展后，市场化程度也非常高；另外，天津还是万通下一步市场拓展的重点，这都是吸引冯仑的地方。

同时，泰达也希望在土地经营和城市运营的同时，寻找专业的地产公司配合其战略发展。于是，双方一拍即合，合作也顺理成章。

作为万通地产的第一大股东，泰达参与了万通董事会的重大决策，并提供了很多资源，包括体制、土地和人才。引进泰达集团作为战略投资者之后，万通得到的最大实惠之一是迅速在天津获得超过200万平方米的住宅土地开发权，经过短短半年时间，万通就在天津增加了很多项目。

行动指南

从未来宏观体制的发展趋势来看，可以意识到未来中国的社会经济体制，将具有某种新加坡化的前景，因此民营企业要快速发展一定要走混合经济的道路。

4月11日 区域聚焦

开发主导、地域集中是我们在住宅领域的战略选择。万通将集中自身所有的优势资源（包括泰达的资源），通过对北京、天津（特别是滨海新区）两个区域住宅的集中投资，力争两年内在这两个区域市场份额领先，取得明显的竞争优势。

——摘自《万通》2007年第3-4期卷首语

三年后，万通地产将在泰达的陪伴下顺利"登基"，成为滨海新区规模最大的住宅开发、建设公司，在天津的业务也将占据公司全部业务的半壁江山。

——摘自2008年12月22日《中国房地产报》文章
《万通地产：优而美的商业哲学》

背景分析

2004年，泰达认购万通地产新股，京津两地联姻，这一合作在当时国退民进的商业氛围中很扎眼。而随后在中央政策的钦定号召下，滨海新区已俨然成为环渤海经济区最炙手可热的投资热土。

结合对自己实力、特点的充分认识，万通地产抵挡住了全国化发展的诱惑，选择聚焦在京津区域——环渤海城市群和大首都经济圈的核心，将优势资源集中在这两个城市，可以让万通地产抓住发展大机遇和先手，占据市场制高点，充分发挥品牌辐射能力和市场深耕能力。

自2004年聚焦滨海新区以来，万通在大股东泰达集团的支持下逐渐积蓄力量形成优势。随后中新生态新城的启动和京津城际快速列车的开通，进一步加速提升了万通在这一区域的竞争优势，并且有力地提升了公司在北京地区的业务。之后，万通地产又通过一笔并购交易，加码天津市中心城区，成为泰达城的主要运营者。万通地产的天津故事正处佳境。

行动指南

如果一家企业能提前半年看出未来政策的方向，可能就能领先于别的企业；而如果能提前三年看出来，在市场中就会赢得显著的竞争优势。

4月12日 "中国中心"成功进驻纽约

万通实业在将于2014年启用的纽约世贸中心重建大楼租下最高的5层，兴建"中国中心"。如同美国在海外有"美国中心"，德国有"德国中心"一样，这不能不让人充满想象，但千万不要把它变成民族主义的事情，变成意识形态，这只是个买卖，是个很好的生意而已。

——摘自《Mangazine名牌》杂志2009年5月号

即使（"中国中心"）项目顺利拿下，其实也只是万里长征跨出的第一步。这个项目的社会意义远远大于商业利益，也就是说，这样一个开先河的案例，同行在看着你，国家也在看着你，好的话可能会把这种模式复制下去，在东京之类的城市也开设这样的"中国中心"。

——摘自冯仑个人电子杂志《风马牛》2009年9月2日论坛帖子

背景分析

2009年3月26日，冯仑在纽约签署了一份据他自己说是"世界上最具挑战性"的合同——北京万通实业股份有限公司正式与纽约和新泽西港务局签署租约，成为纽约最高摩天大楼新世贸中心一号楼的"一号租户"。万通实业将在楼高102层、造价31亿美元的新世贸中心一号楼里，租用总面积逾1776万平方米的办公室，打造设有商业与文化设施的"中国中心"。

"就像一块口香糖粘了5年。"成功签约之后冯仑轻松地说，他本人曾经为此先后30多次去纽约，历时整整1825天，打了不下2190个小时的电话。

冯仑说，"如果要我给'中国中心'取一个名字的话，我觉得'民间商务活动中心'更合适"，它是一个面向中国各类商业行为的渠道依托，其客户主要是商务人群，同时也有政治、经济、文化领域的人群，可以称作主流双向高端，首先是主流人群，其次是双向。简单地说，需要美国的客人到那里去，同时需要中国和全世界的客人到那里去，这是双向的，中国中心提供一个高端交流场所。假如国内企业家到纽约考察，万通会提供全套的商务服务，还有更多的服务增值方式。

在万通的设计中，"中国中心"的管理模式和赢利模式分三种：第一种是完全委托专业的机构来管理，万通并不投资。比如像活动中心、商务中心，找一个像万豪一样的管理机构，交给它管；第二，万通跟别人合作来管理，实行俱乐部的会员制；第三，赢利模式是空间以外和空间相关的一些收入，比如观光旅游。现在全世界超高建筑都有一个趋势：来自于观光的收入越来越多于写字楼的收入了。

运营"中国中心"是万通学习"美国模式"最好的机会。通过"中国中心"，万通将在商业地产最成熟的美国市场，在最复杂并且也许是最庞大的项目中学习和实践，仅仅是5年的商业谈判就给万通地产带来了巨大的收获，让正在国内多个城市开展的万通中心有了别人所没有的底蕴和底气。

行动指南

在世贸中心重建大楼上运营"中国中心"，同样是万通站在未来安排现在的战略领先之举。除了社会意义，万通投资、运营"中国中心"可以吸取发达国家高端商务地产的投资运营经验。

4月15日 立体城市

　　立体城市从原有的"摊大饼"到"撂起来"，当然不是一个简单的叠加过程。我们希望最终达到产城一体、资源集约、绿色交通和智慧管理。

　　立体城市有三大特点，第一是节约土地，与同等规模的普通城市相比，只使用1/7的土地，将8万～10万人集中到2平方公里之内；第二是产业主导，产业带动就业、就业带动商业、商业带动城市居住和繁荣；第三是节能减排，立体城市却可以节约58%用水、节约40%能耗、减少60%的碳排放、减少2/3的垃圾填埋。

　　"我们不是房地产逻辑，这是个全新的城市逻辑。"冯仑说。

——综合节选自《21世纪经济报道》等媒体报道

背景分析

　　4年研发，投入过亿，立体城市是冯仑经过审慎的考虑，形成的一整套城市发展的新思维。

　　1平方公里到底能睡多少人？

　　冯仑调查后发现：北京大概3000人，新加坡7000人，南非贫民窟100万人。香港1200平方公里土地用了30%，装了600万人。所以冯仑他们测算，只要规划得好，城市1平方公里可以装8万人。经过研究测算，他们得到了一个标准的模型，叫1平方公里建600万平方米建筑装6万～8万人。这大概就是新加坡住宅的密度，是已经发生的。这样一个密度，可以起到节约土地、产业主导和节能环保等效果。

　　经过深入探讨和理性分析，立体城市把医疗健康产业作为主打产业。

　　在中国，一个医疗健康立体城市可以包括的产业有五个部分，第一是医，看病；第二是养，安养、养老、养护、看护；第三是教，就是医学教育；第四是研，研发，包括很多重大疾病的研究；第五是贸，交易、贸易、做生意。比如，我们会建立一个医疗器械、耗材、药品等的交易市场。

　　具体到空间结构，立体城市是60万平方米、7个项目。这7个项目包括一个三甲医院；一个康复医院；一个医疗大楼（参考的是新加坡百汇医疗集团模式，这个医疗大楼里面包含各种专科）；一个养老中心；一个学校、学院；一个交易中心；还有一个健康酒店。这些都是标配，到了每个具体城市可能还需要具体调整。他们算了一下，每个立体城市至少有15000个就业岗位，甚至还多一点。

目前与立体城市及其健康产业整个体系相关的，有几个非常重要的进展：第一个是获得了平安银行100亿元人民币授信，首先解决了再发展的一个资金问题；第二个是已经获准成立中国第一家HMBA，即健康MBA，这个MBA是为了提升莆系的管理水平，招的学员以莆系为主、兼顾别人。莆系中的一万家机构的中高层管理人员，都需要参加这个HMBA培训；第三个组建三甲医院的管理公司，接下来还将组建一个基金。

与当下流行的低密度、花园式城市发展和建设的思路完全不同，冯仑的立体城市是通过建设高密度的建筑，而后在高密度建筑当中，建立有效的产业链条，从而形成产业链上各环节、生活服务各环节的"高效聚合"，从城市发展的角度，立体城市利用最少的土地资源，贡献更多的经济发展、产值和就业机会；从生活角度而言，立体城市最大限度地缩小了社会人工作、生活、社交的物理距离，使生活品质最大限度地提高。

行动指南

如果你认为立体城市就是简单的盖高楼，或者是开发建设高密度的产业园区，那就错了。冯仑等人把实现立体城市落地运行的关键，定标于产业。即立体城市的建筑，只是一个物理意义上的平台，其兴衰成败关键在于立体城市能否形成一套完整、高效运行的产业生态。所以，在西安西咸新区首个落地运行的立体城市项目运营进程中，医疗产业被确定为核心产业，围绕医疗、健康、保健、养生等一系列产业招商。安居乐业，在冯仑立体城市的思路和逻辑中，变成了"乐业"才能"安居"。

4月16日　立体城市，为何主打健康产业、联姻莆田系医疗

> 立体城市应该用什么样的可持续发展的产业？首先我们假定对所有产业都不带有任何偏见，然后确定三个标准（高就业系数、高就业

弹性、高增长）作为我们选择产业的标准。这是"三高"，还有"一低"，就是低替代率，这个产业几乎不能替代，否则我们这个城市过两天换一个产业，物业无法实现一个持续增长的赢利模式。

根据这个"三高一低"的产业标准，你可以看到，医疗健康产业就是这样一个产业。

医疗健康产业选择民营医疗作为合作伙伴，是因为民营医疗是现有医疗体系公立医疗、外资医疗和民营医疗三种力量中最容易实现合作的伙伴。民营的体系，很好很精彩。我们的文化基因跟民营医院的文化基因是一样的，都是从草莽开始，最初什么都没有。但是在20年里，民营的医疗机构居然发展出一万家，有八千来家都来自莆田。这太有意思了。

关于莆田医疗的争议太多了，……这历来都是民营企业发展的逻辑。你们……看见的是缺陷，而我看见的是生命力。

——摘自《21世纪经济报道》相关文章

背景分析

冯仑的立体城市实验，在他自己看来更像是一个开发商向互联网思维学习的产物。立体城市应该是平台，更形象地讲，是一个插线板，在公布结构数据或者标准之后，其他产业、行业、商家、服务商来到这个平台上经营，然后共享收益，按比例分成。

从这个角度，冯仑在研究立体城市的时候就一直在考虑一个事：立体城市要产业主导应该选择什么产业？理论上说，有无数多的产业可以选择。这需要在筛选产业的时候确定一个选择的方法。

总体而言，冯仑希望立体城市是一种小型城市、微型城市。这样一种8万～15万人的小城市、小微型城市，应该有2.5万～3万的就业岗位。其实，冯仑参考的是梅奥诊所所在的美国罗彻斯特这个标版。罗彻斯特人口大概是12万，一共2.5万个就业机会，2万个来自梅奥，5000个来自IBM。

立体城市应该用什么样的可持续发展的产业？多次考察以后，首先他们假定对所有产业都不带有任何偏见，然后确定三个标准作为选择产业的标准。

第一个标准是高就业系数。有些产业就业系数很高；有些产业，比如金融，就业系数不是很高，因为一个团队十多个人可以管100亿、1000亿财产。有些就业系数还可以，比如餐饮，但是这些产业的就业人口收入比较低。而立体城市则是需要不仅就业系数高而且就业的人均收入还要相对比较高，这就是所谓高端服务业。后来根据这个标准可以发现，医疗的就业系数很高，高端的医疗大概一个床位4～6个就业机会。而且医生、研究人员等相关职业的收入也比较好。

第二个标准是高需求弹性。所谓高需求弹性就是，每给一个单位的满足就刺激出新的需求。比如，餐饮就弹性小，再牛的人一天也不能吃八顿饭。这种弹性大的行业，能够吸附非常遥远的人来，而且可以持续增长甚至增长是无限的。它的吸附力和辐射力都很强，而且市场无限大。按照第二个标准，医疗、教育都属于需求弹性大的。比如说健康，人从来不拒绝，越健康的人不等于说不需要健康，相对来说需求弹性比较大。

第三个标准是高增长。每个行业都有一个高增长的阶段。而医疗卫生产业、未来十年、二十年属于刚开始、制度刚开放的阶段。根据我们改革开放的经验，制度每一次开放，都意味着一次高增长。每一次要素市场化，都可以带来商业的膨胀、快速的增长。医疗正在进行体制改革，很多要素市场化，比如医生多点执业所带来的人的市场化。所以，医疗产业未来有8万亿、10万亿元的这样一个市场容量。

这是"三高"，还有"一低"，就是低替代率。这个产业几乎不能替代，否则立体城市过两天换一个产业，物业收入无法获得持续保障。根据这个"三高一低"的产业标准，医疗健康产业就是高就业系数、高就业弹性、高增长，且低替代率。

医疗体系从体制和运行方式上来说有三大部分，一个体系是公立体系，这个系统很庞大，但很难谈、很难合作；第二个体系是国外的体系，看起来高端大气，我们也考察很多，但是引不进来，它们一定要价值观吻合、研发配套才行；第三个体系是民营体系，在民营医疗中，莆系医疗是中国医疗产业无法绕开的话题。因为数量庞大，莆系医疗举足轻重；又因为"野蛮生长"，莆系医疗饱受争议；还因为远离舆论，莆系医疗低调神秘。但不能忽视的是，经过了二十几年的沉浮，莆系医疗积聚了雄厚的力量。

行动指南

立体城市，之所以选择莆系医疗，仍然来自于冯仑对民营资本发展和市场竞争规律的笃信，更为关键的是，冯仑相信选择一个能够共同成长的合作伙伴，其稳定性，绝对要好于其他。

在新业务的开展过程中，选择怎样的外力或者说合作伙伴，是一门艺术。在这一方面，很多新业务的开展者往往陷入误区，即要找到最好的或者处于行业领先地位的合作伙伴，但是，这种引入外力的方式，往往伴随谈判不对等、利益分配不公平等方面的问题，因此，选择与自己文化相近、发展阶段和水平相对对等、又具有高成长性的合作伙伴，才是正解。

4月17日 在预见的基础上提前变革

> （对抗并跨越经济周期）更进一步的办法就是在预见的基础上提前变革，预作安排……如果能够预见周期，提前变革，就一定会使自己在周期到来的时候不仅不被动挨打，而且有主动超越的可能。
>
> ——摘自冯仑2009年新年献词《在历史的长河中学会坚定不移》

背景分析

一般而言，人们不喜欢变化，因为变化意味着未知，中国古代哲学里有"穷则思变，变则通，通则久"的说法，人不能被动等待着变化的来临，必须得主动求变。

2008年是万通历史上业绩最好的一年。其根本原因之一是有着近二十年房地产从业历史的万通已经掌握了中国国内生产总值增长规律和房地产行业不同产品发展规律之间的关系。

在房地产这个行业，万通看到了在人均国内生产总值 2000美元、4000美元、8000美元、10000美元、30000美元、60000美元、70000美元等情况下各种各样的变化规律。由此，万通知道在人均国内生产总值8000美元以下的时候住宅是一个重要的快速增长的主流产品；而在人均国内生产总值超过8000美元以后的快速成长的都市中，社区商业和都市商用不动产会有快速的成长。

因为预见到这些规律，所以万通就在战略上预作安排，积极应对。又比如内地房地产企业在住宅方面大量地采取香港模式，以至于香港模式在商用不动产上也对国内房地产企业产生很大的影响——除了像住宅一样建起来散售，内地房地产企业几乎不知道其他更好的经营这些商用不动产的方法。万通地产率先开始研究美国模式，在四年前不仅提出了要反周期安排，而且要用变革商业模式，也就是变香港模式为美国模式的方法来应对周期。

如今万通地产站在一个可以掌握主动的位置上，并不是万通幸运，而是因为万通有所准备。

行动指南

当企业发展到一定规模之后，主动求变的诉求与动力，因为改变风险成本的加大，而逐渐衰退与递减。这时，能否主动求变并获得成功，既考验企业家的勇气，也考验企业家的智慧。主动求变是个课题，更多的还是一个企业进行战略判断的"高技术"。

任何一次变革和创新，都对一家企业的财务能力提出更高的要求；变革有可能失败，创新也可能会夭折，但只要企业的财务能力能够支持这样的成本，就应不遗余力地推动，与其坐而等死，不如奋起变革、加快创新，用创新的力量来迎接下一轮繁荣。

4月18日　变革与稳定

有人说，组织一定要变革、创新、学习；还有人说必须稳定，一个建立了两三年的组织连旧版都没有夯实，变什么？据有人研究的结论是稳定的价值超过变革，变革会毁坏财富。

变革和稳定是考验企业家的平衡木，绝对变革和绝对稳定都行不通，拿捏好不容易。

——摘自2006年5月23日冯仑文章《亮出你的管理或空空荡荡》

背景分析

冯仑在多个场合多次阐述过变革和稳定这个管理中存在的悖论。

变革和稳定的关系，换句话说也是转型和发展的问题。典型案例如联想，由PC（Personal Computer，个人电脑）制造转向服务，变革后原有的发展放慢，因为资源是有限的，管理是在有限的资源下管理。如果资源充足，稳定的时候虽然增长缓慢，但不会出现大问题。即使50%的资源用来转型，服务这件事不确定，仍然是有风险的。服务没有建立，原有的业务萎缩，上市公司允许这样的时间是有限的。这时要么破釜沉舟，把股份收回来，要么退回原来的状态，把服务全部卖掉，增加PC（Personal Computer，个人电脑）制造，以并购为扩大规模的主要战略。不是说转型不行，也许五年时间，服务也可以做成，但资本市场的压力太大，没有那么多可消耗的时间。

在管理理论上，专家会告诉你谁对谁错，冯仑希望大家不要相信专家。"如果第一年亏一亿，我可能第一年就投降了。"冯仑说。

行动指南

创新的胜算是靠时间、看环境的。所以变革和稳定哪种理论更好，很难说。变革还是稳定，转型还是发展，取决于企业家的智力抉择，也是外部环境和资源约束的结果，分不出两种管理理论谁对谁错来。

4月19日 集权和分权，哪个对

集权是自上而下的管理，分权是自下而上的管理，或者是平行机构之间的互动。自古以来有很多书对这两种组织效能进行过比较。

公司内部组织上讲集权，文化和人的行为上讲轻松，最后对不对还是要看绩效。如果绩效都不错，那就说明两种理论都对，也都不对。

——摘自2006年5月23日冯仑文章《亮出你的管理或空空荡荡》

背景分析

在社会各类组织中，军队是最典型的集权组织。但自海湾战争以后，军队采用了一种现代化的混合型方式，互通互连。一个特种部队在前线相当于一个连的战斗力；特种兵可以调动飞机，身后是强大的服务系统——相当于一个完整的供应链。

从创业经历来看，冯仑对于集权、分权的利弊都有切身体会和切肤之感。六君子创业之时，潘石屹分管销售，易小迪分管财务，王功权等人也各有分管，冯仑本人则主要把握方向和战略。此时，万通是"分权"的管理。然而，随着事业的发展，每个人的个性与价值观的差异，致使分权管理体制下，陆续出现了分歧与争吵，最终以六君子的逐个出走为结局。

在2006年前后，万科开始分权，因为它平均论证5个项目才能确定操作1个，全国一年80个项目，意味着要讨论400个方案，总部不堪其苦，所以必须分权，由各区自主决定项目。当时万通公司的主要业务集中在京津两地，采用的是集权管理，因为万通业务相对少，追求单位价值高，经营模式不一样。

行动指南

冯仑与万通的经历表明，集权与分权从来都没有绝对的对错，而是只有阶段性与适配性的问题。创业初期，分权的管理体制有利于发挥创业团队里每一个人的积极性以及专长，但是在经历创业初期之后，分权管理往往会带来利益群体固化、整体发展战略落实桎梏等问题。这时候需要的是集权的管理。

但是，对于企业而言，最大的难点在于，如何让曾经的分权者交权，而又保证公司总体的一贯稳定。

4月22日 平衡短期诱惑与长期利益

上市公司最麻烦，业绩不能波动，可是在一个生命周期里，怎么能够不波动呢？长期增长和短期业绩表现之间的矛盾在上市公司表现得特别明显。

我们究竟是跟着市场、随着投资者的短期偏好走，还是坚持我们的长期战略……一位好的企业领导人应该坚持自己的企业战略，甚至当这个（长期）战略跟资本市场的（短期）偏好发生冲突时还能坚持，这是最不容易的。如果能够跑赢这些普通投资者，证明你的眼光高于普通投资者，这点是很难得的。

——摘自冯仑文章《找准与投资者对话的波段》

背景分析

公司应该如何处理投资者的短期偏好和长期战略？最典型的例子，国家"90平方米政策"出台以后，基金经理和其他机构投资者认为房企应该做一些政府说的经济适用房，但房企还是坚持认为应该做自己的目标客户需要的房子，因为市场还是要细分的，不能都做一类产品。这时矛盾出现了：短期内如果你不听这些投资者的，他可能不买或者卖出你的股票；可是如果都听他们的，那全国的房地产公司都跟着他们的指挥棒转，那就分不出好坏来了。

不仅仅是房地产公司，所有行业的企业都需要回答投资者短期诱惑与长期战略的关系。张朝阳谈到华尔街时说，华尔街投资都是短期偏好，把上市公司拉来转圈，因为短期偏好是变的，今天这个明天那个，公司为了融资，为了股票价格高，为了让分析师说好话，跟着市场今天这样明天那样，结果把企业搞乱了。

具体到上市公司的业务，如果企业要增长，最好是按以前做过的方式扩大规模保持增长，这样风险就很小。一转型就意味着流程、人、产品、市场都可能发生变化。发生了变化，转型以后，未来可能会更好。但新市场还没有挤进来，出现了真空和矛盾，短期内造成了市场的下滑，你的营业额会下滑，一下滑股票就跌，你能不能挺得住？

行动指南

对企业管理层来说，要有勇气挑战市场上的一些流行观点，能够在沟通过程中说服投资者确信你是对的，最后又能争取到符合需要的少数投资者，甩开那些流行的观点，经受住业绩的波动，最终创造出非凡的业绩，这才称得上是真英雄。

好的公司领导人特别难求，他们要能在资本市场上找到跟投资者对话的波段，保持战略的独立性和稳定性，同时保持战略的前瞻性及团队精神，以成熟的经验和心态来抵御市场的短期诱惑以及股价短期下滑后的压力。

4月23日 决策成本与执行成本、纠错成本

要把决策的责任看得像天一样大。不管企业多大多安稳，一项决策的可能破坏力都是巨大的……我们的选择是支付足够多的决策成本，

以减少未来的执行成本和纠错成本。

——摘自2004年10月9日《万科周刊》采访冯仑文章

《拈花微笑，问生说死——冯仑谈企业》

背景分析

商海沉浮多年的冯仑，把公司决策尤其是战略决策放到了至关重要的地位。比如万通已经选择了美国模式，必然使万通的财务弹性大，而土地储备少。这一决策带给万通的优势在未来几年就会显现。

在公司决策中，冯仑还注重创业者个人权力一定要受规则的制约。万科的董事长王石说到万科内部已经建立了反对机制，万通也要有合理的反对机制。虽然冯仑自己还是万通的大股东代表，但正因如此，没有制约机制潜在的危险更大。在制约机制下，冯仑提出任何建议都要先经反对机制过一遍，然后再正常决策。

冯仑回顾历史，中国人似乎从来都吝啬决策成本，而愿意支付大量的纠错成本，拨乱反正、治理整顿、调整……决策不花成本，而是一个领导者一个主意，没有制度制约，永远都是决策偏离轨道，总要解决遗留问题。

行动指南

研究发现，跨国公司的失败更多的是执行的失败，而中国企业的失败更多的是决策的失败。这表明，中国企业在决策水平、在公司治理结构方面还有很大的改进空间。

4月24日　重要的事和紧急的事

重要的事是建立制度，制定服务章程。管理自己，就是做重要的事，也就是管理自己的事。紧急的事，通常都是管理别人或代替别人管理的事。学会管理自己，就会变得很从容，因为把重要的事（公司战略、员工培训、制度建设）都做好了，剩下的事员工自己就能处理了。

——摘自搜狐博客2008年1月7日冯仑文章

背景分析

作为一名管理者，应能分清什么是重要的事和紧急的事。比如，客户投诉是紧急的事，但如果员工没有权力，只有老板可以做主，那么尽管问题解决了，老板却做了员工的事。

2001年前后，整个行业遭遇信任危机，万通公司和其他几家知名企业一样，遇到的客户投诉也比较多，后来公司下决心建立了三个层次的客户管理系统，顺利分流，现在80%的问题在部门以下就解决了，到经理层面的只有20%，需要冯仑直接处理的客户、紧急事件每年也就一两件。

行动指南

公司有所谓重要的事和紧急的事，只有做好重要的事，才能逐渐消灭紧急的事，从而自由进退，自如地驾驭企业的未来。如果重要的事是"1"，那紧急的事就是"10"，只要紧紧抓住"1"不放，就会做1件（重要的）事，消灭10件（紧急的）事，从而成为商业竞争中的主宰者。

4月25日 规模只关乎体面，结构却关乎生死

其实企业无所谓大小，只在好坏。结构关乎生死，规模只在乎体面。一个公司的结构决定你是生是死，因此要更重视结构，财务结构、业务结构、人员结构，而不在乎短期的阶段性规模。

——摘自《21世纪经济报道》相关文章

背景分析

冯仑称，在公司小的时候，容易学坏。每一个困难可能都是学坏的理由，每一次增长都可能有一个堕落的机会。

"企业的发展跟人是很像的，人这一生当中有几个特别重要的环节。这个环节每一次都会有分叉，而这些分叉就表现了你的人生不同，企业也是这样。"白手起家的冯仑感触很深，小企业成长壮大过程中会有很多选择的岔路口，他的建议就是做一个好企业。

比如做房地产，是做好人呢，还是和权力勾结？是靠二大爷拿地呢，还是靠举手拍卖拿地？"到目前为止生存下来的都是走市场路线的、走产品和服务路线的。凡是走权贵的，然后靠政府、有灰色交易的，这些房地产公司反而长不大。"冯仑说。

企业做大以后，面临的问题就是和资本的关系。至于一个企业为什么要上市，冯仑比喻为"一个大姑娘为什么要出嫁"。她出嫁有很多理由，其中一个重要的理由是合法地生孩子，企业上市就可以合规合法地扩大你的规模，然后进行发展。另外，上市也可以改变行为，变得诚信、透明、专业。

企业上市以后仍然面临挑战，甚至是"重新否定自己"。冯仑也讲了自己创业转型的经历："我们从1993年到1995年发展得非常快，青春期什么都敢干。到了1996年以后，出现了很多崩溃性的问题。然后就慢慢地变卖资产、还债再收拾，倒腾倒腾，再让它慢慢活过来。后来整个公司的风险偏好比较低，所有的股东，包括我，都已经苦不堪言，不再愿意冒这么大的风险。"

行动指南

对于民营企业，比较好的股权治理，又有动力，又有约束，大体上在30%～40%比较好。股权集中超过50%的私人公司愿意做冒险的事。万科为什么不行贿呢？因为他完全没有行贿的动机和利益基础。王石的股份连0.1%都不到，行贿以后，挣钱给股东了，坐牢是他自己，他能这么傻吗？

4月26日　安全的高速增长

> 我们不要最快的增长，而要安全的增长，最好是安全的高速增长，把速度控制在"增大的极限速度"以下。这样企业才能很好地发展，公司才能保持平衡。
>
> ——摘自2008年10月31日和讯网《领袖对话》栏目专访冯仑文章

背景分析

自2007年下半年以来，万通先后投标杭州、注资成都交大房产、收购泰达城

（天津泰达城市开发有限公司）开公司47%股权，扩张脚步明显加快。这在市场萎靡、银根紧缩、行业内一片叹息的景况下更加引人注目。然而，这对自1999年以来就一直坚持按反周期的策略掌控发展速度的万通来说，却是顺理成章的进步。

在2008年国内房地产周期来临之前，冯仑就感觉蜜月期有点太长，大家把蜜月当日子过，结果都是极限的增长。而到2007年年末，万通公司本部无银行负债，项目公司带息负债率最高只有40%左右，远低于同行的平均水平。公司现金充沛、运营稳健，达到了在驾驶过程中一脚踩油门、一脚踩刹车，既向前展望、又不忘看后视镜的自如、安全的境界。

万通这么多年一直保持安全高速，同时不忘记踩刹车。几年前，杜丽虹博士给万通董事会作过一个培训，叫"增长的极限速度"，就是公司安全增长是有极限速度的，叫极限增长。冯仑很清楚，万通仍然要注意安全，控制公司的风险，把发展和风险两件事情都处理好。

行动指南

一家公司在均衡性发展的基础上不要忘记踩刹车，不能开极限高速，要开安全高速。

4月29日　做大容易，做好太难

> "做大容易，做好太难"，像《心太软》唱的，"不是你的就不要勉强"。
>
> ——摘自2004年10月9日《万科周刊》采访冯仑文章
> 《拈花微笑，问生说死——冯仑谈企业》

背景分析

我国台湾地区早年有8000多家房地产公司，活下来的大都是"大而乱"和"精而专"的，"中而乱"的死了很多。

放到我国大陆地区来看，中石化、中粮，还有一些金融机构、电信公司现在都来做房地产，这属于"大而乱"，但它们死不了，房地产只是它们总资产的一小部分。在我国台湾地区，国泰、统一这样的大企业都做房地产，但房地产占总资产比例不大，有时候只是作为一种理财工具出现。比如国泰保险，它有很多金融产品，资金非常充裕，所以需要发展不动产作为一种理财工具。

我国大陆地区"精而专"的公司，像万科、万通、SOHO中国这种类型，他们只做房地产，市场细分化，产品专业化。在我国台湾地区和海外市场也是如此，有专门做老年公寓，甚至有专门做女性公寓的，其细分乃至于此。

我国大陆地区现在3万多家房地产公司，能活下来的基本就是这两类。

"中而乱"的公司就很难活，通过资本运作膨胀之后，这些公司开始谋求多元化、世界500强云云。利用各种金融工具把一家企业做大并不很难，先在股市上把股票炒高，然后控制金融机构，拿钱出来继续做高股票，再抵押拿钱，拿地，然后高估地价，再抵押套钱……在几个杠杆的作用之下，企业很快就大了。

这些"中而乱"的公司，房地产市场热了就做房地产，网络热了就做网络，长远来看很难存活。

行动指南

企业做大，短时间内可能实现，但做好却不是短时间内能做到的，正所谓"规模可以追赶，但时间不能压缩"。

企业家在追求企业的高速发展时，一定不能头脑发热，一定要保证增长是可持续的、高质量的。

4月30日　不希望传奇，但希望持久

> 万通不能做一家忽起忽落、昙花一现的公司，而要成为最理性、最有前瞻力、最持久的公司。不希望传奇，但希望持久。
>
> ——摘自2004年10月9日《万科周刊》采访冯仑文章
> 《拈花微笑，问生说死——冯仑谈企业》

背景分析

在冯仑的规划中，万通的发展方向有三个，首先，成为赢利能力最强的房地产

公司；其次，成为高端市场的领导者；再次，成为最理性、最有前瞻力、最持久的公司。

冯仑认为，一家企业不能每天创造奇迹。一家不断创造奇迹的企业，其最大奇迹就是自己的毁灭；而一家没有奇迹的企业，其最大的奇迹是别人不知道它是如何成为奇迹的。

多年前，万通即开始研究经济周期和商业模式的咬合，冯仑跟万科的王石也交流过这方面的看法。比如万科在天津的一个项目，5000亩，20年才能开发完，这20年里要经历4个经济周期，赚来的钱可能就被经济周期吃掉了，怎么解决？万通在这方面的研究花了很大力量，提出每一项开发都要在4年内完成，把财务周期和工程周期分开。

万通一直在盯着好公司进行研究，曾经做了一个课题，把全世界最大的10家地产公司和中国最好的10家地产公司的年报进行综合比较，研究差异，从而找到万通持续改进的方向。

行动指南

企业需要的不是一个传奇式的增长，企业需要的是健康持续安全的增长。要保证企业最大限度的安全，你要留有余地，而有了健康安全的增长，你的增长就变成可持续和持久的了。

五月 | 塑造董事会

May 5
2015 CALENDAR

MON	TUE	WED	THU	FRI	SAT	SUN
				1 劳动节	**2** 十四	**3** 十五
4 十六	**5** 十七	**6** 立夏	**7** 十九	**8** 二十	**9** 廿一	**10** 母亲节
11 廿三	**12** 廿四	**13** 廿五	**14** 廿六	**15** 廿七	**16** 廿八	**17** 廿九
18 四月小	**19** 初二	**20** 初三	**21** 小满	**22** 初五	**23** 初六	**24** 初七
25 初八	**26** 初九	**27** 初十	**28** 十一	**29** 十二	**30** 十三	**31** 十四

5月1日 塑造董事会是对董事长的最大挑战

怎样建立并形成一个顶级的董事会，一个有效的董事会，一个能够把握好公司发展战略以及重要决策的董事会，对于董事长是最大的挑战。

——摘自《万通》2009年5月号专题文章
《怎样建立一个顶级的董事会》

背景分析

早几年，冯仑读过一本名为《董事会》的书，这本书给他的工作提供了很大的帮助。从1999年开始，万通就下工夫改进公司董事会的工作，对会议制度、人员组成、开会形式等方面都作了一些特别的安排。

万通把每一次董事会都变成一次学习，除了进行一些公司发展、决策的讨论外，每一次董事会最后会有针对性地安排一个培训。比如针对新出台的法律法规的培训，如果董事不能及时了解这些新的法律法规，就会在公司的决策上形成一些盲点。新《公司法》出台后，万通马上邀请《公司法》起草小组的人来给董事会作培训。万通还邀请证监会的人、泰达的人以及各方面专家来给万通董事会作培训，万科的王石董事长和郁亮总经理也给万通董事会讲过课。当然，万通有些培训也会将对象扩延至部分高管。

行动指南

一家伟大公司的背后，一定有一个伟大的董事会。董事长的工作不仅仅是拍板，更在于拍板之前、拍板之外的功夫，而脚踏实地、一砖一瓦地塑造一个顶级董事会是董事长最大的职责和使命。

5月2日 董事长就干三件事情

我发现我能做的工作并不多，但是做这些工作很费神。因为我就做三件事情：第一，看别人看不见的地方；第二，算别人算不清的账；第三，做别人不做的事情。

——摘自冯仑文章《赚钱以外的功夫》

背景分析

在公司已经做了二十多年董事长的冯仑，没有做过一天经理。在这些年中，他能做的和实际做的工作，主要就是以上三件事情，别看只有三件事情，却非常难。

第一，看别人看不见的地方。当一家企业正常发展时，企业的领导者要看那些看不见的东西，包括风险和机会，以及人们还未发现的、关于未来的变化趋势。这些工作需要花费企业领导者很多时间。所以冯仑经常说，"我要跟神、跟先知做邻居，这样才能看见别人看不见的地方。我们要有一个方法去看趋势、模式、危险和机会，这些很重要。这个能力与钱无关，并不是说花多少钱就能具备这个能力，而是要靠长期积累，不断研究和学习才能获得"。

第二，算别人算不清的账。复杂的账有很多，比如万通要找一个合作伙伴，可能有五个人站在你门口都可以给你钱，有土钱、洋钱，有笨钱、聪明钱，你选择谁？土钱的特点是决策快、变化大、干预多；洋钱决策慢、按规则来、干预不多，但是该管你的地方，又绝不妥协。所以作为一家企业、一位领导人，要有在算不清的账里找到确定性因素的能力。

第三，做别人不做的事情。例如履行企业公民的责任，去救灾、去环保，做各种各样的事情。这些是经理人不太愿意做的事情，因为既费精力又要出钱，董事长就要做他们不做的事情。

冯仑发现，他的好朋友，也同样为董事长的王石，现在在房地产上、技术上知道的事越来越少，可是万科的产品却越来越好。这就是说，王石也在制度当中，所以王石不需要知道门朝哪里开，窗户朝哪里开。公司董事长的职责，是"制造"一个制度，"制造"一家公司，给公司带来未来的常胜之道。

行动指南

要做一个好的董事长，一定要给公司留下一个未来，留下一个建立在理性基础制度之上的未来。

5月3日 董事长的决策质量与责任意识

布隆伯格（曾任纽约市长）是彭博资讯发展史上一个很成功的首席执行官（CEO），我在不经意间看到他讲的一句话：第一，作出超乎寻常的正确的决策；第二，准备承担责任。我觉得这句话很好地反映了企业家的责任，也特别准确地反映了董事会的职责。

为什么股东需要我们董事会？为什么股东推举我们来管理公司？就是希望我们能作出一个比别人更好的决策，而这个更好的决策不仅要超过所有股东个体的水平，也应该是超出同行业的更具有前瞻性的好决策。同时，你也要承担责任。因为大家赋予你决策的权力和机会，相应地，你也应该准备去承担由此而产生的责任。

如果一个好的董事长不准备作出更好的、优秀的决策，同时不准备承担由此而带来的所有的责任，那么他就不具备成为董事会成员的一个基本条件。

对于我来说，在决策方面追求的一个境界是：作一个要消灭其他决策的决策。什么意思呢？意思就是最终好的决策，应该是越决策越省心，这个组织越简单，赢利越好，事情越少。

——摘自冯仑文章《做一个超乎寻常的董事会》

背景分析

为了2007年下半年的一次董事会，冯仑事先不断地开战略务虚会。战略务虚会就是不拘范围，不决定事项，没有主题，就公司的宏观问题，结合外部环境的变化，告诉大家未来有可能选择的几个方向，听取每个人的意见。这是为更正确的决策做一个前期工作。

万通一向是以战略领先来取胜。2008年，万通在进一步增长的基础上，提出继续进行融资和业务拓展。但是，融资、业务拓展以及团队建设、完善治理结构等一系列的工作都需要万通作出更好的决策。

行动指南

董事会要保持决策正确，其实最最重要的是保持决策者的信息和思维方式是正确的，获得的信息是足够的。

5月4日 企业间竞争的焦点是核心团队的较量

无论是对大公司还是对小公司而言，团队都越来越值得特别关注，提高团队能力也都越来越成为公司管理重点。事实上，目前做生意，有一点特别重要，那就是企业间的竞争会变成核心团队能力的较量。

比如现在一家公司有10亿元的资本金，由10个团队来做，5年以后，这家公司就会有10个模样。这就和把10个孩子放在10个家庭，由10个老师教，10年以后会有10个模样一样，产生差别并不是因为吃饭穿衣不同，关键是谁来教这10个孩子，谁来带领他往前走。这是我通过在不同的董事会观察而后发现的。

——摘自冯仑个人电子杂志《风马牛》0702期文章
《十个孩子的未来差别由什么决定》

背景分析

2007年，有人和北京大学合作，计划在八一电影制片厂摄影基地搭建一个部队野营的基地，将军事训练的方法和高级经理MBA的方法结合到一起，成立一家小的商业训练公司。基地内将会有帐篷、汽车（汽车里面住人）、餐厅、课堂等设施。基地针对中国已经毕业的5万多名MBA，为他们"回炉"接受教育增加一个模块，这个模块就是将军事对抗和商业训练结合起来。这种训练是一种在变动环境中的对抗性训练，军事活动就是变动环境。现在大多数MBA教育都是基于假定的、非变动环境的一种静态的博弈，而这种动态的博弈是非常困难的，对于培养高级经理人的意志、观察能力、反应和决策能力非常重要。

行动指南

董事会就像一列火车的火车头。所谓"火车跑得快,全靠车头带",一家企业要想不断前进,就需要把"企业的火车头"——董事会锻造得更好。

5月5日 新的总经理如何产生

> 万通高层管理团队十几年都没有很大变化,所以大家也不研究(总经理继任)这个制度。现在我们有两种选择:一种选择是关起门来解决问题,商量商量最后就行了;另一种是严格按照《总经理条例继任计划》来做。我倾向于后者,所以我和加方(胡加方,万通治理结构委员会主任)花了一周时间对总经理继任计划实施的问题作了一个详细的研究。以前继任计划我们更多考虑是从外部请人,这次我们既要从外部考虑,也要从内部考虑。
>
> 最后我们确定了继任计划核心原则为"透明、公正、程序、竞争"。在选拔高级管理人员的时候,第一个要透明;第二个要公正;第三个要程序,按照程序来做;第四个要有竞争。

——摘自冯仑文章《董事长札记——新的总经理如何产生》

背景分析

2007年1月16日,杨建新被聘任为北京万通实业股份有限公司总经理,这是万通实业高层管理团队十几年来一个重要的人事变动。

这是万通第一次按照继任计划圆满完成了新旧总经理的交接,这次提名和任命的新总经理是万通的一位"年轻的老人"——杨建新1991年参加万通创办,1993年去美国攻读MBA,毕业之后在美国工作了几年,2000年回国。留美6年回来后在万通负责采购。他最大的优点就是十多年来保持着非常好的价值观,除了对公司高度的认同感外,还非常坦直、真诚、富有理想,始终保持积极向上的进取精神。由于他非常早就加盟万通,特别熟悉公司的创业者和企业的价值观,这也成为公司最后选拔他的一个重要考量。

选拔、聘任公司总经理是董事会最重要的工作之一,能否任用一个优秀的总经理同样是公司成败的一个关键因素。问题是，这个总经理怎样产生呢？

实际上，很多公司的董事会比较习惯几个领导关起门来酝酿一下，但是冯仑觉得，关键高管——总经理的继任还是要执行公司章程原来的规定。在继任计划的实施上，万通结合以前的制度进行了完善，与泰达主要领导沟通，包括和万通地产的许立总经理及其他主要领导沟通，然后让大家达成一个共识。

随后，万通开始正式实施这个计划，约一到一个半月时间之后就安排在下次董事会正式讨论人选。为了体现公正、透明原则，这件事情万通先让大家知道，在一定范围内，比如有一定资历、一定年限、可以担负一定负责工作的人均可报名，然后万通在这个报名基础上由董事会治理委员会和其他相关的委员会提名，可能产生两组人选，通过20天的公示，大家可以举报这些人到底有没有瑕疵。

按照总经理继任计划，随后专门有一个辅导，由冯仑、孟群副董事长、许总和监事长分别对这两组人进行培训，让他们更全面地了解公司情况，同时也跟董事会目标进行一个磨合，针对董事会提出来今后要做的事情，能不能做到？怎么做？他们来答辩，答辩以后万通最后确定其中一组为总经理。这就是竞争的环节。经过这样一轮，在董事会上的时候，董事会的目标与候选人的目标就已经完成了很好的交流，同时也已经达成一致了。

行动指南

在选聘新的公司总经理的时候，董事长和董事会是否首先想到制度和程序，并按照制度和程度来做，反映了董事长和董事会的决策和治理水平。

5月8日 警惕战略决策的重心下移

有很多公司不把董事会作为决策核心，而把经理会作为决策核心。这样就会使战略决策的重心下移，把战略性决策交给执行者决策，结果会出现机会导向。而如果我们把战略性的决策放在董事会，和日常业务分开，就可以保证决策的战略导向。

一家公司属于战略导向型还是机会导向型，有时候和治理结构中决策的层面息息相关。往往董事会比较强大的公司是战略导向型公司，而经理会比较强大、董事会比较形式的公司则是机会导向型的。

如果不能提高董事的决策能力，不能让董事会成为战略决策的核心，那么公司的治理结构就会流于形式，公司就不能很好地把握长远的方向。

——摘自冯仑个人电子杂志《风马牛》0804期文章

《警惕决策的重心下移》

背景分析

近年来，万通一直坚持并加强董事会培训，这并不是为了作秀，而是因为培训可以提高董事会的决策水平。很多董事会重视董事的控制权问题，却忽视了董事的决策权和决策能力的培养。

万通董事会除了尊重大家的控制权，更关心怎样提高大家的决策能力，让大家更好地履行决策权。如果董事连新《公司法》、新《会计准则》、新《劳动法》都不熟悉，怎么作决策？

近几年来的每次万通董事会，冯仑都坚持把给董事培训作为董事会的一项重要内容。万通请来的培训者身份非常多样化，包括政府监管部门领导、投资合作伙伴、专业咨询公司，还包括在媒体上发现的一些很好的研究者。

除了通过正规上课的形式进行培训，万通还安排了一些考察，通过不断变换开会的地点，为董事提供更多的资讯，增加董事对新的经济生活方式的体验。比如万通在华贸中心星光天地、北京华星国际影城开过董事会，让投资者、股东了解整个消费形势的变化，通过信息体验使董事作出更好的决策。

行动指南

只有把董事会的战略决策和管理层的业务决策分开，提高董事会的战略决策能力，才能兼顾企业的长远和眼前。

5月9日 股东结构关乎公司方向和稳定性

我最近管的"脖子以上重要的事"是股东结构。股东结构也就是股权结构，牵扯到公司的方向和稳定性两方面。

大股东的取向往往决定了一家公司的取向，比如大股东是做石油的，很可能大股东会让公司也跟着他去做石油。

为什么说股东结构会关乎企业的稳定性呢？如果公司有一个拥有95%以上股份的大股东，那他的决策错误你不能说，也不能够改变，你不能弹劾他，也不能罢免他。这种情况下，股东结构无疑是稳定的，但这种稳定最后会变成僵硬，甚至僵死。相反，如果股权配比差不多，那也不好，因为太不稳定会导致多极化、公司力量多元化，最后什么事也做不成，公司随时可能重组。

我现在要做的是，跟主要的股东协商，保持股东方向上的一致性和协调性，同时还要保持公司在治理结构上、在股东比例上既有制约机制和纠错机制，又有相对的稳定性。

——摘自《光彩》杂志2007年第11期文章《脖子以上的拿捏》

背景分析

2007年，在万通实业股份有限公司的一次董事会上，公司计划向老股东作一些定向增发。上一次董事会，万通实业向部分老股东作了定向增发，增发量达两亿元，但在随后的股东会上，有一些老股东提出疑问："为什么不给我们机会？"所以万通实业征求了这些老股东的意见，在这次董事会上为回应老股东投资的积极性，计划再向这些老股东作一次定向增发。

作为董事长，冯仑要保持公平，对所有老股东给予同样的机会，增发的价格保持一致，严格按法律程序。这次定向增发数额不是太多，并不影响公司整体的稳定性。老股东愿意积极投资，对冯仑来说，是对他工作的肯定，说明公司情况很好，老股东害怕失去机会。在实际操作之前，冯仑会与老股东进行交谈，了解他们的资金来源、投资意愿和预期，然后专门去天津与大股东泰达商量，以保持泰达大股东的地位不受影响，做好沟通。因为从资金上来说，万通实业不缺资金，但是为了做好股东的工作，万通实业还是为股东提供了这样的机会。

行动指南

在公司股东结构也就是股权结构发生变化时，一定要考虑到公司方向和稳定性两个长远的问题。一家公司内部的最好状态是既有制约纠错能力，同时又有相对连续性，这是一门艺术，公司保持这种结构非常重要。设计好的股东治理结构是保持企业长期稳定发展的重要条件。

5月10日 严格按程序推动董事会的工作

保证程序是董事长最重要的工作之一，必须确保一切都按照《公司法》、按法律规定、按公司章程，甚至按公司内部约定来执行，而且一定要非常清楚，非常严格，绝不能出程序错误，凡事要有证据，文件一定要送达，包括会议记录保存等程序细节都要特别注意，以便事后在一些问题上有对证。

总体来说，目前万通的董事会越来越符合一个高标准的治理结构的要求，我也坚持更加严格地按照程序来推动董事会的各项工作，做一名优秀的"交警队长"。

——摘自冯仑个人电子杂志《风马牛》0801期文章
《做一名优秀的"交警队长"》

背景分析

2007年底至2008年初，万通的一次临时董事会出现了一个程序上的疏漏，事情不大，但是冯仑觉得有必要引起董事会的注意。

当时，冯仑接到董事会电话通知，而正巧他当天在外地回不来，于是冯仑决定授权给他人替他参加，但后来会议更改了时间，正式发通知时，忘了再通知冯仑就开了会。

冯仑认为，虽然议题不是很大，但从程序上来说应该严格，不来也至少需要有一个书面告知，冯仑签字作出委托，决议程序才不会有问题。

董事长是管交通规则的，虽然警察让车走了，但是红灯还没变成绿灯，你快了一步就是违规。车能不能按照程序并符合交通规则地行走，警察有责任，治理结构委员会和董事会秘书处就是两个重要的"警察"，而董事长就像"交警队长"，要管车、管交通规则、管哪个警察在哪儿上岗……这些内容都在他的管辖范围内。

行动指南

从长远来看，按照程序办事对企业组织和个人都是有利的，这需要企业组织的核心——董事会及其成员先从自身做起，并严格要求公司执行，长期坚持。

5月11日 事先沟通及程序合规

事先沟通及程序合规是保证董事能按法定程序开展工作、迅速作出判断、提高效率的关键。

董事会要开好，不是大家简单地举手通过就能完事的，而是要认真讨论，使每个董事都能真实地表达自己的意见，然后按程序行使大家的权利。更多地尊重一些反对意见，由相关人员提出新的改进措施，使公司董事会的反对意见成为公司发展积极的声音，由这样积极的声音和管理层进行互动，推动企业不断朝着正确的方向发展。

——摘自冯仑个人电子杂志《风马牛》0711期文章
《化分歧为力量》

背景分析

在2007年12月万通地产的一次董事会上，大家就一些投资的方式和项目产生了分歧。这是最近几年冯仑在主持董事会中遇到分歧最多的一次，有分歧的时候应该如何处理？这对董事会而言是一个很大的挑战。

出现分歧在很大程度上是由于事先沟通不充分。比如原计划要通过一些项目，但事先沟通并不充分，而且也没有事先列入议题，只是计划在会上通报一下，可介绍情况时提案人却希望能够通过正式决议。这样一来，等于与董事掌握的情况有很大出入，而且跟大家包括冯仑的个人预期大不相同——大家本来就没有充分了解，临时了解又不能充分消化，还要马上表态，这就造成了分歧。

冯仑认为，需要再次强调的是遵守董事会程序的问题。按照正式规范的管理，所有董事会议题应该提前通知，提前5～7天把资料发给大家。任何董事会都不可避免出现临时提案，但这种临时提案往往分歧较多。临时议案能不能加进来变成正式议案？如果加进来，会在程序上受到很多质疑，而且一旦加进来，大家消化不够，往往不太容易通过。另外，如果对于某些临时议题达不成一致，可是又希望这些议题仍然是下次的重要议题，应该怎么办？

在这种情况下，最好的办法就是主要的董事特别是独立董事，能继续追踪，进行研究，提出改进方案。

行动指南

董事会在作大的决策时同样需要深入了解细节，而事先的充分沟通是基础，程序合规又是事先充分沟通的保障。

5月12日　多上董事会，多上决议

董事会选择的议题有两类，一类属于法定必须上董事会的议题，比如高管的聘用、资产的处置、重大的投资等议题；另一类属于可上可不上。决定是否上董事会需要讲究分寸和艺术的部分。

对于一些可上会可不上会、可作决议可不作决议的议题，我倾向于尽量上会、尽量作决议。因为股东多，要协调的利益方比较多。多上董事会，透明度可以提高；多作决议，责任就明确。《公司法》没有授权董事长作决定。董事长主持董事会，代表公司签署有关股票、债券的决议，并承担董事会赋予的其他职责。我不希望因为我是创业者，就有特权，倘若如此，我就把权力用大了。拿到董事会讨论是董事长真正应该做的。

——摘自冯仑个人电子杂志《风马牛》0710期文章
《不让决策信息有一个死角》

背景分析

2007年，万通董事会和泰达控股均批复了万通实业管理人员的持股计划，但期权计划在执行的过程中有很多操作细节牵扯到具体每个人的利益。这类议题到底上不上董事会？董事会作决议好还是通报好？具体如何分配？由董事长来定或让薪酬委员会去定是可以的，由董事会来作决议也是可以的，这件事情需要拿捏。

于是，冯仑与大股东泰达商量，然后作董事会决议。这样一旦宣布，不会牵扯到巨大个人利益，不会有失公正。一旦上会并决议就不可随意更改，如有争议，那就重新开会，一切按照流程来办。

万通在董事会进行议题通报方面也很认真，为了确保高度透明和知情权，每次要通报的内容都很多，每一个陈述人都需要作最充分的准备。万通的董事会往往开得时间很长，内容也很多，这与冯仑长期对董事会的引导有很大关系。

作为董事长，冯仑主持好董事会时确保沟通透明、诚信，这也是万通地产这么多年保持相对稳定、股东之间相处很好的原因之一。所有事情都按程序办，董事会真正起到团结股东、推动重大决策和公司发展的核心作用。董事会是一家企业最重要的决策机构，管理执行得好，公司就会健康发展。

行动指南

国内企业尤其是民营企业中形同虚设的董事会非常多，基本上是董事长一个人说了算。而"多上董事会，多上决议"，有利于改变这种局面，同时可以提高董事会和公司治理水平。

5月15日 董事会别成"三类人"俱乐部

考虑董事会的组成人员时，是不是要像有些公司一样，请很多名人来，形成一个"名人俱乐部"？这样的董事会很好看，而且投资者会认为这家公司不错，但实际上它的效率非常低。因为名人在董事会上往往有自己的利益，或者在名声上面有一些担忧，所以他们有可能遮遮掩掩，不敢负责任，也有可能你好我好，做老好人。这是第一种情况。第二种是"熟人俱乐部"，董事会成员之间都特别熟，大家都爱面子，特别是在东方社会，这会导致董事会成员在议事时碍于面子，而不好意思提反对意见，影响董事会决策质量。第三种情况也很极端，就是"专家俱乐部"，全都由非常专业的律师、会计师构成，以致董事会作任何一个决定都要花很长时间，在细节上纠缠，最后也很难作出一些好的决定。

——摘自冯仑个人电子杂志《风马牛》0703期文章
《怎样建立一个顶级的董事会》

背景分析

冯仑经常找一些与董事长工作相关的书看，比如他曾经看过一本关于董事会的书《顶级董事会的运作》[1]。这本书的核心内容是关于如何提高董事会效率和做好董事长工作的。

冯仑注意到，在董事会的组成人员上，国内的《公司法》在人员的组成和提案程序这两方面没有很细的规定。于是，冯仑就根据国内企业董事会的组成人员现状，提出了以上这些看法：提醒企业董事会不要成为"名人、熟人、专家"三类人的俱乐部。

行动指南

对照一下自己公司的董事会，你对董事会的组成人员满意吗？如何优化？究竟该怎样构成一个董事会呢？多少人是合适的？怎么样来组织大家讨论和投票？如何提高董事会的决策能力和决策效率？这些都是董事长在董事会成员问题上应该考虑的关键点。

5月16日 董事会换届提名程序

我曾参加过很多企业比较重要的董事会，在换届这个坎儿上大家有一个共鸣——这项工作关乎企业未来的发展和内部的平衡。然而，关于企业换届的问题，目前有几个在法律程序上尚未明确的点，因此在操作中比较难拿捏。

比如组成新一届董事会时，董事长怎样产生？万通现在的做法是本届董事会经协商酝酿一个提名，在现有的董事会上通过后提交下次股东会表决。酝酿的提名名单怎么产生呢？也是通过协商。

于是，在公司换届时，各方会在公司的控制权上进行一番艰苦的协商，在中国的公司治理中，人事的核心在法人治理。但是如果提名程序没有详细规定，那么协商就是很大的一门学问。

——摘自冯仑个人电子杂志《风马牛》0705期文章

《在博弈中寻求平衡》

---

[1] 拉姆·查然著，中国人民大学出版社2003年出版。——编者注

背景分析

2007年恰逢万通实业董事会3年届满，换届成为当年非常重要的一项工作。2006年民生银行换届就曾引起许多议论和纷争，媒体曾给予高度关注并评论过此事。

首先，《公司法》对董事会换届提名程序只有一个含糊的规定，操作中容易出现争议。如在有限责任公司大家是有限合伙人，合伙人各自推荐成为惯例。但究竟推荐几个？在民生银行是按照股权的多少来定的，持有5000万股则提名一个董事，那么有人问，如果两家加起来持有1.5亿股，是不是可以合起来推荐三个呢？一般来说，出资方推荐多少是商量的结果，股份差不多，就一家派一个，股份如果有成倍的差距，比如5000万股提名一个，我有1亿股就提名两个，但这种情况在《公司法》上没有明确规定，出现了很多空当，完全靠大家商量。

另外，如果两大股东股份差不多，谁当董事长？目前董事长的提名程序也是协商得出的，《公司法》出台之前，法人代表一般都是经理，1992年、1993年时法人代表都是总经理，地位重于董事长。后来，《公司法》明确规定董事长为法人代表，于是在推荐董事长的问题上就开始有纷争了。因为在中国的公司治理中，这方面的规定很模糊，没有游戏规则，于是每次换届大家都绞尽脑汁想怎么来控制提名。新《公司法》出台后，指出法人代表既可以是总经理也可以是董事长。在这种情况下，大家转而对法人代表的提名尤为重视了，因为法人代表具有签字权，签字权是公司行政权力的一种象征。

行动指南

实际上，协商是公司政治与法律空当的博弈。在企业中，大量的协商工作是一对一的沟通和会下沟通，这些协商和沟通可以看作是公司政治的一部分。但无论怎样协商，博弈的目的和结果就是为了在各方面取得一种相对的平衡。你的企业在董事会换届之前，请在提名程序上事先找到一些解决方案。

5月17日　股权配比与表决程序的博弈

在董事会中，协商还有一个前提——股东配比和股权的结构问题。董事的提名与股东的构成有关系。按照现在的《公司法》，股东的构成有好几种安排，可以有优先股、普通股，普通股可以推荐董事，优先股原则上不参与经营，但《公司法》并没有排除其推荐董事，所以在这个问题上，有时候也会较真儿。

某一个股权分量大了，要求董事会的席位就会多，席位多了，在董事会的表决权就多。本次董事会除了换届这项工作之外，还有一项章程修改的工作，除了席位分配问题，还有表决规则的约定。一般决议事项分普通决议和特别决议，普通决议半数通过则生效，特别决议2/3通过生效。新《公司法》规定，表决程序可以约定，是非强制性的。因此我也可以提出建立一个这样的博弈：在章程里约定所有的决议都属于特别决议，都要一致同意，那么票数多席位多也没用，一人不同意，就通不过。

所以，设计董事会表决程序这项工作特别重要，在考虑章程如何约定的时候，一定要想得特别清楚。

——摘自冯仑个人电子杂志《风马牛》0705期文章
《在博弈中寻求平衡》

背景分析

2007年的一天中午，一个朋友专门找到冯仑：他的公司要上市，但上市前他想不好怎么安排股权，担心上市后失去控制权。冯仑给了他一些建议来掌握这个局面，比如怎么来找战略投资人和财务投资人，朋友占多少，其他占多少，国企占多少，私人占多少，上市以后找哪些基金来支持以保持权力的稳定性。

万通与泰达的董事会表决程序设计比较特别，在董事会上特别议案3/4通过才能生效，这其中暗含着一个意思是：如果双方没沟通好，任何意见都通不过，万通必须跟泰达协商一致才能通过。"代表多数"即来了几人，代表若干人，"出席多数"就是来了多少人算多少。还有一个是总的股权数的多数，比如万通12亿股，那就是12亿股的多数。

行动指南

在公司股权结构的形成和每一次调整之前，一定要考虑到其后的股权配比与表决程序。

5月18日　僵局游戏的博弈

　　章程之外，股东和董事会还有一些特别博弈。如果关于某个议题，永远都达不成一致，那怎么办？我们称之为僵局游戏。如果没有一个游戏规则，万一争吵起来了，临时闹别扭会很难处理。

　　在我们和香港置地设计的章程里，"僵局"部分约定的规则是"协商一致"，即协商不成放下再协商，再协商不成，再放下。直到有一天，大家说好，那咱们就办，不怕耽误时间。这就是僵局规则。

　　再比如，我们跟泰达也讨论制定了一个僵局规则，借用一种儿童的做法——轮流做主。遇到僵局后，这次听我的，大家作个记录，但我用了这次机会，就意味着下一次再有类似僵局的时候，我就得听他的。大家都非常慎重地使用这个权利，因为你使用这次意味着放弃了下一次。

——摘自冯仑个人电子杂志《风马牛》0705期文章
《在博弈中寻求平衡》

背景分析

　　冯仑说，这些年万通的董事会一直开得都比较好，沟通非常充分。实际上，解决人事问题，核心不在人事，而是价值观和业务规范。万通与包括泰达在内的所有股东合作都是透明的，每年接受审计，公司的高管也都要接受审计，大家都要接受严格的制度约束。所以，这些年来冯仑很少为内部的人事操心。欺骗、欺诈、欺辱都容易出矛盾，所以只要没欺骗，没欺诈，没有欺负人，就不会吵架。

　　开董事会时，如果涉及换届，就会牵扯到提名，就可能牵扯到股权的配置，牵扯到僵局游戏，而这些都牵扯到会议的合理性和程序的合法性。比如召开股东会要提前20天通知所有股东，召开董事会要提前10天通知所有董事。法定程序不能不执行，如果要求提前20天，提前了30天没错，但提前19天，一旦打官司时，作的决议就无效，这些一点都不能马虎。又比如送达程序、预先通告程序等，都很专业。董事长的重要工作之一是熟悉相关的法律，做到很好地协调董事会的各个方面，把大家的积极性调动起来。

每一次开董事会之前，冯仑都去天津，把所有董事会的议题内容跟大股东逐条过一遍，过完之后，万通再开会，所以会议都进行得很顺利。董事长的沟通，就像联合国秘书长，不断地去跑，不断地去跟大家谈，这是一项最基本的工作。

行动指南

一家公司的董事会既能解决常规问题的博弈，又能掌握特别问题的博弈方法，这家公司的董事会就距离优秀不远了。

5月19日 开不顺利的董事会

最考验董事长公平性的不是开顺利的董事会，而是开不顺利的董事会。往往公司不好以后，人有点兵败如山倒、心灰意懒，不再注重程序，但越是这样越要体现公平，包括程序上的公平，还有实质上的公平，尊重股东的权利，尊重已经面临清算，甚至法人、原来的董事已经被判刑的股东的权利。

万通在历史上遇到过很多这样的挑战，在股东、董事之间法律上的拿捏需要处理得非常微妙，这样一些微妙的法律拿捏最考验董事长、董事会的水平。

——摘自冯仑个人电子杂志《风马牛》0707期文章

《一碗水要端平》

背景分析

冯仑回忆，在海南创业初期有一家公司，原有9个股东，但现在能正常联系的就一个。这样董事会和股东会怎么开？开一个股东出现很多问题的董事会和股东会，要不要尊重股东的权利？虽然这些股东找不着了，甚至有些股东违法被抓了，是不是就不理他了？在相当长一段时间内，这家公司的董事会、股东会召集不起来。

2005年以后，陆陆续续有人接管被查封的、重组的股东，这时候公司开了一次股东会，先选出新的董事会，保证法律决议的有效性。越是这样的一家公司，其实越需要开董事会，因为它有很多遗留问题要处理。从那之后，董事会每年大概开两次到三次。

另外还会有一种情况：股东权利处于含糊状态，这是一件非常麻烦的事情。

当年，万通的一家公司对另一家公司负有债务，经双方董事会、股东会和政府批准，把这笔债权转成股权。当年这边完成所有的法律手续，在工商局都有登记。意外的是，不久后这家公司换领导了，新领导不想当股东，他提出让万通还钱。万通出于责任，协商后表示如果你愿意让万通还钱，万通就还钱。结果万通没有保护好自己，单方面相信他的承诺（把钱还了就撤股），还钱后对方却一直不履行约定，后来对方公司宣布破产，被另外一家公司接管。

接管以后更奇怪的事情发生了，他们居然主动起诉万通，说万通侵吞国有资产，说他是万通的股东，现在发现股东名册上没有他。后来有关部门来调查，冯仑非常恼火，万通在短时间内提供了足够的证据，证明万通把钱都还完了，经过对证，最后他们承认万通的确把钱还了。然后万通提出让对方把股权撤销。在这种情况下，他是不是股东？这是法律纠纷。股东会开会，万通如果发了通知，等于承认他是股东；如果不发通知，但工商局登记他还是股东，他可能从法律上咬住万通。所以每次董事会万通都要给对方打电话，说你要来可以，同时带一张股权转让的签字，来了以后同时就转走，把股权销掉。拿捏到这个分寸非常不容易。

如果没有全面长期的尊重和在股东内部建立的良好信用，万通也不大容易很好地处理在海南的遗留问题。

行动指南

不管任何时候，董事会都要保持平衡，既要防止少数股东侵害多数股东的利益，又要保护那些犯了错误的股东应得的权利，这样才能在公司里始终保持很好的平衡。

5月22日 给股东"发母鸡"还是"发鸡蛋"

每年年底，董事会有一个非常有趣的议题——分钱，这对董事会也是一个特别的考验。

分钱有两种，一种是给股东分，一种是给个人分。相比较起来，给个人分好解决，给股东分钱，看似简单，其实难。

董事会要做的一个重要工作就是制定股利政策。比如现在我们上市了，上市以后证监会对股利政策有一个要求，每年要保证不少于1/3的现金派息，但1/3以上部发还需要权衡，究竟是分现金还是送股份，分现金相当于"发鸡蛋"，给股份相当于"发母鸡"。在董事会上讨论时出现了两种观点：民营企业希望"发母鸡"，不断地拆分股份，但经理人就希望多"发鸡蛋"，因为股本越大，赚钱的压力越大。

摆在上市公司面前的另外一个难题是："母鸡"和"鸡蛋"怎么搭配。这里有无限多的组合，总体而言，快速成长的公司，股东倾向于"发母鸡"，规模大、增长速度放慢了且收益稳定的公司倾向于"发鸡蛋"。

——摘自冯仑文章《年底"发鸡蛋"还是"发母鸡"？》

背景分析

每年年底开董事会，"发母鸡"和"发鸡蛋"是冯仑需要做的最重要的一项工作，需要跟股东商量，跟经理商量，最后大家确定一个合理分配的方式。非上市公司原则上一般没有母鸡的问题，而是大鸡蛋、小鸡蛋的问题。还有一个分配的时间问题，假定万通赚了100元，那么可以今年分10元，明年分90元；也可以今年分20元，明年分30元，后年分50元；还可以今年先不分，把赚的钱全部转投资，争取未来更多的利润。但是如果不分，就有可能转投资失败，导致股东有意见。这就关系到现在和未来的一个平衡，很多时候往往会为了未来更多的利润减少眼下的分红，然后把这部分现金转到投资上去。

股利政策在一定程度上决定公司的未来，因此，制定股利政策时要平衡股东之间的利益，要保证大家可以基本满意，不至于影响稳定。另外还要考虑银行利息等市场收益水平，因为如果银行利息高了，而你的净资产收益率不超过银行利息，股东就很难遂意。所以董事会要平衡过去、现在和未来，要平衡利益，保证稳定，平衡公司和社会、股东和员工、政府和金融机构之间的利益关系。

机构之间分红看起来很简单，其实非常难，相当于一块蛋糕，先分别由税收、公司内部公积金等切了好几刀——这些都简单，剩下的一块要由股东会和董事会来切，而这一块怎么切体现的是董事会和股东的智慧。股利政策如果不好，投资者得到的实惠和预期不太相符，那么再去资本市场融资的时候，他们可能就不选择你了。

行动指南

在给股东分钱这个过程中，董事长要面对所有人的诉求、争辩和表白，而且必须去平衡这一切，这对董事长来说是一项重点工作。

5月23日　不预设立场开董事会

这次董事会前，主要的股东、我本人以及泰达方面私下都没有沟通，完全按照自然的状态开董事会。会议中涉及一些大项目的计划，甚至包括公司改名等大的议案，每个董事包括每个参会人和旁听的监事会人员事先都不知道结果会怎样，只能表达自己的观点，大家进行完全开放式的讨论。

我就是希望大家完全按照自己的想法，独立地思考和表达自己的意见。结果，不预设立场开董事会带来了N个"第一次"。这是我事先没有想到的。

——摘自《万通》2009年5月号文章《一场马拉松式董事会》

背景分析

2007年8月，万通地产在天津召开的一次董事会，从早上10点一直开到晚上8点，堪称万通历史上时间最长、强度最大的马拉松式董事会。

这次董事会的鲜明特色是：不预设立场带来了N个"第一次"。

第一次出现了一个议案表决时大股东持两种意见。以前因为事先有过沟通，一般大股东泰达派出的几个董事意见很一致，而这次董事会上有一个议案泰达有两位董事弃权，另一位则投赞成票。

另外，由于不预设立场，有一位独立董事也是第一次表示了他的反对意见，没有投赞成票，而以往一般会与独立董事事先沟通，因此他们也都会和主流意见一致。

第一次出现了一个经表决没有通过的议案。以往表决不通过的话，董事们私下里商量一下就定了，基本不再表决了，或者就是告诉大家下一次再讨论。这是第一次让大家讨论，并且议案没有过。结束之后董事们非常仔细地研究公司章程，发现只有两种办法：第一是下次让董事们再讨论，因为章程中对一个议案上几次董事会没有约束；第二是按原来口头规则，当出现重要分歧的时候，实行轮流做主的办法。冯仑坚持严格按照章程办。

第一次暴露出万通在董事会工作当中的缺陷以及万通的管理层在面对董事会时所表现出来的经验不足。这次董事会上特别重要的一个议题是继任计划——12年来第一次换总经理，万通按照继任程序，经过了报名、提名、公示、辅导、答辩，最后是表决。这样一个需要特别认真对待的工作，最后开董事会的时候却出现了两个失误：一个是被提名为候选的副总没有到会，其他董事对他并不了解，他本应该在这个会上与其他董事见面，缺席很不应该；另一个是该附的简历也没有附上。

行动指南

开一个不预设立场的董事会，不仅能让董事们真正用自己的脑袋思考，按照自己的立场投票，而且能使董事会作出科学、正确的决策，将董事会开好。这样开董事会，对董事会和董事长都是一个非常好的实践和挑战。

5月24日 次一级董事会的治理

在很多公司存在着一些次一级的董事会，比如合资的项目公司董事会，或者为了并购成立的公司过渡性的董事会。在这些过渡性的、为特殊目的交易设立的临时公司的董事会上，董事独立表达意见的空间相对比较小，更多的是代表背后这些股东的意见。这类董事会在很多公司当中不被重视，也没有得到很好的管理。

——摘自冯仑个人电子杂志《风马牛》0805期文章

《开好董事会哪个都不能马虎》

背景分析

多年前，万通地产把提名程序明确了。也就是说最上面这一层董事会的提名由最上面这一层股东、董事，包括冯仑及董事会成员协商提名；次一级的董事会提名，就只由公司现任首席执行官来提名，他提名他决定，不需要冯仑最后确定，但他要报董事会备案。他对所有提名负有责任，比如提名的正确性、未来的控制性以及表决的合规性，包括人员更替也由他负责。万通每年都考察这些董事任职的情况，给各个次级董事会的任职能力作一次考评。

万通地产执行了这套程序，规范了次一级董事会的管理。这样，程序清楚了，大家既能勤勉尽职又能勤勉尽责。万通还在总结董事会各个层面的工作，不断改进、提高、分享。

行动指南

根据万通的经验，次一级董事会的治理要兼顾到三个方面：

第一，一定要兼顾到股东的意见；第二，要确保此类董事会本身程序的合法性；第三，在董事构成的人选上，要特别注意如何配置。

5月25日 上市公司和非上市公司董事会开法不同

最近我发现上市公司和非上市公司在开董事会时有些不同却又很有趣的现象：上市公司参会的董事对董事的法律责任、独立董事的义务等都非常清楚，所以董事会上大家发言比较谨慎，而且特别认真；非上市这边，虽然也很认真，但大家开会心情轻松。

比如关于赢利指标的计划，大家知道上市公司已披露的是不能改的，必须这么做，而且一定要做到；在非上市公司，开会的时候，总经理会说"指标能达到，我们努力"。

——摘自冯仑个人电子杂志《风马牛》0703期文章

《鞭策之有形与无形》

背景分析

目前万通存在两个董事会，一个是万通实业（非上市公司）的，另一个是万通地产（上市公司）的。在开过几次董事会后，冯仑感觉到两边开会的风格和压力不太一样，在上市公司，内在的约束和压力非常大。

有个别独立董事问冯仑："我每次都在会上有批评和建议，会不会不好？"冯仑说："没有问题。你不批评，经理人就没有压力，经理人没有压力，我就得批评，他们反而会有意见；独立董事们指正经理人的错误，他们反而没有意见。所以你多说经理人才会更加努力，那我就轻松了。"

董事会中独立董事发挥的作用是很关键的。冯仑注意到，网易每次开董事会，先由专业委员会开会，开完以后董事再进去，把专业委员会的意见念一下，基本上就过了。冯仑也想借鉴这个办法，让专业委员会更多地发挥作用。专业委员会事先把会开完，开完以后告诉冯仑，然后拿着专业委员会的意见迅速过，这样就非常节约时间了。

行动指南

成为公众公司后，本来是公众对它有压力，但这种压力逐渐会转化为自我的内在压力。外部的公开的监督转化为内在的约束非常重要，而且很明显，非上市公司由于外在监督相对弱，所以内在约束也相对较弱。

5月26日　非上市公司的战略决策

万通实业（非上市公司）与万通地产（上市公司）之间完全没有竞争关系，房地产开发资质已经完全转给了万通地产。冯仑给万通实业开会时曾经对大家说，没有资质的日子开始了，大家想想怎么过。大概有四种可能性：

第一种是"珠江与合生"的关系，这是许荣茂的香港公司跟大陆A股公司的关系。这种选择，基本上还在房地产圈子里，但又不竞争，互相还有一些连带和支持，但是完全符合规范。

第二种是"长江与和黄"的关系，自己再增加一个主业。也就是说，在万通实业下面再投资另一个产业，并在全国处于领先水平，然后万通整体上市。

第三种是未来几年把上市公司和非上市公司合并整体上市。

第四种是公司的股权私有化，形成一种私人股权投资形式，类似于KKR和凯雷[1]，现在最流行PE（私人股权投资）。

其实还有第五种选择，变成一家简单的控股公司，不做什么事，就等着分红。

——摘自冯仑个人电子杂志《风马牛》0708期文章
《董事长的决策质量与责任意识》

背景分析

2007年中，万通实业召开了董事会，解决了三个问题：第一个是万通实业的定位和战略问题，第二个是股东的配置和小股东的权益保护问题，第三个就是未来作为一家非上市公众公司的治理和前景规划问题。

此次董事会把万通实业（非上市部分）转变为一家投资控股公司，不再从事任何开发的业务，在这样的定位下，万通实业的业务确定为三项：

第一项是和泰达集团一起组建一个土地开发基金，来推动土地开发的一级开发业务，但不做房子，而是做土地一级开发，业务重点放在天津滨海新区。

第二项是积极地投资一些物业经营的项目，比如"万通驿馆"这个项目，类似于"如家"。这个项目经营的是自助式公寓，它的经营模式是租赁或购买别人的物业，然后加以品牌化、标准化，改造后进行出租服务。这些属于与房地产相关的经营性质业务，是非开发类的业务。

第三项是万通实业作为万通地产最大的股东，将积极地关注股权性投资，比如选择一些好的地产公司去投资等。

在确定这个定位之前，万通研究了李嘉诚的长江以及长江基建等商业模式。它们是纵向串联的结构，在这样一个结构下，长江与和黄同时都做不动产的投资和控股，和黄还做了电信、港口产业。现在万通仍然是在万通实业这个层面上做投资控股，把长江的模式浓缩到房地产一个领域，至少在最近三五年里，万通不考虑多元化的问题。

行动指南

在国内，相当一部分企业上市的方式是把集团原有的部分资产打包，另外成

[1] KKR，全球历史最悠久也是经验最为丰富的私募股权投资机构之一。凯雷，美国"凯雷投资集团"，全球著名的直接投资机构。——编者注

立一家股份公司，然后上市。根据证券监管部门的要求，从上市公司重组的第一天起，就需要将上市公司与非上市公司的业务严格地区隔出来，而且要保证相互之间没有竞争性，在最大限度保护上市公司股东利益的同时，使非上市公司的业务能够有自己的定位和更好的发展。

5月29日　建设"新股东文化"的九条措施

从2008年起，万通地产大力开展建设"新股东文化"的活动，具体措施如下：

第一条　实施董事会秘书周接待、总经理月度接待和董事长季度接待的三级"投资者网上接待日"制度，分别由董事会秘书、总经理和董事长通过公司网站与投资者交流，回答投资者的提问，听取投资者对公司发展的建议，拓宽公司面向全体股东的规范化、制度化的沟通渠道；

第二条　定期发布公司产品销售情况及工程进度快报，并在第一时间披露公司季报、半年报和年报，增强公司信息披露的及时性、准确性、公平性和完整性，进一步提高公司的透明度；

第三条　每年开展至少三次邀请中小投资者实地考察公司和主动拜访中小投资者的活动，创造中小投资者与公司高管人员面对面互动交流沟通的机会；

第四条　改革现行由大股东提名独立董事的方式，依据法律法规，邀请符合条件的中小投资者提名公司独立董事的候选人，充分发挥独立董事的独立作用和专业水平，更好地代表及维护中小投资者的权益；

第五条　邀请行业内相关专家参与对投资项目的论证，充分发挥第三方专家的专业知识和经验，提高公司投资决策的科学性，有效防范投资风险；

第六条　聘请专业机构担任公司的管理顾问，制定提升公司股东价值的长期战略，提高公司管理的合规性、科学性和有效性；

第七条 探索和拟订管理团队的多元化激励模式，最大限度地激发经理层的主人翁精神，致力于实现股东价值的最大化；

第八条 试行分配方案事先公开征集中小投资者意见的制度，更好地维护公司中小投资者的权益，进一步提高中小投资者对公司长期投资价值的认同度；

第九条 创建学习型、创新型及和谐型的投资者关系管理机制，董事会增设投资者关系管理委员会，认真总结和学习国内外上市公司投资者关系管理的有益经验，提出和组织实施公司加强投资者关系管理的建议，探索建立符合中国国情的投资者关系和新股东文化，自觉维护全体股东特别是中小投资者的权益。

——摘自冯仑个人电子杂志《风马牛》0804期文章

背景分析

建设"新股东文化"，是2008年万通地产的一件大事，又是开业界风气之先的一件事。万通对外公布建设"新股东文化"九条措施时，正值国内企业的股东文化氛围不太好的阶段。此前几年国内工商界经常发生一些股东之间的负面报道：大股东把上市公司当成了提款机，严重侵犯了小股东的利益；大股东之间交恶，运用合法、不合法手段，甚至动用黑社会力量来达到股东的一己之私利；股东之间置企业利益于不顾，争权夺利，甚至出现过多起"双董事会"现象等。

此次万通地产大力开展建设"新股东文化"的目的，是进一步提高公司的治理水平，加强公司投资者关系管理，更好地维护公司全体股东，尤其是中小股东的权益。

"新九条"的推出可视为打造万通地产"公开透明、股东至上"绿色上市公司愿景的起步，推行新股东文化亦有助于万通地产树立资本市场上的品牌，在资本市场上走得更稳，走得更快。

行动指南

尝试和计划建设"新股东文化"的企业，完全可以借鉴万通建设"新股东文化"的九条措施，塑造一种和谐的"新股东文化"，从而使公司的股东会、董事会治理更加健康、高效，有利于公司持续经营和发展。

5月30日　董事长的读书之道

作为一个董事长，不能不读书，而且读书不能只读一本书，读一本书也不能只读几句话，读了这几句话后，更不能碰到问题就照搬去做。

要把书当作营养，而不能当作一种食品。我们在书里是找营养的，不是去找食物的，更不能把它生吞活剥吃下去就完了。要博览群书，然后汲取每一本书里的营养，变成自己的血肉，这样生命力才能旺盛。要慢慢地把书融合在生命当中，把生命当作一本活的书，这样我们的企业才能走得很远。

——摘自《万通》2009年5月号专题文章《公司的"上层建筑"》

背景分析

以一种很好的心态和价值取向来看待读书非常重要，冯仑强调："要把读书看成是在延续你的生命，是你生命的一部分，你就会做到无时无刻不读书，每天通过读书滋润你的身体和心灵，让读书成为维持你生命的养料……"

对于冯仑本人而言，读书的动力来自三方面："第一就是工作压力太大，需要不停地充电来改变自己的思维方式，提升自己的能力，以便更好地去做事情，这是一个最直接的动力；第二点就是好奇，我总是觉得很多事都很让人好奇，而一有了好奇心我就很想仔细地去探个究竟，以寻求其中的奥秘；第三点就是纯粹的人文偏好。"

作为一个董事长，冯仑认为，董事长所需要的知识绝不是简单地与书本一一对应的知识。做一个好的董事长，应该有很好的历史感，尤其是要了解国内外经济和企业的发展史，通过对历史的观察和对社会体制的把握来判断企业所处的位置。

行动指南

中国企业的董事长，应该掌握读书要领，真正做到学以致用。

六月 ｜ 企业文化与品牌传播

MON	TUE	WED	THU	FRI	SAT	SUN
1 儿童节	**2** 十六	**3** 十七	**4** 十八	**5** 十九	**6** 芒种	**7** 廿一
8 廿二	9 廿三	10 廿四	11 廿五	12 廿七	13 廿七	14 廿八
15 廿九	**16** 五月大	**17** 初二	**18** 初三	**19** 初四	**20** 端午节	**21** 父亲节
22 夏至	**23** 初八	**24** 初九	**25** 初十	**26** 十一	**27** 十二	**28** 十三
29 十四	**30** 十五					

6月1日 "万通"取名由来

　　当时我和功权觉得南德不是我们的事业，和老牟也存在太大的年龄差异，所以我们几个经常到中央党校和青年公寓里商讨，思考未来的路怎么走。

　　我们想了一条路：私下里做些生意，慢慢培养起经济条件后再一起出来。所以我们一边在门头沟（南德员工宿舍盖在门头沟）物色了个店面想开餐馆，一边又想办一个实体，取名万通代理事务所，没有启动资金就注册成事业法人了。

——摘自冯仑《野蛮生长》

　　我们（万通6名创业者中的4人）的关系更加密切，经常在一起讨论今后的人生，在思想上已经形成了很成熟的合作基础。在那个时候我们就讨论过自己创业，开始想办一个万通代理事务所。名字是我取的，"代理事务"有点像"三T"公司，"万通"就是路路通，能做的就是帮人办事，出书、写文章、开会，积累一点钱，然后再谋发展。虽然最终没做起来，但"万通"这个名字留在了大家心里。

　　后来自己办公司时，一说用"万通"做商号，谁也没异议，仿佛早就有了这家公司似的。

——摘自冯仑《野蛮生长》

背景分析

　　"万通"的英译是"vantone"。万通的一份"红头文件"这样解释：把英语单词van（前卫，先锋）和tone（乐音，进行曲）组合为vantone，作为"万通"的英译标准词，中文含义为"先锋进行曲"。在公司发展过程中，万通在国内的确发挥了行业先锋或企业先锋的作用。

　　有趣的是，当年公司以"万通"为名出现在中国之时，除了四通，周围还有恒通、亿通、汇通、智通、银通等好多带"通"字的同行，大多是地产公司或投资公司（与后来的联通、网通、电通、铁通这类做通信业务的公司不同）。"万通"现在花开遍地，国内外都有了，看起来"万通"的确是一个经商办事、居家旅行、老少咸宜的好名字。

行动指南

给一家公司起名字，表达了创业者的一种期望甚至是价值取向。有了一个好名字之后，最关键的还是创业者要把公司做好。只有公司持续经营乃至基业长青了，公司的名字才能传之久远、波及后世。

6月2日 反省日

90%的公司会在周年纪念日里大吃大喝，而我们在这一天闭门反省。

——摘自冯仑《野蛮生长》

敢于否定过去，坚持自我反省的理性批判精神，至今仍是万通企业文化的突出特点。创业伊始，1992年9月，公司就确定每年的成立周年纪念日（注册登记是9月13日）为"周年反省日"，躬身自省，催人奋进。公司领导鼓励员工批评领导、下级批评上级、员工批评"老板"，以这种方式总结经验，辞旧迎新。

——摘自万通历史陈列馆新馆开馆文稿

背景分析

万通的"周年反省日"活动开始于1992年。万通当年的一份文件《关于建立"周年反省日"制度的通知》证实了这个时间和事实。这项每年一天的制度坚持至今。

从创立伊始就在万通工作的陈润江先生，在1993年9月13日第一次参加反省会，亲历并实录了这次反省会：从早上9点到下午6点，中午吃罢盒饭也没休息，大家几乎是抢着发言，提出了几十条切中公司时弊的意见，言辞之激烈如疾风暴雨。当时我初来乍到，被安排作记录，运笔疾书之际也听得热血沸腾。功权（时任万通集团总裁）虽然在前一年的反省会上喊出过"向我开炮"的英雄口号，但这回在大家的批评下，也似乎有点坐不住了，在表态发言时不免抱怨："我早就说我不能胜任嘛，要么把我撤了，要么给我时间！"

2001年是万通创业10周年，冯仑提出，要进行前瞻式反省，"站在未来看现在"。因此这次北京万通的反省会与以往不同，特地邀请了部分已经离开万通的员工，专门听取他们对万通的新批评和新建议。

在一年一次的"周年反省日"到来之前，公司先通过制度安排和沟通鼓励，要求每位员工都要针对公司各层面的工作提出急需解决的问题，并且提出个人认为可行的建议。然后，在公司生日庆典这天，举行由企业中高层和员工代表参加的、庄重肃穆的反省会。之前汇总选出的、最重要的若干条意见和建议，在反省会上予以公开宣示，并进行更深一层的讨论，参会者一起投入了现场反省的"头脑风暴"。

一年一度的反省会开到现在，随着公司的发展，会议的气氛渐渐变为冷静而平和，单纯的意见也转为了比较理性的"问题和建议"。

行动指南

只有认真反省才能发现自己的不足，企业才能持续进步。

6月3日 感恩日

（每一年）我们要感谢股东、感谢客户、感谢政府，也就是要看看我们给国家交税交得好不好，对股东的回报高不高，对客户的服务是否到位。很简单，如果没有客户，企业没法生存；没有股东，企业没法生存；没有政府为我们提供这样好的竞争环境，企业同样没法生存。

而对我们这些创始人来说，感恩又多了一层含义，就是要考虑员工。所以，我们今年的股东会决定，要在今年对万通创始以来的员工一次性送股，总额将达到几千万股。股份会随着公司的发展而增值，如果走了，还可以变现。

——摘自《中国经营报》专访冯仑文章《在变应变 守正出奇》

背景分析

与国内很多民营企业相比，万通很早就强调"军衔"只是荣誉，而报酬还是要与战功结合。否则，如果按行政级别制定报酬系列，那就会使员工勤于钻营，而离客户越来越远。万通很早就用销售业绩、客户满意度来衡量员工。客户满意度高，收入就高，这样员工就会天天去"巴结"客户。这样做其实是为了降低成本。

与这样的人事制度相配合，万通的企业文化也产生了一些变化。过去，万通将每年9月13日定为"反省日"，主要为了躬身自省，不断进步。1999年，万通决定将3月10日定为"感恩日"。这些年感恩的结果是，截至1999年，万通在北京已纳税1亿多元，股东们获得了3亿多元的回报。

从2000年以"真情感恩，用心回报"为主题的首届"万通感恩日"，到2003年弘扬"企业价值与社会责任"的感恩日，再到后来以"感恩客户"为主题的系列活动，学会感恩客户、感恩员工、感恩股东、感恩政府成为"万通感恩日"的主要内容和实践理念，并融入了万通的企业文化。

在万通，感恩员工已经有了实际行动。除了创始人与公司有直接的利害关系之外，万通其他员工也与公司建立了这种关系。这一切都与产权有关，要真有动力，就要与公司产生直接的利害关系。

行动指南

感恩不能仅仅停留在企业领导者的嘴上，而要把感恩落在具体的方方面面。

6月4日 新年献词

> 每一年元旦献词的题目，实际上凝结了这个时候公司领导层最想
> 表达的心情和最希望对员工说的一句话，同时也是公司领导层的表态。
> 每年都检讨一下，也有利于公司领导层更好地把握未来。
>
> ——摘自冯仑个人电子杂志《风马牛》0708期文章

背景分析

"新年献词"是冯仑个人特有的，所以冯仑说他的"反省会"比公司其他人多一次。同公司的年度反省会相比，冯仑"一个人的反省"更多的是关于公司战略性、方向性的大事。

毫无疑问，作为万通的创始人和一直以来的董事长，冯仑对万通的影响深入企业的血脉骨髓。他的"新年献词"坚持至今，虽然是一个人的反省文字，但一直在

指引万通的发展。

在万通，"反省"作为有形的文化仪式，实际以两种形式存在，一种是每年一度的"反省日"会议活动，另一种是冯仑每年的"新年献词"——它的历史同"反省会"一样悠久。"反省会"召开于每年的9月13日，"新年献词"发表于每年的1月1日，客观上形成新年献词既是对前一次反省会的进一步思考，也是后一次反省会的重要基础，承前启后，相互呼应。

行动指南

"新年献词"只是一种开式，没有必要每位企业家都照着每年写一篇，只要在岁末年初的时候梳理一下自己，总结一下公司，瞻前顾后，对公司的未来发展就是有实际帮助的。

6月5日　万通历史陈列馆

七年前，万通在反省会后决定在龙山新新小镇设立自己的历史陈列馆，目的是将十多年来经过不断反省找到的万通生存与发展的健康基因裸露出来给大家看，令新员工知其然，使老员工知其所以然，从而坚信"守正出奇"的必要，努力学习，认真学好；通过直观的实物、图片和专人讲解，把万通的基本价值观融化在血液里、落实到行动中。

——摘自2009年8月21日冯仑万通历史陈列馆新馆开馆仪式致辞

万通的历史是不死的，因为万通人的脚步从未停歇。万通历史陈列馆是不死的，因为它所展示的不是死的文物而是活的精神。

——摘自2002年9月冯仑写给万通历史陈列馆的献词

背景分析

2009年8月21日，万通在北京怀柔龙山新新小镇举行了万通历史陈列馆新馆开馆仪式。

万通历史陈列馆自2002年创建以来，成为万通对内教育员工的课堂、对外交流对话的现场。2009年，重新扩建的万通历史陈列馆全面开放，馆内展示的万通史迹，包括各类文书档案、图片画册、音频影像、物品用具等。馆藏面积600平方米，展示内容分为：成长篇、学好篇、修身篇、创新篇、镜鉴篇五个篇章。

值得一提的是，馆内还特别设立专章，展示万通历年来的失败案例，旨在总结教训、激励员工、继往开来，以促进万通健康成长，同时也是为了让投资者、产业界和社会各方更加深入地了解万通企业。

万通历史陈列馆通过剖析万通成长历程，收集案例、自省失败、审视自身。对万通员工而言，这种反省可以使他们以理性的方式审视自身的成长，同时以前瞻的姿态思考万通的发展方向，寻求成功；对公司以外而言，万通将与中国民营企业家这个群体共同分享案例，通过反省万通的发展历程，找到其中民营企业生存与发展的健康基因并展现给大家。

改革开放已经30多年，万通已存活20多年；如今，不少民营企业都面临代际更替的挑战。在这一背景下，陈列馆专门把万通和其他民营企业的发展进行了对比性的陈列，使万通作为民营企业的典型性更加直观。应当说，透过陈列馆，人们能够看到一个积极进取、不断自新、勇于承担社会责任的民营企业的活的历史。

行动指南

企业历史陈列馆的影响是潜移默化的，它可以对内对外展示企业的历史源流和文化底蕴。

6月8日 实业情结

勤劳致富是我们的重要起点，实业是全中国人民都会支持的大事。

万通创业伊始也抱有献身"实业"的理想定位，1991年在海南创业时，注册的第一家公司名称就叫作"海南农业高技术投资联合开发总公司"。一群只有知识资本的年轻人试图从国民经济的基础做起，实现念念不忘的报国理想。

——摘自1993年7月12日冯仑在公司内部的讲话

《脚踏实地 锐意创新》

背景分析

在万通诸多企业实体中，至少有两家带有"实业"的公司，"北京万通实业股份有限公司"，以及原来总部的"万通实业集团有限公司"。"实业"二字寄托着万通创始人实业报国的情结。

"实业之梦"，这是一本记述中国最早的企业家张謇的书名（他还创办了中国第一座现代博物馆），也是一百多年来无数中国人"强国梦"中的一项重大内容。万通1991年在海南创业时，公司注册的名称为"海南农业高技术投资联合开发总公司"，农业、高技术、投资、联合、开发……这些热词都放在一起，反映了他们很想从投身第一产业开始，不断获得国家政策、金融、技术、制度等方面的支持，加快企业的发展。

创业之初，万通六位创业者之一的易小迪被派任广西，开发香蕉苗培育基地，他在那里卖出了几百万株香蕉苗，同时收购药厂生产新药；另一位是潘石屹，被派往北京怀柔，先做市场后做工厂，很快组建了开发通信工业城的公司；时任总裁的王功权在海南，从研发农业项目"种衣剂"到开发精细化工产品……都是在"实业"宏图导向下的勤奋作为。

随后，海南突然闹起地产热潮，万通的创业者相继参与，并迅速获得了"第一桶金"，不由得也在形势的推动下，走进了新兴的第三产业——房地产开发，然后，一发不可收，公司很快向全国扩展，投资领域向第三产业中的金融、证券、信托等多个领域延伸。

蓦然回首，万通早期属于第一、第二产业中的"实业"类公司已经先后被剥离出去，金融等第三产业也早已退出，万通近十多年来专注于地产投资、房地产开发，但是，"实业"两字一直存留在万通的公司名称上。

行动指南

"实业"的价值和意义，学习前辈创办"实业"的报国精神，以发展"实业"的韧劲来办好公司——这些都不应被人们忘却。

6月9日　"万通出老板、万科出经理人"

> 万通在地产行业可以称得上是"金字招牌"，不仅在北京市场排前五名，更产生了著名的"万通系"，即从万通离开的人，单董事长、总经理（正职）共有36个，其中做得比较好的有15个。
>
> ——摘自《客户世界》2005年8月文章《站在未来看现在》
>
> "万通人有做老板的遗传基因。"
>
> ——摘自2001年5月30日《中华工商时报》文章
>
> 《冯仑：房地产思想家》

背景分析

有人说，中国地产界有三个堪称黄埔军校的企业：万科、凯德置地、万通。前两者出产首席执行官，而后者生产老板。

万通几个合伙人离开之后，先是潘石屹在现代城一炮打响，接着易小迪又把阳光100做成了楼市新星，加上其他万通人开发的项目，"万通系"在北京房地产市场上声名鹊起。

如今，潘石屹、易小迪已成为地产圈内领军人物；而曾为万通经理人的苏楠、赫伟、张民耕、姚军等也多数在地产圈内有较大发展。如今"万通系"的声名鹊起，一直在为万通和冯仑"教父"之名增添着传奇色彩。

冯仑说，这些人离开后，万通的资源、万通的业绩通过他们的努力得以延续。"这就像一个大家族，子女长大成人自立门户，我乐见其成，他们的价值超过万通，万通的价值也会因之而提升。"

一家企业就像一个家庭，在这个家待久了，就会有一种能力和气质。万通公司不像一些制造业或者军人出身的创业者的公司，他们往往内部等级、气氛比较严厉；冯仑是做研究、做老师出身的，所以相对来讲比较松，交流的东西比较多，这就成为一种气质。

比如，有一次我国台湾地区一个机构颁奖，找了20个万通员工、20个万科员工，他们坐在一起是有差别的：万科的员工比较内敛，纪律性强，眼神基本上不乱转；而万通的人相对活泼，眼神比较分散。而这种差别在企业层面就表现为：万科有秩序感，但活跃度不够，万通有活跃度，但整体效率会低一些，这就是气质。

之所以万通公司好多人出去能做老板，就是因为公司平时比较注重对员工尤其是对高管的全面训练，使得万通人相对有全局意识和长远眼光。

行动指南

绝大部分民营企业第一代跟着老总创业出来的人，多数都会去当老板；人们说的"万科出经理人"，都是万科的第二代、第三代，因为第二代人之后的人基本上吃现成饭了，所以就慢慢远离了创业环境。这些与老板沟通不多的公司高管，出去创业就要从头摸索，所以到第二代、第三代就更容易当经理了。

6月10日 要做"汽车型"企业，不做"马车型"企业

在中国，如何将公司制度化、规范化和法制化的难度不亚于"修身齐家治国平天下"的宏图伟业……好的公司应当像一辆汽车，谁都能开，而不能像一驾马车，只有一个车夫能赶它。

——摘自冯仑2001年新年献词《万通的革命》

在民营企业内部同样有一个体制孰优孰劣的问题，竞争的胜败往往不在于行业和项目，归根结底是人才和体制（包括管理方式）的较量……我们要想有赚不完的钱，与其临渊羡鱼，不如退而结网，下大力气制造一个会永远不停地赚钱的机器（公司）。

——摘自冯仑1999年新年献词《我们走在大路上》

背景分析

国内民营企业普遍存在创业者个人独裁现象，创业者成为企业的主宰，类似"一个马车的车夫"，最终形成凌驾于公司制度之上的强人之治，这样将给公司带来巨大的经营风险。

冯仑很早就说过：万通不能做一个"马车型"企业，离了"车夫冯仑"，谁也驾驶不了；万通要做的是最终成为一辆有程序的汽车，只要按程序办事，汽车就可以正常运转。"马车型"企业的特征是企业内部基本上没有制度文化，公司业务之

间没有形成一个完整有效运转的体系，企业的运行不是依靠制度和体系，而是靠一个人或者几个人在推动、在协调。而"汽车型"企业的特征则恰恰相反，公司董事长和总裁离开了公司，尤其是董事长不在公司很长一段时间，企业仍能按部就班地有效运转，这表明企业内部已经有了一个行之有效的管理运营系统。

行动指南

中国民营企业的创业者往往有先天的优越感，最易违规，所以创业者要自觉回到公司制度和规范之中，不要追求超越制度的权力，这样才能把企业打造成"汽车型"企业。

6月11日　告别熟人文化，建立生人文化

民营企业熟人用得越多，越相信内部熟人关系，制度成本就越高，而且制度会被损害，甚至没有办法建立制度文明。

例如，万通曾让监事会专门对公司内部制度执行情况作过一个定量研究，专门研究哪些制度被执行，哪些制度没被执行。后来发现执行最不好的是报销制度，大概只有40%是按制度执行的，因为报销是熟人给熟人签字，没有人认真核票，基本上都签了。越是熟的人越不好说不签，因为关系太熟。执行最好的是投资制度，因为投资是董事会定，董事会都是生人，与经理平时没什么交往，关于投资一定要董事会批准，执行率是100%。

所以万通很早就提出生人原则，建立生人文化，另外还提出了担保制度，也就是说公司不主张用熟人，都用生人，从那以后公司制度执行比原来好了很多。

——摘自冯仑《野蛮生长》

背景分析

冯仑听说和经历的很多事证明，熟人关系是超越制度而且破坏制度的。熟人关系是有选择地超越规则，熟人之间有亲疏、有利害，亲密的、利害大的关系超越制

度就多一点，疏远的一般关系超越就少一点。熟人越多的地方，越没法遵守制度，结果只能由习惯和传统文化来支配。

比如乡村社会是最缺少文明制度（法律）的，全部都是熟人与面子关系，最后潜规则占上风。法律是为了满足生人之间做交易的需要才形成的，本来是没有法律的。费孝通的《乡土中国》中讲，在熟人社会，协调半径只有30公里；而在生人社会，用法律能够协调所有的人。

因此冯仑意识到：熟人多的公司，执行力度就不好。现在万通大多通过猎头公司和网上招聘，公司内部的熟人已经降为不到10%，这个比例在民营企业中相当低。不过按冯仑的理想，应该是一个都不要，全部都是生人才好。

万通用人方面的担保制度是什么？谁要推荐熟人，需要这个推荐人担保；这个熟人犯了错误，推荐人要赔钱；熟人得了奖金，推荐人可以跟着分。从公司整体看来，实行了担保制度后，制度执行比原来好很多，坚持生人文化、生人原则有利于促进公司制度化。

行动指南

事实上，当你算清楚以后，会发现生人比熟人更有利于公司的发展，更有利于公司制度化，也更有利于控制组织当中的成本。

6月12日　员工要忠诚于企业，不一定要忠诚于老板

我不寄希望于谁对我忠诚，而是寄希望于自己不犯错误。我不相信有人愿意支付这个忠诚成本，而且这个成本足以抵抗司法干部的经验。他不愿意支付这个成本，我也没法保证他支付这个成本我会给他回报，所以索性我们大家都实事求是，依法办事，不干坏事。这就是我对所谓忠诚的态度。

——摘自冯仑《野蛮生长》

背景分析

在中国，很多民营老板强调个别人对他的忠诚。换句话说，中国民营企业重视

忠诚问题，往往是因为对制度没信心，有不安全感，而采取被动防御措施，是企业经营中不得已的手段，但是这种忠诚关系往往被一些老板过分使用，以致公司内部少数人结成特殊关系。

这种特殊关系对公司经营到底是利还是弊呢？冯仑认为短期有利，长期来看不利。不按照制度办，越忠诚的人越容易超越制度，最后会使组织内部发生混乱，组织成本不断地上升。

有些老板更愿意在公司内部培养对他似乎很忠诚的死党，但是他一出事，这些人被抓起来后，一审就都招了。老板就觉得很痛苦，因为没有人可以信任。事实上，冯仑问过司法部门的朋友，为什么这些人那么容易就都招了？朋友说："非常简单，我们一辈子干这行的，他是第一次进来，他怎么能不招？我的专业就是审人，除非你不断进来不断出去，有反侦查经验。"

正因为这样，冯仑曾一度对员工讲："如果你们进去了，那就赶紧招。为什么？第一，你们在这方面不专业，你们怎么可能不招？你们不招就说明司法干部不称职。第二，我也不会犯法，没什么要你们替我遮掩的事。如果我犯了法，你们还没替我遮掩住，我肯定也进去了，也就不可能保护你们了。但是有两条：第一，你们别编故事，是什么就说什么，你们编故事就是害我。第二，我绝不违法乱纪，让你们都没有编故事的机会和需求。"

行动指南

一个民营企业进步的最终标志之一，就是老板消灭身边最后一个对他个人忠诚的人，让所有员工去忠诚于体制，忠诚于公司的制度。

6月15日 老总要把自己放进制度里

中国企业最大的一个毛病就是在很多情况下，是"以法制人"，就是说我是以法来"制"你，但是不"制"自己，自己在法外。这种现象在企业的创办者中最容易产生，将自己置于公司的制度之外，不受制度的约束。

所以，我们今年董事会一项重要的工作就是将我和另外几家公司的主要负责人给装到制度里去，公司今后每年会对我们个人进行单独审计。

......

我希望把万通做成"美国式的公司"。所谓"美国式"，就是在公司日常运作当中程序第一、规则第一，所有的人都在制度中，而制度的建立是以群体意志、以股东意志来设计的。

————摘自《市场报》2002年专访冯仑文章《十年沧桑话创业》

背景分析

企业的发展离不开领导者的深谋远虑，也离不开来自领导者深层的人格魅力，但是这种个人的力量也容易对企业的发展造成负面影响。

在中国民营企业中，创业者对公司的影响是非常大的，特别是在没有《公司法》以及企业不规范的时候。就个人而言，冯仑希望自己对万通的影响是阶段性的、制度性的。

在公司里，冯仑不追求绝对权力，希望在自己能做事的时间里，把制度做好，把持续创造财富的机器做好。比如说公司开发的项目门窗不好，这与冯仑没有直接关系，只有间接关系，因为冯仑建立的制度没能把门窗做好。为此，冯仑只调整制度，不调整门窗，冯仑创造优秀的制度，选出优秀的经理，让公司的经理们发自内心地把门窗做好。

冯仑希望，万通的未来不要因为他死了而发生变化，应该在他活着的时候就有一个好的机制，并且还要实行任期制，该退就要退。企业的管理一定要按照程序与规则来进行，尤其是民营企业。企业制度不完善，甚至毫无制度可言，创业者靠主观意志引导企业发展，这样就很容易出问题。万通一直以来都在讲民主，那什么叫民主？实际上就是对否定自己的事实能够按照程序来接受。

行动指南

创业者应该将个人对企业的影响放在程序和制度内，而不是产生一种非规范、非制度的影响。

6月16日 价值观要趋同，成熟企业拒绝多元文化

（一个组织内）如果有不同种族、不同文化背景、不同年龄段的人，这个组织会非常混乱。这是跨省、跨国大企业生存困难的原因。所以企业文化不要多元化，习俗也尽量不要多样。

——摘自2006年9月11日慧聪商务网文章《伟大的管理者管理自己》

背景分析

一个组织中员工的积极性和创造力靠什么激发？在中国，道德激励比金钱激励重要一点；或者说，对老年人道德激励就可以了，对年轻人金钱激励要更重要一点。

冯仑观察万通全国的客户投诉资料发现，60岁以上的人，喜欢用阶级斗争的方法处理问题，演讲、聚众、贴大字报；30岁上下的人，基本上是算账、打官司、要钱；40~50岁那拨儿人，除了打官司，还会打架，找黑社会。

代际不同，特点也不同，管理的时候必须有针对性。年轻人讲绩效、利益，年长的讲感情、论辈分。文化、习俗在很大程度上制约着管理。代际的变化过程中会面临文化观念的转变，或者说由政治文化向商业文化、法律文化转变非常难。

行动指南

企业领导关注企业文化相对的单一性，有利于人的行为的引导和训练。

6月17日 缓解人和事的矛盾

我们永远都会感到，事情很好，人不行。即使欧美老牌大企业，也从来没有宣布它的人尽善尽美。企业越发展，事业越做得大，越感到周围的人跟不上。天天在抱怨人不够，但是人多了又有新的矛盾，于是为了解决新矛盾，不得不再进人，循环往复，了犹未了。

"埋没"这个词用在这里非常好，它意味着人才不能得以施展才

华，主要是外因的责任，是外因把内因"埋没"了。我们常常责备别人不是人才，其实正是我们这些"渴望人才"的人在埋没人才。基于上述思想，我们才提出了"留不住人才，永远是企业的责任"这个命题，其良苦用心就是要强调外因的作用，从企业自身找原因，尽量给企业干部、员工提供一种良好的发挥才能的环境。

——摘自万通最初六位合伙人1992年反省总结《披荆斩棘 共赴未来》

背景分析

一家企业经营状态的好坏，并不在于有无资金，或项目优劣，关键在于能不能为天下最优秀的人创造一个能施展抱负和才华的良好环境，同时使其获得与贡献相称的实际利益，要让这些人愿意来，来了之后干得好，干得痛快，干完之后觉得干得值。没有这三点，道理讲得再好，说破天，也无法吸引人才团结奋斗。相反，具备了这种条件，企业就会轻而易举获得竞争优势和比较优势。

冯仑认为，万通的事业，败在别人手中的可能性并不很大，最大的可能是败在自己的手中。因为不努力提高和修炼自己，就会变成自己事业的障碍。这样，创业者就面临着双重的压力，既要使自己成为人才，又要为企业留住人才创造环境。就当时的情况看，创业者还不能给人才提供更多的物质上的利益，只能努力以心交人、以情感人、以理服人、以德用人。要树立这样一个信念：人才就在自己身边，只要蓦然回首。

行动指南

在很长一段时期内，万通是采取这几个思路和办法来缓解人和事的矛盾的：

第一，当人跟不上事的时候，不要急于调整人，而应认真调整事情本身，要认真考虑这个事情本身怎么样。可不可以努力一下，把事情控制在与现有的人比较匹配的状态。

第二，当事与人发生矛盾时，要正确看待人。现行体制、教育制度都不可能给公司提供现成的人才。这是一个基本判断。因此，绝不能企求一下子就能找到不经过磨合、现成可用的人才。

第三，在我国香港和西方的一些企业，高级职员，即"打工皇帝"的收入往往高于小公司老板的收入。这样，很多人宁愿在大公司当职员，既没有风险，社会地位也比较高。只有具备这种社会环境，才能在大公司稳住一批高级职员，对这个矛盾，公司领导既要拿得起，又要放得下，多节制些事，也多理解些人。

6月18日 管理者最容易犯错误的地方

> 一个管理者最容易犯错误的地方之一就是弄不清楚究竟是管理自己还是管理别人……公司领导者管理自己永远比管理别人重要，行为管理、行为矫正的关键是校正自己的行为。
>
> ——摘自2006年9月11日慧聪商务网文章《伟大的管理者管理自己》

背景分析

冯仑说，一个人当上总经理之后，你会发现他开始抱怨别人，似乎管理就是管别人，让别人按照自己的想法做事，而且只要工作做得不好就是别人的错。管理者的行为是第一重要的。就像发牌者和接牌者的关系，发牌者有责任，发牌者出8，接牌者出K，不能怪后者打得大。

冯仑经常和一些企业老板们一起聊天，有时会听到一些老板抱怨公司没有得力的人，但是查看他们的日程表，几乎没有和猎头公司、潜在可以挖来的人的见面时间。问题究竟在哪？一边把自己忙得够呛，一边抱怨没得力的人，如果管理好自己，把精力放在找人上面，就会有人来。起初冯仑也这样，但近几年冯仑和猎头公司开始保持联系，把时间和精力花在寻找优秀人才上，企业家、高级管理人与猎头的交流时间必须在日程表中安排出来，优秀的人需要自己去找。

冯仑和王石一起学滑雪，他们去北海道滑雪时，冯仑说要滑单板。王石说，不行，你得摔300跤才能滑成我现在的样子。这300跤就是管理自己，不必强调身体素质，不用说时间少，不必埋怨教练教得不好。

行动指南

实际上，组织行为的发动者是它的组织者。对一家公司而言，发动者就是董事长、总经理，目标是他们定的，组织架构是他们定的，他们能牢牢把握主动权，所以所有的责任都应该归在他们身上。

6月19日 万通的真正价值

万通真正的价值不在于它所拥有的资本和创造的利润，而是它所秉持的理性的判断精神。这种判断精神，首先是对自我的反省和解剖，是一种"反求诸己"的功夫。万通的企业文化是中国所处的特殊历史阶段的特别营养滋润出来的。脱离中国体制剧烈变革的时代背景，忽视一批又一批仁人志士振兴中华民族的文化血脉，就不可能理解万通的企业文化。

———摘自冯仑1996年《万通集团CI手册》序言

万通的经济价值不是万通真正的价值所在，万通真正的价值在于代表了变革时代中国一代有理想有抱负的年轻人对中国问题的看法和怎样用企业、用市场将中国提升到一个更文明的社会。万通一旦没有了这一点，就混同于其他企业，那样的企业比万通好得多，大得多。

社会责任感，对社会文明、进步的追求和献身精神，是万通的灵魂。怎样达成这个目标？答案就是要把企业办好。为什么万通可以处理好很多企业不能解决的内部矛盾，有比较理性的方法？是因为我们追求的是更高层次的东西。

———摘自冯仑1996年2月12日与我国台湾地区登泰设计顾问公司的
谈话记录

背景分析

成功的企业可以仰仗天时地利，于恰当的时机获取胜利的机会，但卓越的企业只能依靠人和，以市场的口碑换来长远发展的成就。即使在饱受争议的房地产业也概莫能外。

房地产产业的生产过程非标准化，往往使得其产品质量不能够像其他制造业一样稳定而有保障，由此产生的纠纷自然也层出不穷。然而，非标准化的生产方式不能成为质量低劣的借口，自身产品的缺陷不是客户利益受损的理由，先进的房地产企业总是能够自觉地坚持将客户的利益放在第一位，万通无疑是其中做得较好的一个。而要做到这一点，学会感恩和反省必不可少。

在强调创新的同时，倾注于关注客户利益，提倡感恩和反省是万通企业文化的一大特色。独具特色的"万通感恩日"和"万通反省日"就是这一文化的最好体现。通过感恩与反省理念，万通在教育企业员工尊重客户、尊重市场规律的同时，也在警醒着业内人士，只有真诚地从企业利益相关者的切实权益角度出发，企业才能真正做到持续发展。

行动指南

优秀企业不能总是依靠好的市场环境牟利，还需要去"尽责"，给所在社会提供经济价值以外的社会价值。只有做到能够向其他公司和社会输送精神食粮，一家公司才能真正称得上优秀，才有可能走向伟大。

6月22日 组织里的"中国特色"、"地方习惯"

还有一个在组织里比较难管理的事情，就是"中国特色"、"地方习惯"。这是我们剪裁西方理论最难的地方。为什么很多学说到了中国就要改，实际上是在行为习惯上作了妥协。

——摘自《万通·生活家》2006年第6期文章
《人的管理与中国特色》

背景分析

冯仑多次讲过生人原则和熟人原则。中国人通常把公事当私事办，把私事当家事办，充分软化对方的心灵，流行的是"熟人文化"，在酒楼解决的事情比在律师楼多。之所以在酒楼或洗澡的地方解决问题，就是为了超越规则，目的都是变通。这样做，目的是把人我之间的中间地带消灭掉，互相侵占，我的是你的，你的是我的，私人化程度低。

这一点，中外区别相当大。冯仑的朋友、万通创业六雄之一王功权遇到过一件有意思的事。万通美国公司的秘书是个美国人，功权初去美国，让她接机。在中国接老板很正常，下面的人还巴不得去接呢，但人家不接。功权只好叫朋友接了，他非常生气，要把秘书炒掉。结果美国人不干了，她说她没有错，与公司签订的雇佣合同里没有说明接老板的事情，这不是她的职责。如果要接也可以，但必须谈清楚接机的次数，每次的油费和轮胎磨损谁来支付。美国把人与人的界限、事与事的界限界定得非常清楚。

行动指南

中国私人空间和公共空间混在一起，人我界限不清。所以在中国大多数企业和组织里制度管理的约束力弱，感情因素的制衡作用很大。比较长远、现实的做法是，一个组织要制定出一套合适的制度，并与时俱进，不断调整制度，突出制度刚性，培养组织里的制度文化，同时适当兼顾组织里的"中国特色"、"地方习惯"。

6月23日　西方拳击VS中国功夫

中西方克敌之术各有讲究，拳击的最大特点是力量和速度，正面交锋、一锤定音，不破不立；中国功夫讲究存旧创新、身随意动、以柔克刚、借力打力、化劣势为优势。

中国功夫由于历史和文化背景多重因素的影响，更多地体现了一种和谐和阴柔之气，有代表性的一是太极，二是气功。太极是让别人一把力用尽，然后借力发力打回去，是防守的最高境界；气功则是聚集能量，在别人并不察觉时建自己的场，然后突然发力，发完即收，此为进攻的最高境界。

——摘自《万通·生活家》2006年第12期

背景分析

美国的文化是争的文化，叫"他省"，中国叫"自省"，在美国很少讲自省。

"9·11"事件之后，中国和美国得出两个完全相反的结论。美国就认为错就错在，当时没把他弄死，还得打，赶紧打，一个礼拜后就出兵阿富汗了；如果是中国人，肯定会回头想想是不是自己做得太得罪人了，以后还是少惹事比较好。所以美国人的哲学往往是用武力解决，而中国上上下下得出的结论，都是要和平崛起。

行动指南

当别人进攻时，你要用太极；当进攻别人时，你最好用气功。一家企业在竞争的时候，要学会聚集自己的气场和能量，像气功那样去打；当遇到困难的时候，要让，要承认错误，此时检讨和认账成本特别低，顽抗成本反而高。

6月24日　企业制度与企业文化的关系

> 企业制度更多地强调外在监督与控制，是硬性的调节，是企业倡导的"文化底线"，即要求员工必须做到的；而企业文化强调的主要是内在的自律与软性的文化引导，强调的是员工心理上的"认同"和员工由认同而引发的自主意识和主动性。
>
> ——摘自2005年10月18日《金融时报》专访冯仑文章

背景分析

冯仑认为，任何一家企业要长远持续地发展，毫无疑问要靠企业制度的完善。任何一家企业，都必须把精力用在制定公司战略和不断完善推进战略实施的制度上，包括公司治理结构、人力资源开发、生产和销售以及员工价值观训练等方面。

在谈到企业制度与企业文化的关系时，冯仑认为，"企业制度与企业文化也有着直接的因果关系，对待制度的态度是企业文化的重要内容。对企业家来说，建立制度还不算难，坚持执行制度进而使制度强化为制度文明，将制度融进员工日常行动中，才是最难做的事"。比如大家所熟悉的交通规则是制度，司机都应该遵守。但如果道路上有警察监督时司机就能按照交通规则办事，反之就不能按照交通规则办事，这就说明交通规则这一制度对司机来讲还没有变成一种制度文明。

冯仑分析说，企业文化体现企业制度文明。企业制度的健全、规范和完善，有助于通过制度将企业倡导的精神、价值观和行为模式体现出来，借助于制度来引导和约束员工的行为，使员工能够在制度的规范下，自觉地按照正确的价值观和行为准则来要求自己。

同时，企业要以企业文化理念为基准，反过来对企业制度进行经常性的检查，以适应变化和提升了的理念。将企业文化理念作为制定企业制度的指导思想，同时在制度执行的过程中，高度体现企业文化理念，将理念的精神落到制度执行的各个环节。

行动指南

只有员工一次次地从遵守企业的制度中得到不断扩大的实际利益，制度的内涵被员工从心理上接受，并且自觉遵守和维护，进而形成日常习惯时，员工才会真正从心底里认同制度的合法性，从而自愿接受它，认真执行它，坚决捍卫它。这时企业制度才能凝固成为企业的一种文化。

6月25日 品牌塑造

品牌的塑造是一个长期的过程，万通地产品牌是由第一层次"产品品牌"，到第二层次"公司品牌"，上升到第三层次"服务品牌"，再挖掘到第四层次"文化品牌"的。

———摘自2004年11月4日《21世纪经济报道》专访冯仑文章

背景分析

无论从公司层面、业务层面还是企业家个人形象层面，冯仑都是国内房地产行业中最重视品牌、运营品牌最成功的企业家之一。

从创立至今，万通地产建立了三位一体的品牌体系：1996年推出"万通地产"的专业公司品牌，1999年创立中国第一个高档住宅品牌"新新家园"，2002年创立万通地产的文化与服务品牌"万通生活节"。三个层次的品牌体系从多个角度为客户的价值增值提供了支持，万通品牌作为业内知名的品牌获得了客户和投资者的广泛认同。

其实，早在20世纪90年代初，万通就已经成为国内第一批采用CI标志的企业。万通聘请深圳一家公司设计了一个标志。第一次的万通徽记基调是红色的，有人说像两片羽毛环舞，有人说像风火轮。

1996年，万通聘请我国台湾地区一家著名设计公司，用将近一年时间整合出一套新的CIS规范。从那以后的万通徽记，万通实业的基调是深蓝色，旗下公司分别是其他颜色（如万通地产是绿色、万通商城是红色）。万通内部把新徽记称为"世纪之眼"。这个图案结构严谨、大方、耐看，被大家认为能够展示万通的创新精神。

万通业务层面的品牌意识始于"新新家园"品牌。万通第一个高档住宅项目万泉新新家园，创造了市场奇迹。于是，万通注册了"新新家园"品牌，"新新家园"也成为国内房地产行业中第一个实施商标注册的高档住宅产品品牌。

在理念识别和个人品牌层面，由于冯仑睿智的"房地产思想家"形象，国内媒体都愿意采访报道冯仑，于是冯仑借船出海，运用媒体成功地塑造了超出房地产行业、超过企业家范围的明星企业家或者说公众人物形象。

段子原声

品牌就像家长教育孩子，不是一出生、一教育就能成为一个优秀的人的，而是需要几年十几年甚至几十年的呵护和教育。

行动指南

企业的品牌建设要像鸟儿爱惜自己的羽毛一样。做品牌必须不断聚集和发挥内在的核心竞争力，要有耐心，靠产品去奠基，靠口碑去传播，执着不渝，这才是根本。而不是一味包装，依靠夸张的媒体宣传。

6月26日 对品牌应"信而不迷"

我不迷信品牌，因为品牌并不能解决开发商面临的所有问题；但我们需要品牌，因为我坚信，最好的永远是短缺的。

我们之所以要塑造"新新家园"这个住宅品牌，是一个竞争策略，最终能不能赢得市场，关键在于能否做好差别化服务，而不是迷信品牌，依赖品牌解决所有问题。我以为对品牌应信而不迷。

——摘自《中国经济时报》1999年11月16日专访冯仑文章

《我不迷信品牌，但我需要品牌》

背景分析

在国内市场上，消费者面对很多商品往往无法作出放心的选择，品牌的出现有助于消费者解决识别困难问题。一般商品的品牌代表了质量、服务的一种标准化，消费者购买时既放心，也简便。但在住宅业，品牌有时并起不到这个作用。在同一个市场里，因为房地产公司太多，竞争激烈，导致好房子并不是品牌在起作用，而是企业的实力在起作用。人们往往能记住项目公司的名称，但无法具体说出一个统一的住宅品牌。

"最好的永远是短缺的"，这是市场销售中追求的一种境界，即最好的一定是有市场的，以此鼓励自己把产品做好，而不是精确地描述市场的供求关系。客观上，一件产品是不是最好的，很难判断，只能说它是优质的、较好的。

对住宅来说，短缺意味着需求，从这个角度讲，万通追求最好的品质与服务，这样的房子才会有人买，企业才能生存下去。

举个例子来说。当年"新新家园"一期全部售完后，万通开了一个总结会，让大家从不同角度给这个项目挑毛病，讨论今后如何修改。假若没有向客户承诺做精品住宅，万通完全可以一卖了之。服务行业是个永无止境的行业，满足了这种需求，就会刺激出那种需求，因为客户永远有意见，永远有要求，开发商必须时时仔细倾听客户的声音，及时兑现自己的承诺。这是一项长期的考验，也是一个帮助开发商不断提高的过程。

行动指南

品牌是奋斗的结果而不是原因，这个结果除了追求与信念之外，还要有成为品牌的潜质、要素，它看不到，摸不着，却实实在在地推动企业发展。

6月29日 万通有三个企业媒体

现在，万通实业有财经读物《万通》，万通地产有社区杂志《万通·生活家》，冯仑有《风马牛》个人电子杂志，还有各自的博客和网页，面对特定的读者群进行"全覆盖"式的整合传播。

——摘自万通历史陈列馆文稿

背景分析

自创立以来，万通公司领导层一直非常重视企业内刊等"企业媒体"的沟通交流作用，借以统一员工认识，记录企业发展历程，总结和交流经验教训，传播企业精神和品牌文化。

1992年创业时公司有《动态》等内刊，1993年万通集团组建时即创办了《万通》小报。2002年，《万通》改为杂志。2002年6月，《万通·生活家》正式出版，每月一期，主要读者对象是万通地产的业主。

2007年1月，万通公司的另一个企业内刊《万通》出版，每个季度一期，以"民营企业的春秋史记，创新文化的传播利器"为办刊宗旨。实际上，季刊《万通》是一本严肃的财经读物，主要读者对象是政府机关工作人员、大学老师等专业研究人士，以及社会的中坚力量。

此前，冯仑的个人电子杂志《风马牛》于2006年8月创刊。冯仑说，《风马牛》主要是与年轻人沟通的一个管道和平台，还专门单独建立了一个名为"风马牛"的网站（www.fenmaniu.com），并形成了一个定期举办活动的活跃社区。

至此，万通已经有了三个企业媒体。从《万通》小报开始，万通在企业媒体方面持续努力。通过这样的工作，万通使企业内外的人熟悉了万通的一些基本理念，形成了万通与众不同的企业文化。

行动指南

真正重视、长期坚持，内容扎实、精确制导，是万通三家企业媒体的成功原因。而企业媒体的成功，则可以更好地帮助企业形成并宣扬优秀的企业文化。

6月30日 电子杂志《风马牛》

相较其他名人电子杂志，《风马牛》的个人色彩更浓烈更彻底更纯粹，其内容为冯仑一个人的所见、所闻、所思、所想、所感、所言，是冯仑思想的专属电子读物。

《风马牛》的任务是与公司品牌产生有效的互动，将万通的文化形象传达给读者，是品牌推广的柔性传播工具，服务于公司的整体战略和文化，而且不以赢利为目的。

——摘自2007年9月18日《电子杂志样板：小众的风马牛》

背景分析

《风马牛》创刊于2006年8月，是万通地产董事长冯仑先生倾力打造的个人电子杂志品牌。它集合视频、音频、动画等多媒体表现于一身，以冯仑为核心，从商业、行业、企业、生活等多方面展现他身边的大千世界和商道感悟。

内容的不可替代性让《风马牛》在电子杂志领域具有了独特的竞争优势。《风马牛》不拘一格，如冯仑本人。在《风马牛》，冯仑天马行空，用多元的视角讲述中国式商道，用最草根的语言调侃世俗人生。

《风马牛》五个版块的名字都很解构和无厘头：冯子论语，懂事会，构砖业，乱炖，库。《风马牛》每月一期，坚持将垃圾、水分统统滤掉，精耕细作、慢慢煎熬，内容对读者很负责，而且延续了博客个性化的特点。

到2009年时，《风马牛》电子杂志的月阅读量已突破100万人次，不少网友留言表示《风马牛》已成为他们每月期待的精神大餐。

行动指南

经过反复磨合，冯仑最终将《风马牛》定位于公司品牌的柔性传播推广的工具，所以既然是品牌推广的工具，就必定要求杂志内容要与公司品牌相关联。《风马牛》倚重冯仑的个人魅力，巧妙地传递了万通地产的品牌亲和力和人文价值。

七月 ｜ 商业模式

July **7**
2015 CALENDAR

MON	TUE	WED	THU	FRI	SAT	SUN
		1 建党节	**2** 十七	**3** 十八	**4** 十九	**5** 二十
6 廿一	**7** 小暑	**8** 廿三	**9** 廿四	**10** 廿五	**11** 廿六	**12** 廿七
13 廿八	**14** 廿九	**15** 三十	**16** 六月小	**17** 初二	**18** 初三	**19** 初四
20 初五	**21** 初六	**22** 初七	**23** 大暑	**24** 初九	**25** 初十	**26** 十一
27 十二	**28** 十三	**29** 十四	**30** 十五	**31** 十六		

7月1日 房企商业模式200年的演变规律

商业模式经过200年的演变，在纽约由工头加地主，变成厂长加资本家，再变成导演加制片。

——摘自《万通·生活家》2008年第9期文章
《万通地产走近美国模式》

背景分析

从美国等发达国家来看，房地产公司的模式发展到现在，可以分为三种。在经济发展初期，第一代地产商的模式是"地主加工头"，就像深圳的一些开发商，是靠土地来创造自己的财富。

第二代地产商的模式是"厂长加资本家"。日本的大和、丰田，今天中国的万科，就是这种模式。万科依靠单一产品，借助资本的力量，规模化发展、全国性品牌、产业化生产、企业化经营，现在已经是全国最大的住宅公司，2007年一度在市值上超过美国三大住宅公司市值的总和。还有人们知道的丰田汽车，它有另外一个业务叫丰田房屋，做得也非常好。它的房屋工厂做工精致，跟做汽车一样，7~15分钟做一个房子，然后几个集装箱拉走，这是最极致的东西。这种模式大概是在人均国内生产总值1万~2万美元期间形成。

在人均国内生产总值达到2万美元以后，纽约第三代的地产商的模式就变成了"导演加制片"。这就像拍电影一定找张艺谋、冯小刚、李安一样，因为导演式地产商最专业，他知道到哪儿去找章子怡，找汤唯，知道找谁最能保证票房。

行动指南

用商业模式上的变革来应对经济周期和未来的风险，是一个非常明智的选择。区域多，产品线丰富，就可以分散风险。另外可以在资本市场上融资，降低负债。

7月2日　国内房企的商业模式太原始

　　导致中国房地产企业价值量小的第二个原因就是我们的商业模式太原始，我们的商业模式是最低层次的商业模式。

　　（国内）房地产公司基本上都是在繁荣的时候大量贷款，然后圈地开发，刚建到一半，市场萧条了，开始走下坡路，只好接着处理遗留问题。基本上是繁荣3年，重组3年，再繁荣3年，这样10年也就过去了，基本上创造不了什么好的资产价值。

　　大部分国内房地产上市公司10年来的实际情况就是这种模式，基本上不创造财富，EVA（经济增加值）全都是负数。他们平均的净资产收益率是4%~5%，低于银行贷款利率，略高于银行存款利率。

——摘自《百年建筑》杂志2006年刊登的冯仑文章
《中外房地产商业模式研究》

背景分析

　　2003年前后冯仑研究中外房地产商业模式时发现：美国最大的三家住宅公司，一年的住宅规模是32000~34000个客户，其中开发（买地、盖房、销售）的部分是15000套左右。日本最大的住宅公司——大和房屋工业公司和积水房屋公司一年的产量也是32000~35000套，其中开发部分也是15000套左右。韩国最大的住宅公司一年产量是15000~17000套，销售额为300亿元人民币左右。中国香港最大的地产公司是新鸿基，其一半的业务是收租业务，它一年的收入也是300多亿元人民币，其中有150亿元左右与开发有关。由于香港房价比内地高，所以它的实际产能不如内地的万科。

　　中国最大的一家房地产公司2004年时已经达到年交付房屋15000套，而到2008年底时，则达到60000套，在产能上不输给世界其他国家的公司，但是价值量太小，差距在哪里？就是工作量很大，挣钱很少。为什么会这样？有两个原因。

　　首先，国民财富总量和异国货币的价值不一样，导致换算下来存在价值量的差距。当时国内人均国内生产总值刚超过1000美元，日本是3万美元，美国是3.2万美元，也就是说我国人均国内生产总值只有美国的1/30。另外，人民币与美元的汇率差是一个重要原因，按照当时人民币与美元的汇率，中国最大的公司也做不到美国最大公司的价值量，因为15000套房是当时市场的极限产量。

其次，商业模式和运营绩效上的差距。财富管理上有个概念叫经济增加值（EVA），就是销售收入在扣除了权益资本的成本、机会成本、股本融资率成本之后，如果是正数的话就是创造财富的，否则就是毁灭财富。香港有的房地产公司盖房子的数量不如内地的房地产公司多，但是它们是在资本市场上赚钱。而内地房地产公司的商业模式不仅不积累财富，反而毁灭财富。

行动指南

一家公司选择何种商业模式，决定其在经济周期活动中的抗跌性，同时也奠定了该公司在市场中的竞争力。拥有先进商业模式的企业，一定会胜过那些使用原始、落后商业模式的企业。

7月3日　香港模式

现在内地几乎所有的房地产公司的商业模式都可以看成是"香港模式"，即储备土地、挖坑卖房、炒卖楼花；与此同时，公司房地产业务多元化（涵盖基建、住宅、写字楼、酒店、商场等几乎一切产品）。应当说这种模式对于单一项目，或者只有一个项目的项目公司来说，往往容易成功，但对多项目或综合房地产公司而言就很难说了。

——摘自冯仑2003年新年献词《学习万科好榜样》

背景分析

所谓香港模式，简单地说，就是房地产开发的全部流程，从买地、建造、卖房、管理都由一家开发商独立完成。通常房子建好后，地产公司不持有物业，直接出售，只有当房子出售情况不理想时，才改为出租物业。

改革开放以后，内地才开始有房地产市场，而最先形成房地产市场的又是深圳。香港房地产公司对内地的直接投资不仅促进了内地的城市建设，也将其开发模式引入内地。因此，内地房地产受香港影响至深。内地的房地产公司一向以"开发"自居，政府、投资者、消费者或旁观者也都将房地产公司的"套路"以"开发"一言以蔽之；大伙也通常把它们称为"开发商"，似乎"开发"是房地产公司的唯一模式。

但是，以专业化为显著特点的万科成功表明，国内多年以来深信不疑的香港模式并不是房地产公司的唯一商业模式，更不是最好的。

行动指南

香港模式在内地并非所向披靡的制胜法宝。

7月4日　放弃香港模式

仔细研究后可以发现，内地近3万家房地产商几乎都在用一种方式在做生意——香港模式。按照这种模式估算，由于全部流程由一家开发商完成，如果在北京做一个30万平方米的项目，从最初筹划到最后全部完成，时间往往拖延7～10年之久，占用资金极多，如果任何一个环节出现问题，或者恰逢经济周期的低谷，都会造成资金运转不灵，房地产公司很容易遭受致命打击，从此一蹶不振，很多烂尾楼就是如此形成的。

从2003年开始，万通地产开始放弃香港模式，探索美国模式。

——摘自2004年12月10日《北京青年报》文章《地造英雄之冯仑》

背景分析

内地房地产公司大多数采用香港模式是有历史原因的。该模式有两个使用的前提：其一，土地由政府高度垄断；其二，大开发商对市场供应垄断。中国香港因为是一个城邦经济体，土地是有限供应的，高达60%～70%占有率的市场被几个大地产商垄断，所以适合这种模式。

而内地开发商采用这种方式，80%以上的资金来源于银行，受银行政策影响大。因此每遇经济周期的低谷，就会有一大批房地产公司消失。

在西方发达国家，所谓传统的全能开发商即香港模式基本不存在了。他们要么是将传统地产细分为商铺、酒店或写字楼开发商，要么只是单纯的房屋集成商，如2000年时加拿大的温哥华就有16家比较大的房屋集成商。

行动指南

商业模式的竞争力决定企业的竞争力。万通地产不仅发现了内地绝大多数房地产企业的内在商业模式，总结出了这种模式的致命缺陷，而且还给内地地产企业探索出了新模式——美国模式。这是万通地产为中国房地产行业作的一大贡献，值得绝大多数房地产企业思考、借鉴。

7月5日　美国模式更适合国内房企

美国模式和中国市场有着很高的契合点。中国内地的房地产公司以前都在遵循香港模式。但香港模式其实不适合内地房地产业的发展。

中国内地地域辽阔，未来房地产领域的竞争条件和市场化走向更像美国而不是香港。因此，未雨绸缪，改弦更张，尽早将注意力转到美国模式，即走一条极度专业化的道路，是在中国的制胜之道。

——摘自《万通·生活家》2008年第9期文章《美国榜样：Toll Brothers》

背景分析

为什么要选择美国房地产企业作为学习榜样？原因是冯仑认为美国模式更适合中国的房地产公司。

美国幅员辽阔。在美国，土地随着城市化进程不断被开发出来。与中国香港这种城市经济体比起来，几乎可以说，在美国，土地是无限供应的。只要修路、架轨（轻轨）、挖洞（地铁），就会有大片大片的土地被开发出来，吸引大批人群去工作和居住。美国房地产公司竞争充分，谈不上什么垄断，因此地价、楼价都由供求关系决定，公司也无暴利可言。由于竞争充分和不动产金融高度发达，房地产公司不得不采用高度专业化和长期收益为主的商业模式，在细分市场上取胜，靠长期经营获利。

与此相比，中国有着广阔的土地，房地产公司多如牛毛——其中真正有实力的大公司却寥寥无几。中国内地和美国都是大陆经济，有城市，有农村，有广阔的土地。城市和农村经济发展水平差距很大，地价差距同样很大，中国内地房地产企业的发展路径会更像美国。

行动指南

从长远来看，企业思考自己的商业模式的领先性，依靠商业模式的创新和价值来增强竞争优势，领先同行，是企业关键的战略问题之一。

7月8日 转向美国模式

早在2004年，万通就正式发布了新的公司战略，要实现从香港模式向美国模式的转变。

香港模式——房地产开发的全部流程，从买地、建造、卖房、管理都由一家开发商独立完成，房子建好后，地产公司不持有物业，直接出售。香港模式中突出的一个特点是，房地产开发商更多依赖于银行提供资金。

美国模式——高度的专业化分工加上发达的不动产金融服务，它强调房地产开发过程中的所有环节应由不同的专业公司来一起完成。

——摘自《万通·生活家》2008年第9期文章
《万通地产走近美国模式》

背景分析

所谓香港模式，就是综合开发的模式，是全能的开发或称纵向重叠开发，实际上就是挣加工费的模式。这个模式在中国内地存在了20多年，基本上是深圳学香港的做法，然后东部学深圳、中西部学沿海的做法。所谓美国模式，用一句话说就是高度的专业化分工加上发达的不动产金融服务。美国的房地产公司目前都是非常专业化的公司，一家公司只做一个产品或业务。

几年前，万通已经决定舍弃香港模式转向美国模式，把公司业务分成土地经营、住宅建设、商用物业和定制服务四大专业事业群。可以看出，万通地产是按照纽约的地产公司模式来发展的，这也与万通地产聚焦京津的战略相得益彰——美国模式是着眼未来的。现在北京的人均国内生产总值大概是8000美元，很快也会超过1万美元。美国模式在北京可以慢慢地生根发芽，包括定制服务。

行动指南

美国模式认为，做收入就要做利润，不一定要做资产。国内房地产公司大都是项目值钱而公司不值钱，而万通的着眼点在于通过美国模式把公司价值做起来。

7月9日　"导演+制片模式"

冯仑把托尔兄弟公司的模式戏称为"导演+制片模式"，他说："'导演+制片模式'，不是'地主+工头模式'、'厂长+资本家模式'，而是像张艺谋那样，拍电影，但是自己不出钱，钱不是他的，版权也不是他的，但是他挣钱是最多的，因为他有市场，有品牌，钱就会自动跟着他，他只要把电影拍好就行了。目前最好的模式就是这个模式。"

——摘自《万通·生活家》2008年第9期专题
《学先进：从眺望到走近》

背景分析

从客户定位上说，万通的新战略就是把视线投放到高端客户身上，为他们提供个性化的服务，发掘高端客户身上的价值。当网络经济开始高速发展时，万通地产借着"东风"开始探索地产定制化服务。

北京万通地产住宅建设事业部总经理曹汇昆说，美国的高端住宅营建商托尔兄弟公司是典型的"导演+制片式"地产商，而万通和托尔兄弟公司有着很多的相似点，可以从对方身上学到很多的东西。托尔兄弟公司最吸引万通的是它的订单生产。托尔兄弟公司建造个性化的精品实际上就是"一条龙"式的设计建造服务过程——集建筑师、工程师、土地开发管理和建造施工队为一体，形成一个独特的设计定制体系。

托尔兄弟公司可以为客户提供1100多种户型与3800多种设计。不仅如此，无论是构造、内饰还是家具，托尔兄弟公司都能够提供符合高端客户需要的个性化选择。曹汇昆说："托尔兄弟公司有一个名词叫施工解决方案。豪华住宅的购买者都有很强的自我倾向，对于生活环境有着独特的个性化需求。为了满足高端客户的要求，托尔兄弟公司还有500～700的部品可供客户选择，比如门、开关面板等，这些都是托尔兄弟公司能够成功的因素。"

行动指南

实行"导演+制片模式"地产公司的竞争力，来自于其较高的利润率和投资回报。如果一种商业模式只能做出大规模，而不能做出利润或者高利润来，那么这种商业模式的竞争力和生命力将大打折扣。

7月10日 万科成功是美国模式的成功

万科的成功其实就是美国模式的成功。万科目前不仅将专业化理解为将主业集中到房地产，更在实践中将所有产品简化为城乡接合部面向新兴白领的成片居住社区。

万科在中国资本实力不敌李嘉诚，但却在产量和效益上创造了足以让李先生羡慕的成就。这一结果本身就证明万科采取高度专业化和产品单一化作业、在细分市场上逞强的美国模式，在中国是可以生根的。

——摘自冯仑2003年新年献词《学习万科好榜样》

背景分析

万科早就将业务集中在房地产，却还嫌不专，索性将产品都简化到中产阶级的普通住宅。如今万科生产房子就像沃尔玛开店一样，已经形成大规模复制的能力。美国的可口可乐公司单靠卖可乐可以成为世界第一，今日中国的万科单靠卖一种小白领的住宅也成为产量世界领先的公司。

如今，万科在产品标准化上又进了一步，甚至主要部品、部件都在总部设计好，通过住宅工业化带动进一步的大规模生产。市场热点不断变换，万科近10年来却始终只讲两个字："减法"。万科的战略就是：高度专业化，创造核心竞争力，推动大规模生产，全面提升产品质量与服务。正是这种清晰的公司战略，使万科在做"减法"的同时完成了公司稳步增长的乘法。

行动指南

　　与美国等发达国家相比，国内房地产行业的发展还处在初级阶段，国内房企需要向世界顶级跨国公司尤其是美国的跨国公司学习如何做企业，如何做房地产企业，同时学习做企业是如何练内功的。

7月11日 美式开发商处于价值链最高端

　　　　美国建国后的200多年间已经历了三"代"开发商，其角色早已由工厂的厂长彻底转变为拥有票房号召力的导演，在成熟的欧美市场的上市房地产企业和基金的回报率远远高出我们这边的上市公司……传统的香港模式的开发商处于价值链最低端，而美式开发商却处于价值链的最高端。

　　　　　　　　　　　　——摘自冯仑2006年新年献词《傻根精神永放光芒》

背景分析

　　美国在人均国内生产总值达到2万美元以后出现导演式地产商，是非常理性的一个选择：

　　假定有一块20亩的土地，归一家投资公司所有，但是由5个开发商来做，相当于5个导演来拍。每个人的利润率都不一样，现金流不一样，回报率也是不一样的，可能最低的回报是15%，最高的是70%。作为投资公司来说，宁愿找一个能做60%回报率的人，再给他10%的回报，这样也比自己做赚得多，因为投资公司做开发不专业，而专业的人做专业的事才可能有合理的回报。

行动指南

只要中国内地继续进行市场化的金融改革，加速发展房地产的直接融资市场；只要房地产行业的价值链在激烈竞争中被不断细分；只要中国内地经济继续保持高速增长，房地产公司以导演角色和基金管理者角色为特征，在价值链上游发展的美国模式迟早会取代"厂长式"的香港模式。

7月12日　新政出台利好美国模式

《中国房地产报》：新政的密集出台，是改善还是恶化了您所倡导的美国模式的运营环境？

冯仑：我觉得对这个模式而言是改善了。第一，逼着不动产金融的创新，不动产金融越创新，对于美国模式而言，环境就越好。第二，就是市场竞争格局发生变化，粗放式经营的企业生存空间缩小，甚至退出这个行业，而价值链上游的企业的生存空间会增大。

——摘自2006年9月29日《中国房地产报》文章《和冯仑聊地产》

背景分析

在提出美国模式之初，即使是冯仑的创业搭档潘石屹也并不认为美国模式能在中国实现。潘石屹给出的理由是当时国内还不具备像发达国家一样的金融环境。

从国际上的不动产金融的情况看，开发商的项目开发资金来源，一般来说，靠自有资金投入的比较多。海外的房地产公司的数量较少，房子的空置率很低，资金的投入与回报也很理性，因而偶尔发行债券或是寻求其他渠道资金，会获得不少投资者的关注。另外还有一些民间金融机构，比如保险金融公司以及部分投资基金，也会进入到这个市场，但又不像中国，仅依靠银行支撑着房地产市场的融资，渠道很单一。

长远来看，国家房地产新政频繁出台，政策不断调整，将促使房地产企业向两个方面寻找出路：第一，向银行以外的融资渠道找出路，推动不动产金融的发展，最终它可能会导致中国房地产发展的美国模式；第二，被迫扩大资本金规模、过分依赖银行融资的中小开发商可能会被迫改行或者倒闭。

行动指南

在美国模式下，有专业能力的公司，机会将越来越多。随着外部环境变化和竞争加剧，地产行业越来越需要专业知识、管理和开发能力，越来越难做，但这对美国模式的运营却是好事情。

7月15日 决定房企运作模式的三个维度

> 房地产公司的运作模式主要取决于三个维度：第一是土地制度、空间布局，第二是财务体系、金融模式，第三是价值体系、管理文化。
>
> ——摘自冯仑个人电子杂志《风马牛》0601期文章《羊群与织物》

背景分析

冯仑认为，对于房地产企业来说，首先是土地经济形态的差别造成了土地价值和企业行为的不同。内地房企以前老是与香港作比较，其实内地与香港差距非常大。香港上市公司是按净资产估值，美国公司的估值方式就不是这样。

其次，所在国家或区域的金融体系不同，房企的商业模式也就随之不同。

经过100多年的发展，美国针对房地产的金融由简单的开发贷款发展到现在的大量直接融资、不动产金融等。价值链的每一个环节，都有合适的财务安排和金融服务。这样就刺激了房地产企业的高度专业化和市场的细分，使价值链不断被切碎。

香港的产业是纵向价值链安排，买地，加工，卖房，然后是后期服务。而美国是横向安排，或者只制作其中一段，高度专业化，每家公司只做一个环节来追求增值。香港的房地产公司大量依赖银行的钱和资本市场，采用预售的方式，与欧美的情况差别很大。

最后，从文化和价值观来看，亚洲企业本来就产权模糊、家族化、职业经理人不发达、财务不透明、关联交易多、多元化，而欧美的企业文化首先就会要求清除这些，要求人我界限清楚、专业化、细分、财务透明。

这三种因素，导致内地房地产公司基本上都是香港模式，卖期房，夸大土地的价值，依赖银行，项目赌博化，公司治理倾向家族化，不透明。早年万通注意到内地和香港的不同，开始研究欧美的模式，并瞄准了美国等国家的若干公司，借助这些目标来设计自己的战略。

段子原声

从文化和价值观的渊源来看，亚洲的企业不容易长大，类似于羊群的组织，有一个头羊，头羊可能跑得快，但它能管的边界十分有限。更低级的形态是类似一棵树的组织，树冠的边界更为有限。而西方的企业组织像织物，经纬是标准的，花色程序是固定的，延伸出去几百丈，花色还是如一。组织形态的标准化十分重要。

行动指南

知道了是哪三个维度在决定房地产公司的运作模式，企业就会知道如果想改变自己的运作模式，该从哪些方面去努力、去做工作。

7月16日 开发公司模式

开发公司模式分为房屋开发模式、土地开发模式、混合开发模式三种。

——摘自冯仑文章《房地产公司的商业模式》

背景分析

在多年前，冯仑分析过房地产公司的三种开发模式：

——房屋开发模式。

沃尔玛模式。国内比较典型的应用是万科的模式，即在郊区大规模地复制，产品极其单一，目标客户极其准确。在非常准确的前提下，在体制上采取总部强势控制，有计划地在郊区"连锁开店"，销售收入增长非常快。近几年万科在销售收入基数很大的情况下仍然实现了多年的持续高速稳定增长，主要得益于这种快速复制的模式，成本越来越低。

百货公司模式。所谓百货公司模式是指在一个地域同时做不同的产品，老华远和现在的华润置地是这个模式，产品多样化，地域也多样化。百货公司模式多见于城建系统转制过来的开发公司和综合性大型国有开发公司。

精品店模式。这是万通地产努力追求的模式。万通不主张全国开发的做法，而是在少数高端市场进行精品店的经营。

——土地开发模式。

陆家嘴模式。是指以经营土地为主，通过规划，成片出让土地，同时用土地与开发结合，集中在一个很小的地区，开发的主要是综合金融、贸易、商业这样的业态。陆家嘴每年的销售收入实际上很少，但利润很高，主要是因为它土地出让的收益非常大。经过短短10年的努力，陆家嘴迅速成为全球的金融贸易热点和上海新的亮点，同时也带来了土地增值的巨大潜力。这是一个比较典型的土地开发模式。

天津开发区的模式，即工业土地的开发模式。由于它经营的土地主要是工业区，晚上人很少，所以工业区土地价值的增值幅度和它收益的情况比陆家嘴要差得多，但是它也是国内唯一一个，甚至是主要的一个靠经营土地能够赚钱的工业区企业。

——混合开发模式。

纵向重叠的混合开发模式。即传统的开发公司采取的模式，从拿地一直到物业管理，所有环节自己都要做，功能上不够专业化，公司内部管理上互相重叠，互相交叉。这种公司，第一都有自己的销售公司，第二有自己的物业公司。在广东，甚至相当多的企业还有自己的设计院、建材公司、施工的建设公司。

交叉混合的开发模式。典型案例是珠江投资和合生创展。这个模式使拿土地和开发房子、建房子有适当的划分。珠江投资大片拿地，也要做一些房子，但是合生创展自己几乎不拿地，只做房屋。不过，两家是一个老板，它们交叉混合，在北京、上海和广东有大量的开发项目。

按照第一种混合模式，因为是纵向混合，从拿地一直到做完，10万平方米的项目在北京大概要3～5年的时间才能完成，如果是30万平方米以上的项目要5～7年，甚至7～10年才能做完。合生创展和珠江投资方式的好处是，拿地之后马上卖给上市公司，上市公司去拿地再做房，大概两三年就完了，可以缩短每一家公司的财务周期，对经济周期的抗跌性也比较好。

行动指南

行业越发展、越成熟，简单开发的商业模式的生存空间就越小。

7月17日　房屋（物业）经营模式

> 房屋（物业）经营模式，实际上也分两种：专业物业的经营方式，混合的物业出租经营方式。
>
> ——摘自冯仑文章《房地产公司的商业模式》

背景分析

冯仑这样分析两种经营模式：

专业物业的经营方式。比如，一些物业经营公司与沃尔玛战略合作，沃尔玛走到哪儿，它就跟到哪儿，就做一个专业物业出租给沃尔玛，跟随沃尔玛在全国开店来收取租金回报。专业物业经营是物业经营当中比较有意思的一种方式，特点是客户比较稳定，比较持久，但是资金回报并不是很大，因为它不是非常显赫和重要的大型公共物业，而是一种附属性的物业形式。

混合的物业出租经营方式。比如香港置地拥有香港中环42％的物业，主要是大型的综合商业物业，包括写字楼、酒店和卖场，每年收取租金5亿美元。采用这种方式的香港置业是一家纯粹的物业经营公司，在本地很少开发新项目，十多年来，主要靠出租经营每年保持一个稳定的租金收益。

行动指南

实际上，两种房屋（物业）经营模式对地产商的要求都很高，需要雄厚的资金实力、专业的物业运营能力以及商圈判断和经营能力。

7月18日　开发与经营混合的模式

> 开发与经营混合的模式，典型例子是新鸿基地产和长江实业。
>
> ——摘自冯仑文章《房地产公司的商业模式》

背景分析

冯仑认为，采用开发与经营混合模式的典型房地产公司，在内地还不多，在香港的典型例子是新鸿基地产和长江实业。新鸿基的收益当中差不多有1/3来自于租金收益，其余是开发性收益；长江实业地产每年有2亿港元左右的租金收益，其余是开发性收益。

近几年在北京南区比较活跃的香港新世界，是开发和出租两种经营方式混合交叉在一起进行的。值得一提的是，在香港上市的嘉里公司也是这样，它的出租收益甚至要超过开发收益，所以它在香港市场的股票也不错。

行动指南

等到房地产这个行业进入一个相对稳定成熟的阶段，开发与经营混合的模式开始成为主流模式，甚至分裂出单独的经营公司。这个道理也容易理解，在房地产市场年需求量稳定在一个量级时，新开发量即增量部分的收益就很难提升了，这时主要看谁能把存量部分经营好。

7月19日 房地产的服务模式

以与不动产相关的服务收入为主要收入来源的房地产公司，服务的商业模式大概有四种：中介经纪、评估、物业管理和房屋定制服务。

——摘自冯仑文章《房地产公司的商业模式》

背景分析

最近10年，房地产行业的一个重要变化是行业生态日趋完善，产生了不同类型的房地产服务企业。冯仑认为，这类商业模式主要有四种：

中介经纪和评估。这两种是较常见的服务形式。

物业管理。现在国内大部分人理解的物业管理其实是狭义的物业管理，广义的物业管理可以看做是一种提供资源的支持系统，把物业管理拓展成一个很大的产业，例如军营管理、工厂的后勤系统管理、医院的病房管理以及行政大楼管理等。

房屋定制服务。例如，日本大和就是以房屋定制收取服务费，美国科尔公司则是通过项目管理、工程管理获取大量的服务性收入。万通也开发出一个独立住宅的定制与服务系统，这个系统已经进入赢利期。经过这几年的努力，万通在不动产的服务领域也开始借鉴和学习国外的方式，创造出一些以服务性收入为主的商业模式。

行动指南

在一个支柱产业或主流产业中，商业机会主要来自主流业务自身的成长和服务于这个产业的主流业态及公司，要做主流业态和公司的生意，从而使产业链条丰富起来。

7月22日　不动产投资的模式

不动产投资的金融模式，主要有REITS（房地产投资信托）模式、不动产证券化投资模式等几种。

目前中国的金融创新正在学习美国的方式，香港在推行REITS，内地现在也有一家"准REITS"在做，下一步不动产按揭的证券化、住房贷款的按揭证券化也会推进。

——摘自冯仑文章《房地产公司的商业模式》

背景分析

中国的绝大多数房地产公司总负债率在70%以上，一种是向前融资，即向客户融资（预售）；一种是向供应商融资；还有一种是通过银行的贷款开发，也就是说负债融资，这种方式已成为国内房企主要的资金来源形式。在美国是反过来的，70%的资金来源于REITS，其余10%～15%是退休金和养老金，所以在美国即使产生经济泡沫，对银行的影响也不是特别大。

冯仑认为，国内不动产投资的金融模式，大概分这么几种：

美国的REITS模式，即不动产投资信托模式，其方法是通过信托方式把大众分散的资金集合到一家公司，然后通过税收减让，促进民间投资的参与，拿到钱后再投入长期物业，从而获得稳定收益。美国有一家非常大的这样的公司，一年收益35亿美元，它在美国拥有175栋写字楼，同时在每个州都有大量的出租公寓，主要靠这种巨额的资源来做这项投资。

不动产证券化投资。包括不动产债券、基金、股票等方式，这些都是通过金融方式来参与不动产的投资。

房地产业和金融业通过多种方式结合是未来发展的必然之路。未来会有相当一部分地产资产是金融资产的一个主要部分。所以，国内房企一定要使自己的融资渠道多元化，避免出现过度依靠银行的危险局面。

行动指南

随着行业的不断演变，而金融性的投资模式和服务性的投资模式逐渐成为房地产行业主导的商业模式。

7月23日 房地产公司是鸡，项目是蛋

如果说房地产公司是鸡的话，那项目只不过是蛋而已。我认为，随着市场的成熟和竞争的日趋激烈，万通不应当将目光仅仅停留在蛋上，而应当花更大力气培养和调理会下蛋的鸡。

大部分房地产公司的领导都会做项目，但不会做公司，公司成为老板的附属，外人看不见公司，只看见项目和老板。一般房地产公司做三个项目，老板就没法睡觉了。做项目和做公司是两套功夫，就好比会打铁和会经营钢铁公司是两回事。

——摘自冯仑2002年新年献词《羞答答的玫瑰静悄悄地开》

背景分析

1998年以来，房地产渐成我国经济增长的亮点，一派荣景。但在一片喧嚣中，人们听到、看到的更多的是房子，讲到最多的是项目。国内房地产公司大多处在项目管理阶段，它们的项目值钱，但它们的公司不值钱。

万科能迅速成长到今天，很重要的一个原因是上市以后迅速建立了一套制度，现在的万科是公司推动项目，而不是老板推动项目。万科在全国同时做100多个项目，王石还能满世界"玩"。

究其原因，万科是在办公司，在办房地产公司。只有会办公司，才能持续发展。所以，万通要赶上万科，关键不在于万通某一个概念或者某一栋房子比万科卖

得好,而在于万通要在制度层面缩小与万科的差距,所以冯仑对自己相当不满意,他觉得恐怕要到5年甚至10年以后,才能接近万科现在的状况。

行动指南

任何一家房地产企业在生存和发展中如果不能完成由"做项目"到"办公司"的本质转变,最终肯定会失败。"做项目"只需要做好一个产品的买卖就可以,而"办公司"则意味着要处理好商业模式、治理结构、战略导向、产品研发、人力资源等一系列问题。

7月24日 房企的核心竞争力

(国内房地产企业的)核心竞争力表现在四个方面:

第一是发掘和吸附客户的能力。我们不能当"皇帝的女儿",必须主动研究现有的客户群和发掘未来的客户群。这个能力需要持续地培养。

第二是创造生活方式的能力。盖房子就是创造一种生活方式,过去的筒子楼有筒子楼的生活方式,现在的豪宅有豪宅的生活方式。开发商只有以人为本,研究社会的进步,消费者的年龄、职业、偏好等,才可能具备创造生活方式的能力。

第三是资源统筹的能力。实际上,开发商既不盖房子,也不卖建材,因此只有靠统筹财务资源、人才资源、技术资源、管理资源,即以最低的成本、最高的效率、最好的质量,找最好的规划师、作最好的财务安排、挑选最优秀的建筑师和建筑队伍,以及最称职的物业管理者来完成开发全过程。

第四是学习与自我改造的能力。任何一家企业都应该是一潭活水,一旦成为一潭死水,这家企业也就快死了。保持活力的办法,就是不断改造企业内部的组织结构,适应企业发展与市场环境的要求。

——摘自《中国经济时报》1999年11月16日专访冯仑文章

《我不迷信品牌,但我需要品牌》

背景分析

现在国内房地产公司很多，全国每个大中城市都是少则几十家，多则几百家，市场竞争非常激烈。企业最终靠什么取胜，这是每家房地产公司都在思考的问题。冯仑发现房地产业存在这样几个现象，应该引起注意：

第一，房地产业既无百年老店，又无跨国公司。横着看，它是本土化生意；纵着看，这与经济发展阶段有关。房地产开发建设项目与所在地的政策、法规、规划密切相关，而这些都具有浓厚的地方色彩。同时，不同地区、不同国家间的气候、民族、宗教、文化习俗等存在差异，使开发商很难生产出一种像可口可乐一样的"标准产品"向全世界推销，客观上制约了房地产企业的跨国经营。

房地产还与经济发展阶段关系密切。比如经济从工业化初期向后工业化过渡时，城市化进程加快，商场、写字楼、住宅等需求高速增长；进入信息社会后，大型写字楼、商场、厂房等市场出现饱和，需求锐减，只剩下住宅永远有市场。房地产的消费周期长、需求阶段化，决定了这个产业没有百年老店。

第二，目前我国房地产业大量积压与大量开工现象并存。这是因为存在巨大的市场需求，这种需求诱使大批企业进入，想分一杯羹。另外，房地产业的门槛较低，只要能拿到地皮，手里有点钱，就比较容易进入。航空航天业需要几十年才能赶上世界先进水平，而房地产业只要有足够的资金，两三年就能赶上。这是导致市场竞争激烈的一个重要因素。

第三，房地产业活动空间相对较小，受经济周期变化影响很大。房地产业的发展受银行对开发商及消费者的支持程度，受政府规划、商业周期、政策等因素的制约很大，还要受经济政策波动、经济形势起伏、技术进步等因素的影响，这是对房地产企业生存能力的一个巨大考验。

事实上，政策环境、市场变化是企业无法控制的，要想在激烈的竞争中站住脚，房地产企业必须形成并依靠自己的核心竞争力，只有学会十八般武艺，才能立于不败之地。

行动指南

在国内，真正有核心竞争力的房企并不多。房企不仅应该关注销售规模的增长，更应该关注自身核心能力的成长，因为核心能力成长是销售规模增长的持续保障。

7月25日 公司"特种部队"化

最近，我们提出公司要以组织变革推动来以美国模式为导向的新战略的实施，而组织变革的重点是公司"特种部队"化。

所谓特种部队化并不神秘，无非是小前台、大后台，小行动、大系统，少人员、多技术。

——摘自冯仑2006年新年献词《傻根精神永放光芒》

背景分析

军事组织的变革是商业组织变革的先导。从全世界范围来观察，军事组织在朝两个方面变革，即正规组织、合法组织特种部队化，而非法组织或非契约性组织基地化。近年来，万通对组织变革的认识正是基于全球化条件下军事变革正朝这两个方面变化的基本事实作出的合理判断。

美国国防部前部长拉姆斯菲尔德主导的新军事变革就是特种部队化。现在所有的国家都在增加特种部队，减少常规的海陆空军。特种部队中又着重增加信息战部队和心理战部队。增加之后，它的成本和收益会发生一定的变化，简单地说，就是大后台、小前端。70%的钱用来找目标，30%的钱花在直接摧毁目标上。前端的组织变成全能的，后台变成系统的支持力量。以前前线的连长指挥不了炮兵，要报告师部请求支援，师部下命令炮兵才开炮。现在系统的支持力量超强，前端功能全面，特种战士一封电子邮件，炮兵就开打。部队和队员的位置在总司令的指挥屏幕上显示得十分精确。

从2004年开始，万通在推动四大块业务向新战略聚集的同时，对公司业务流程和管理架构以及人力配置方面都进行了根本的改变，万通未来的组织变革沿着"互通互联、后台强大、前端有力"的特种部队架构强力推进。而组织轻型化（特种部队）和人才重型化（特种兵化）正在成为万通新战略组织实施的强有力保证。

行动指南

事实上，企业最终的决战是人与人的较量，也是系统与系统、链条与链条的较量。在这种情势下，企业面临着选择，即怎样使组织变得更有效率，把前台做精做专，把后台做大、做成系统。

7月26日 细分业务的财务协同效应

我们每个业务（指住宅建设、土地经营、物业经营、定制服务四个业务）的财务周期都在2～3年，很容易躲开经济萧条期。从横向来看，这四部分业务的现金流量是多元化的，有的现金流量很大，但是利润不多；有的利润很高，但是现金流量不大。这样才能相互补充与调剂，最终能够很好地安排公司的现金流量。

——摘自2003年1月27日《北京晚报》专访冯仑文章《万通新战略》

背景分析

万通地产研究过全世界所有房地产企业的商业模式，并请专业咨询公司作了分析、论证，最终形成了"万通新战略"。这个战略的核心是改变商业模式，使万通地产由房地产的全能开发商转为房地产的专业投资公司，并形成企业一整套系统的管理、经营体系。这个战略将帮助万通地产增强企业的反周期能力，使万通地产成为"赢利能力最强的房地产公司"。

万通的战略实质就是由香港模式变为美国模式。新战略实施后，万通将重新界定公司的业务范围，具体内容包括四大方面：第一部分是住宅建设，即以高端住宅产品为主要产品，做专业的高档住宅和公寓的供应商。第二部分是土地经营。经过研究，国内的土地制度使得土地储备的最佳时间为三年左右，并由存量式的、被动的土地储备，改变为以经营式的、主动的土地储备为主。第三部分是物业经营，主要以出租市场上的主流产品为主。第四部分是定制服务，通过提供大规模定制化产品来开展不动产服务。

北京相当规模的房地产项目的财务周期大概是5～7年，一般来说都是跨经济周期的，在经济萧条的时候风险很大。从纵向来说，万通的这四部分业务把一家所谓全能开发公司从土地开发一直到物业管理的业务拆散了，缩短了每一个业务的财务周期，大大缩短了资金周转的时间，加速了资金变现的速度，也降低了各环节的风险。

行动指南

财务协同效应是成熟的大企业追求的财务目标之一，是企业战略的决定因素和保障，尽管这个战略最终还需要时间来检验。

7月29日 做生意的"6-3-1"办法

在（中国）社会做生意，无非是要在人情世故上让大家都舒服了。我一般采取的是"6-3-1"的办法。"6"是情势，是社会、法律强制要求我们遵守的；"3"是经济利益，算账；"1"是面子，是妥协。

在社会上，面子意味着特权、通行证，也是一种可以从别人口袋里拿钱的资格。所以在中国研究面子，最后就是在人情世故中学会找面子，你有面子别人也会给你帮助。

——摘自2007年12月13日新浪读书频道冯仑文章

背景分析

什么是面子呢？简单地说，面子就是一套程序，一套贬低自己抬高别人的表演。美国传教士明恩溥认为，中国人看重面子的原因来自对戏剧的喜爱。生活就像戏剧中的场景，每个角色都要体面地上台，在一片喝彩和赞扬声中下台，否则就"下不了台"。

面子还有一个特点，它是可以等价交换的，是可以流通的。朋友的朋友的朋友，到冯仑这里买房也可以打折，就是面子在流通。面子还可以储存，我老给你面子，到时候你也会给我面子。面子最终落实到经济利益上，会跟钱发生关系。

比如，我收购别人，一定要变成别人收购我的架势，明明是我很强大，但要说我很弱小，他显得牛了，事儿一下就办了。一般冯仑他们都是留10%的余地来处理面子问题，如果做交易赚了钱，得在某种场合给对方一个好的说法，让他特别有面子。否则，在生意场上你就会变成一个刻薄寡恩的家伙。

行动指南

按照鲁迅说的，"面子是中国人的精神纲领"。总是尊重别人，把人家放到台上，你在下面，"善处下则驭上"，这样企业在社会中就可以比较好地发展自己。

7月30日　财富组成的三个形式

> 所有在财富顶端上的人，他们的钱大概分三部分：第一个1/3是现金，这部分是不断辛苦得到的；第二个1/3是全国人民给他们发的奖金；第三个1/3就是全世界人民发给他们的奖金。
>
> ——摘自2005年1月21日冯仑在武汉东湖论坛的演讲文稿

背景分析

近几年国内有很多富豪排行榜，榜上的数字不断在升，门槛已经到了12亿元、13亿元。大家都在讨论怎么创造财富。那么企业究竟应该怎样创造财富呢？很多人认为，一是创业，二是资本运作，三是不断并购，四是技术创新。这些观点都没错。然而全世界的有钱人，比如李嘉诚，他的钱是怎么组成的？都是从哪来的？

后来人们发现，所有在财富顶端上的人，他们的钱大概分三部分：

第一个1/3是现金，这部分是不断辛苦得到的。

第二个1/3是全国人民给他发的奖金——假定他第一个1/3做得比较好，有了一些资产，那么国民生产产值增长到一定的时候，人民币就会增值，国内的货币币值升值，币值升值以后他的财富就会增长。比如他现在有价值1亿美元的土地，如果人民币升值100％，就多了1亿美元，但人民币升值是全国人民努力的结果。第二个1亿美元在他的财富中占的比例并不小，但是花的精力并不大，只是要熬得住。

第三，假如你顺利获得前两份财富，财富量级又足够在美国上市，那么全世界的人会按照你的赢利预期给你一个价格，你发现这次奖金发得更快。

行动指南

一个人也好，一家企业也好，最重要的就是把一生财富中的第一个1/3做好。不要乱想、乱动，因为个人财富的增长取决于专业化及持久经营。

八月 | "原罪"与民营企业

8月1日 "原罪"及其引发的财务危机

"原罪"其实就是一个企业没有股本金的问题。没有股本金，导致企业的资本结构和财务结构不合理，产业选择时趋向暴利行业或项目，内部管理上充斥"江湖习气"。

——摘自《中国经营报》专访冯仑文章
《在变应变 守正出奇》

我们的资本构成中自有资本金从一开始就是负数，是从借的高利贷转成的资本金，一开始回报的压力就是"必须暴利"的压力。没有暴利，怎么可能还了本、付了利息，还能给自己剩下点再继续折腾？

"原罪"引发的财务危机就是高负债、高暴利、高风险……所以，民营企业成功的概率很小。德隆和我们的历史相比，只是差了这么一个自觉革命的坎儿。

——摘自2007年12月13日新浪读书频道冯仑文章

背景分析

在社会转型中，何为企业的"原罪"？最初冯仑的定义很简单，即企业创立伊始固有的错误。错误何在？西方国家投资成立企业的前提往往是拥有资金，即办企业是有钱人的事，有钱才实施投资，才可谓资本家。而在国内计划经济时代，通常是由于缺钱才下海，才谋取投资，无产者要做资本家的事。于是，投资的资金来源只能求助于借贷。

除了自己个人积累的一些资金之外，民营企业发展初期资金来源主要是"3F"——Father（父亲），Family（家庭其他成员），Friends（朋友）。如果这三个渠道借不到，绝大多数创业者只有依靠向社会一些机构或个人借高利贷了。

1991年，当时名为海南农业高技术投资公司的万通，是靠借贷起家的。据冯仑讲，当时万通借钱的利息非常高，甚至在25%以上。比如，公司借100元，从第一天起就亏损，负债率是100%。那时一般是20%以上的利息，本金加利息要还120元；一年必须赚到280元，还掉120元，吃饭花20元，营运费用花掉40元，还能剩下100元做资本。100元本金赚280元，这不是暴利吗？

企业必须完成第一个暴利过程，才能维持初始的规模。

一般情况下，很少有人会老老实实把钱还了，继续按上一年的规模去发展；多数都恨不能把暴利所得的280元全部再投进去扩大规模。这样就造成赚280元以后只偿还了借款中的一部分，之后扩大规模，借更多的钱，追逐更大更多的暴利。但不可能每次投100元都能赚到280元，时间长了肯定会赔一次。

就这样，赚了钱以后人开始膨胀，再借钱再扩大，但第二轮可能出问题了，100元钱亏掉一半还剩50元，一般会再借100元，按50元本钱加100元的高利贷去做，这次必须用高杠杆负债赚到毛利290元以上，即580%的回报率，才能把遗留问题全解决掉，同时还维持上一年的规模。显然，这是一场巨大的赌博，需要找一个能赌的地方和能赌的项目。

段子原声

"以老板为市场，以银行为客户，以笼络为管理，以调账为经营"——这是国内很多民营企业在"原罪"引发的财务危机压力下的实际经营方针。

行动指南

高负债、高暴利、高风险——"原罪"给民营企业带来了持续的财务危机，并且越来越重。解决这类财务危机的方法，可以参考万通的经验和做法：中间认输，退出"短债长投"、越赌越大的恶性赌博链条；缩小企业资产规模，确立最擅长的主营业务，变卖其他业务还钱，对公司进行资产整合和重组。

8月2日 警惕"短贷长投"

初创期，（万通）用于投资的资金都是以将近20%的年利率短期拆借来的，如果没有60%以上的毛利，投资肯定是亏的。越投，口袋里的钱越紧，越紧就越加摧残手中的金融机构，向更多的人与机构去高息拆借，结果雪上加霜，饮鸩止渴，公司不堪重负，走到了崩溃的边缘。

我们概括自己是短贷长投；无独有偶，德隆后来把这叫做短融长投。

——摘自2007年12月13日新浪读书频道冯仑文章

背景分析

1993～1997年，是万通历史上的高速多元化扩张期。当时的万通扩张速度非常快，主要通过杠杆收购和连环控股的方式，投资了武汉国投和三个信用社（天津、南宁、兰州各一个）；另外还投资了华诚财务公司、天安保险、陕西证券，以及民生银行。一时间，万通成了最招人注意的民营企业。接着万通还通过金融机构互相拆借等方式来扩张，投资在房地产、商业零售以及高科技等许多行业。

在扩张过程中，万通公司的财务负担日益加重。这一财务危机，迫使他们去思考万通到底有多大能力，公司应当怎样获得健康的投资和扩张的能力。

所幸，冯仑当时明白了绝不能用借来的高利贷投资，于是就开始大踏步地向后撤，退之再退，直到卖无可卖、退无可退。后撤之后，万通才慢慢渡过了财务危机，才发展到了今天的好局面。

行动指南

解决"短贷长投"、救治自己的唯一办法就是，先卖东西还债，压缩公司成本，甩掉包袱，然后再行增资扩股，引进不需要还的资本金，开拓股权融资渠道，通过扩充股份、增加资本金的方式来获取资金，打通多元化的融资渠道。

8月3日 根治"原罪"的解决之道

那么，究竟什么才是（"原罪"）的求生之道和解决之道呢？

我认为，解决这个问题可以从两个方面着手。一方面是企业在面对这个问题时，要坚持"四化"，就是"资本社会化、公司专业化、经理职业化、发展本土化"。用"四化"充实自有资本金，同时让公司在一个专业领域形成自己的竞争能力，再培养一个好的团队，然后认真地经营企业，坚持在本土市场成为强者。我坚信，只要按照这"四化"走，"原罪"的绳结就可以解开。

另一方面，我觉得从国家的角度来看，不了了之实际上是最明智的一个方法。

——摘自2007年12月13日新浪读书频道冯仑文章

背景分析

从1996年开始，万通尝试根治"原罪"，例如逐步缩小企业规模、降低资产负债率，将资产规模由50亿元缩小至18亿元。

1996年之后，资产负债还在继续压缩和变卖过程中。这时，冯仑和王功权面临着一个现实的选择，就是公司怎么往下走？这是一个很沉重的压力。最后他们决定"收缩"：把所有的业务集中，压缩费用和人员；国内业务只做房地产，美国万通只做创业投资。

这年的"反省日"，公司在反省时很疑惑万通为什么会走到当时那一步，财务上出现那么大的漏洞，欠那么多的钱（在1996年的时候，万通欠的钱有六七亿元）？合伙人分开之后资产状况更加糟糕，这到底是为什么？

经过认真讨论分析，他们发现，其实有很多问题并不是1995年和1996年才出现的，万通的确背负着与生俱来的悖论和困境：最初一些事情的安排、一些制度、一些做事的方法都存在很大的欠缺，有一部分欠缺是自己的局限性造成的，还有一部分缺陷属体制环境所致。

万通直至2002年才调整完毕，如今资产又良性地扩大到数十亿元的规模。事实证明，调整是健康、积极的，割舍掉多余的"动作、资产、想法"，使企业趋向简单，这样才能顺利推动企业向更高层次发展。

行动指南

万通的实践为民营企业解决"原罪"提供了如下参考：

第一，战胜自己，即战胜自己的虚荣心，以"常识"而非"常情"作为评判标准，清楚认识自己企业的状况以及在市场竞争中所处的位置，认真解决企业的资产负债问题，使企业处于正常的规模。

第二，改造企业治理结构，即把以"水浒模式"建立起来的企业组织改造成为真正意义上的公司制企业。

第三，借助外部力量。

第四，制度安排。对于企业的"原罪"，最高人民法院的相关司法解释实际上已经作了一些类似的制度安排，譬如税务问题。

8月4日 "原罪"争论的偏离和恶化

　　我也许没有料想到我的"原罪"说引发了另外一种声音，刺激了一种潜在的政治取向。有人开始强调要对私有企业家进行追查和清算。

　　民意与国家政策越来越受舆论风向的影响，企业家的事业环境在企业家群体逐渐被理论界和舆论界一些人妖魔化的过程中悄然开始恶化，成为不少企业家倒霉的背景因素，这一定与我提出"原罪"说的初衷偏离了。

——摘自2007年12月13日新浪读书频道冯仑文章

背景分析

　　民营企业认识到自己有"原罪"，是万通房地产公司的董事长冯仑最早提出的。

　　大约是从1999年开始，陆陆续续有人谈"原罪"的问题。一些言论最先是从民间和学术界发出的，有这么几个比较有代表性的观点：

　　第一个是郎咸平的观点。他把一切不规范，包括在国外市场经济成熟条件下可能出现的问题和政策失误导致的问题统统都加在民营企业头上，把"原罪"的概念无限扩大。但是在唐万新、张海、牟其中、顾雏军等人相继出事后，有很多学者认为民营企业的"原罪"表现为暴利和不断地圈钱，在资本市场圈钱、在银行圈钱、乱集资。于是，有很多人开始认为民营企业扮演了一个不光彩的角色，并把它归结为"原罪"。

　　也有提出不同主张的，他们从历史与法律的角度为民营企业的发展作了解释，最典型的代表是张维迎和杨鹏。

　　张维迎认为，对民营企业的所谓"原罪"问题应当历史地看待，不应该继续追究民营企业以前的这些事情，应自然地将它赦免，认真地开始发展经济。

　　杨鹏的观点则是对张维迎的结论即"赦免说"的系统论证与注解。

　　这一争论到2006年末达到了白热化。2006年11月，中央统战部副部长、前全国工商联党组书记胡德平在接受《南方周末》记者采访时说，民营经济的诞生，非但没有"原罪"，而且应该早生十年、二十年；现在要来清算"原罪"和"第一桶金",就等于是对改革开放巨大成绩的否定。之后,中共中央统战部部长刘延东出面说,政府不主动扩大"原罪"的争论。所以"原罪"问题不了了之。

行动指南

当一种与企业家切身利益紧密相关的观点在社会上成为热点话题时,企业家绝对不能袖手旁观,不仅要密切关注其风向,而且还要设法维护自己的利益,来防止这种争论影响到企业和企业家自身。

8月5日 排座次、分金银、论荣辱

（民营企业）要准备过三关:排座次、分金银、论荣辱。

排座次,就是要明确职权分工,建立规矩,把纯"铁哥们儿"关系改变成在友情基础上的企业内部同仁关系。分金银,不是简单地只分多少钱,而是指正确对待和处理人与人之间的物质利益关系。论荣辱,就是说,失误了不要互相埋怨,成功了不要贪天之功归己有、争当唯我独尊的天然领袖。有这样的心理准备,许多矛盾解决起来就相对轻松一些。

——摘自万通最初六位合伙人1992年反省总结《披荆斩棘 共赴未来》

背景分析

1991年创业时,万通最初六位合伙人一开始合作的基础不是钱,而是大家共同的理想、信念和追求。

万通在第一次界定合伙人利益关系的时候就确定了一个原则,采用水泊梁山的模式——"座有序,利无别"。1993年初,万通界定利益关系,之前合伙人关系是虚拟的,没有股权基础;挖到第一桶金后开始建立财产基础上的合伙人关系,并于那时候把潘石屹吸收为合伙人。当时冯仑又提出一个观点:按照历史的过程来看,缺了谁都不行,每个人的作用都是百分之百——他在,就是百分之百;不在,就是零。从这个角度出发,万通确定股权时就采取了平均分的办法。

与当时绝大多数民营企业不同的是,万通最初六位合伙人都是学历比较高的知识分子，有一定的胸怀和思路，这才解决了当时很多民营企业难以逾越的"过三关"难题。

行动指南

民营企业普遍要面临的问题是排座次、分金银、论荣辱，而万通分金银的时候是跟排座次分开的，把公司分成六份，一人一份。这种"座有序，利无别"的水泊梁山模式，解决了民营企业成长过程中最敏感的位置、利益和高下问题。

8月8日 急于长大的青春期

> 每一次高速扩张期如同人的青春期，急于长大，急于向社会证明自己，表现为组织扩张、业务扩张、观念扩张、心态膨胀……所有企业都要经历这个快速增长的青春期，只是早与晚的区别。如同人出水痘，有人出得早，有人出得晚，但无一例外都要出。
>
> ——摘自2004年8月冯仑讲话稿《披荆斩棘 一路走来》

背景分析

其实，万通经历的过程特别符合所有新型企业和创业型企业必经的发展路程。因为企业的发展曲线基本是一样的：一开始创业，特别难；接下来是突破瓶颈，总有一个项目或一笔资金能突破瓶颈；然后进入第一次高速扩张期。这样便带来很多问题：企业在扩张，可市场、外部环境可能会有变化。于是出现两种可能：一是憋死了，二是挺过来了。如果能挺过来，那便进入第二个稳定增长期。万通有幸是第二种，走的是"暴发→多元化→调整→专业化"道路。

行动指南

一家成长型企业在进入高速扩张的青春期之后，一定要注重扩张的质量，尤其是要控制好自己的欲望和心态，尽量减少青春期的骚动和乱动。

8月9日　业务缩减的最大障碍是虚荣心

业务缩减、归于常态的过程是一个痛苦的过程。缩减业务有很多障碍，其中最大的障碍就是自己的心理障碍——虚荣心。于是调整业务的第一步就要调整心态——说服自己不要有虚荣心。

公司扩张后，在全国十几个城市都有业务，如同梁山兄弟一样，我们走到哪里都不用带钱，一下车"兄弟"们前呼后拥，异常风光。而当业务缩减后，首先面临的问题是今后走到哪里，都需要自己坐出租车了。"兄弟"也都散了。这对虚荣心是个不小的打击。

——摘自2004年8月冯仑讲话稿《披荆斩棘　一路走来》

背景分析

从1997年起，万通已经意识到危机的严重性，于是伴随着合伙人的再次重组，业务开始缩减——不断地卖！西安、武汉、长春等地的项目卖了，各地公司的股份卖了，海南公司撤了，等等。直到2002年，公司才基本化解了不确定的业务风险把业务集中在房地产行业。至此，万通的运营才算归于常态。

业务缩减还带来了其他的困难。由于不断地卖地，外界便传出"万通撑不住，要垮了"的说法。各界人士包括很多朋友都认为万通要垮了，一下子不理万通了。相当多的在任领导听说万通要"出事"，都不接触冯仑他们了，那段时期非常艰难。

1997～2000年间，万通低调运作，埋头做减法，经过了几次调整，才把历史问题基本处理完毕，逐步走向稳定增长的阶段。

行动指南

只有把自己调整为一个普通人，才会下决心把公司的多元化业务卖掉，从繁华中回归平淡。

8月10日　节制欲望

在企业的发展中，产生欲望很容易，因为产生欲望的成本很低。可是想事很简单，做事的成本却很高。

大家之所以很累，主要是因为欲望多。什么时候能停止？很难说，有欲望就肯定活得非常累。那么，怎样处理这对矛盾呢？我们感觉唯一有效的办法是节制欲望。

——摘自万通最初六位合伙人1992年反省总结《披荆斩棘　共赴未来》

背景分析

人世间永远都是欲望比事多，事比钱多。所谓事，可以包括想事、说事、谋事、做事、成事五个环节。想做的事比成功的事多。做事就是把欲望落到实处，经过筛选，把一些不合理的想象去掉。剩下的一些则由欲望变成计划，计划变成项目，做起来就变成了具体的事情。而想做的事永远都比我们的资金多。

在企业发展中，永远都是事凑钱，只有银行是钱凑事。运用资金（投资）来做事，再通过做每一件具体的事来满足欲望。这个循环是没有终结的。不仅如此，循环的圈将越来越大。

历经商海沉浮的万通和冯仑，已经能节制自己的欲望了。这是因为，万通在发展过程中经历过欲望膨胀引发公司业务多元化，过早进入一些体制不支持或者政策没有明朗的行业，从而给企业带来各种极其棘手乃至危险的问题。

行动指南

节制欲望的关键是企业每一阶段的目标不要定得太高，避免揠苗助长，勉为其难，企业的高管层从思想上、心理上也要有所准备。

8月11日　江湖方式进入，商人方式退出

六个人（万通最初的六个合伙人）中的三个接受了新的游戏规

则。回国以后我提出，"以江湖方式进入，以商人方式退出"。但我们的商人方式也不像现在这样，经过精细评估、锱铢必较，而只是作了大概的分割，还是一种抱有传统的兄弟情谊的方法。走的人把股份卖给没走的人，没走的人的股份是平均增加的，把手中的某些资产支付给走的人，这个模式延续下来，结果万通的股份都成我的了。

——摘自《万通·生活家》2008年第8期冯仑文章《合伙人》

背景分析

面对前进无路、后退遗憾的形势，冯仑想了很多办法。其中之一就是学历史，找来罗尔纲的《太平天国史》给大家看，告诉另外几个合伙人要耐心，在没有想出办法之前不能变成"天京之变"，这点得到大家的认同。他们又找来鲁迅的一些文章，比如《韧性的战斗》，鼓励大家要坚持。冯仑还研究土匪史，看英国人贝思飞写的《民国时期的土匪》，专门研究土匪的组织架构，还看过一本有趣的《水浒的组织结构》。

那时冯仑住在保利大厦1401房间，潘石屹住楼下，他们很痛苦地讨论着，等待着，就像一家人，哪个孩子都不敢先说分家，谁先说谁就大逆不道。

后来有三个契机促成了戏剧性的变化：其一，因为之前的分歧、争论，1995年王功权去美国管理分公司，暂且回避一下。在那里，他吸收了很多美国体制下商务、财务安排的方法以及产权划分的理论，这带来了一个契机。

另一个契机与女人有关：当时张维迎在牛津，介绍了一个女人回到中国，就是张欣（后来和潘石屹结婚）。在海外工作多年的张欣带来的价值观、对问题的看法都是西方化的，认为不行就分嘛。张欣把当时万通的很多地方否定了，她把西方商业社会成熟的合伙人之间处理纠纷的商业规则带进了万通。

王功权和潘石屹接受了这样的思想，开始说服冯仑。如果冯仑坚持，可能还是分不了。但这时又出现第三个契机，那时冯仑也去了一趟美国，见到了在加州的周其仁。周其仁讲了"退出机制"和"出价原则"，这给他一个非常大的启发：不能用传统文化中的兄弟感情处理万通内部的矛盾，而要用商人的规则处理分家或者叫建立退出机制。

"以商人方式退出"的游戏规则，促成了万通的组织进化，万通后来完全商业化了，公司可以容纳更多的人才进来。

段子原声

离婚是一件幸福的事。——冯仑提及当年万通六兄弟分家之事的感叹。

行动指南

当企业的高层和组织结构遇到矛盾和问题时，解决问题不能以毁灭组织的低水平思路来进行，而应该以商业规则或者借鉴其他规则来解决。这个时候，既是企业组织进化的契机，同样是考验企业负责人大智慧的拐点。

8月12日　民营企业的四大痼疾

我们这类（民营）企业容易染上四大痼疾：

一曰青春期综合征。因资本结构所困，盲目冲动，一切以"大"为目的。

二曰心肌梗塞。长期资本不足，现金流量不畅，成为拥有数十亿元资产的乞丐，一旦发作，四肢即便强健，一口气上不来，也将撒手作古，成为明日黄花。

三曰癌症。因为不是商人，没有管理经验，不知公司为何物，对投资和日常经营管理没有规矩，加之短时间内盲目扩张，公司内管理漏洞百出，弊端丛生，癌细胞不断吞噬着企业已有的健康肌体。

四曰心理疾病。即不能对突然掉到手里的财富和社会加之于身的荣誉抱一平常心取一正确态度，而是把偶然的成功当成必然的胜利，自己穿起了"皇帝的新衣"，飘飘然寻找明星感觉，不知自我节制，目中无人，个人权力欲无限膨胀，有的甚至与社会公开对抗。

——摘自冯仑1996年新年献词《走过历史　走向成熟》

背景分析

通过1995年"反省日"以来的不断反思，万通已完全认识到了类似自己的民营企业所面临的四大历史性障碍和长期感染的四大流行疾病。

所谓四大历史性障碍是指：第一，公司草创时期，资本从无到有的惊险跳跃所带来的"原罪",以及由此而来在资本结构、投资结构、投资方式、治理结构和公司文化等方面的老大难问题。第二,由非组织化群体(即梁山泊模式)向现代企业制度过渡中的斗争,即组织进化过程中的冲突与裂变。第三,由政治人向商人转变过程中的冲突和煎熬,相应的公司由社会政治文化为主导的企业文化向纯粹商业文化为主导的企业文化的转变过程中的文化冲突。第四,公司要在社会性经济制度剧烈变革的同时,保证发展战略和策略的正确与有效更是一个天大的难题。天变,道亦变,人亦变。在变应变,焉有胜数,这对万通实在是一大挑战、一大考验。

与四大历史性障碍相关,民营企业都容易染上上面的四大痼疾。

行动指南

民营企业医治四大痼疾的第一要务是,端正态度,认真求医。那种要面子讳疾忌医是会害死人的。因此,民营企业的高层要有一种请大夫看好病的紧迫感。

资本结构的"原罪"是许多民营企业难以"摆平"问题的总根源。因此,民营企业应当下死决心,调整资本结构,解决长短矛盾。从根本上说,民营企业必须把自己的业务结构和产业结构调整好,增强专业竞争力,扩大市场份额,提高公司价值。

8月15日　"结婚"是误会,"离婚"是理解

为什么"结婚"是误会,"离婚"才是理解呢?结婚前花前月下都是承诺,你过度地承诺才能够完成这样一个婚姻,这叫误会。最后双方理论的时候才清楚,对方说你是骗子,说你自私。你当初的承诺为什么不给我呢?实际上,当时为了达到目的,双方会有短时间的冲动,可能会过分地承诺。

——摘自2002年5月14日冯仑、张在东与北京大学MBA对话录

背景分析

在这里,冯仑的"结婚"是一个形象的比喻,指的不仅仅是结婚,更多的是泛指合作,或者在一起做事情,而"离婚"指的是终止合作或分手。

2002年5月14日冯仑、张在东与北京大学MBA对话时，一个同学提出问题：同学之间创业时立下契约，会不会伤害同学的感情？是不是应该以江湖方式开始创业？

而冯仑的回答是：跟同学在一起，不管任何方式，你一定要有一个准备。同学在一起创业之初更多地会想，我们会怎么好，跟结婚恋爱的人一样，都是在想好事。但是过一段时间会有很多问题，而又没有思想准备，就会走极端，使组织崩溃。所以说，结婚是误会，离婚是理解，离婚是要很高境界的。实际上，当你有离婚的经验的时候，你再去结婚就会很幸福。

所以，冯仑觉得，同学之间创业在初期的时候，不管怎么样，不说清楚，懵懵懂懂地就做，也许效率比较高，但是未来的成本会很高。

行动指南

任何的离和聚不能用道德评价，而是需要构建一个健全的组织，有心理准备，有契约精神。

8月16日 老总的出身肯定会影响企业

个人尤其是创业者对企业的影响力在中国的大部分新兴企业中都普遍存在。比如王石，他是军人出身，所以万科公司在组织性、纪律性方面比较规范，整齐划一，企业在管理的严格性方面比我们强，这就说明老总的性格肯定会影响到企业。我还认识一个跳芭蕾舞出身的搞民营企业的，他办公司就像跳舞一样。

不同背景的人做企业心态都不一样，搞艺术的人比较感性，我们呢，则比较理性。

——摘自《市场报》2002年专访冯仑文章《十年沧桑话创业》

背景分析

王石曾经讲过民营企业的"出身论"。在万通之前，冯仑曾经在政府机关从事政治以及经济体制研究方面的工作，对中国整个的政治、经济体制的演变过程有非常清晰的了解。冯仑在万通之前的这些经历，给万通以后的发展带来几个重要影响。

第一个影响要从价值观上来看。冯仑15岁入团，20岁入党，22岁到中央党校，后来一直在政府机关里工作，因此这种价值观对他的影响是非常持久的。在今天的年轻人听起来，这些可能都有点不太合时宜，但冯仑接触过的王石、柳传志都有这样的特点，最初在体制内都是完全按照一个传统的好党员、好干部的要求来做事的。所以，他们都有这样一个特点，在做企业的时候心态比较端正，不是那种急于赚钱，或是一旦遇到困难就躲避的人。

第二个影响比较大的是组织能力和宣传能力。由于冯仑他们都受过正统教育的培养，加之在校时冯仑一直担任学生会干部，所以组织能力比较强，这在一家企业的创业初期，在没有《公司法》的时候，在诸如团结人、制定企业发展方向等方面很有用。做企业一开始没有钱，得鼓动大家和你一起干，包括以后的产品营销，都需要你有很好的宣传能力，也就是"说"的能力。

所以，这两种能力对冯仑后来办企业帮助很大，使冯仑他们能在创业初期通过这些方式较快地影响周边一些资源，能够为万通所用，帮助万通发展。在后来的发展中，这两种能力继续发挥作用，使万通在企业的组织架构上、内部管理上相对别的企业更细一些。

第三个方面就是对政策的敏感性。这种敏感贯穿在万通的发展过程中。

行动指南

公司创始人的经历和价值观有时直接决定了企业的发展，所有企业领导人都应该尽可能产生好的影响。

8月17日 组织进化是民企致命问题

（民营企业组织）裂变有两种可能性，高水平的做法是按程序、按法律进行重组；另一种是低水平上的恶斗与裂变，一人带一拨人走，重复以前的故事，过几年又掰一次。所以中国民营企业组织进化总完成不了，就是因为这样的低水平循环。

——摘自冯仑《野蛮生长》

> 民营企业最大的问题是组织架构，要在不同的阶段用不同的组织形式。一开始是合伙制，继而变成股份制，有可能上市后又会有国际资本介入。组织有时像一件衣服，应当先做衣服后长肉，业务量和组织的大小要相应变化。
>
> ——摘自2006年5月23日冯仑文章《亮出你的管理或空空荡荡》

背景分析

1993年，万通完成产权改革，海南农业高技术联合开发投资总公司变成万通集团公司，成立新董事会，冯仑任董事长、法人代表。万通成立常务董事会，决策时一人一票，所有大事都得一致通过才能办，每个合伙人都有否决权，最后却没法挺进，因为奖惩考核不能正常进行，组织效率低下，是非多样，苦乐不均。

很多企业创业初期的规则基础主要是情感、伦理。要解决组织进化问题，把组织的规则变成实际出资以及创建利益基础上的新规则，势必面临着分裂。这时组织裂变是最正常的。

有一段时间，冯仑研究过土匪的组织结构。土匪组织为什么长不大？它的组织就是在低水平不断重复。每次官军围剿，土匪就分裂，分裂之后又拉出一些人继续干。

非契约性组织有两种形态，一种是家族式，一种是江湖式。如果按江湖规则行不通，就向家族内部寻求出路。家族抗分裂的能力要强一些，所以民营企业就出现两种选择，按江湖方式存在的寿命非常短，按家族方式维持得长一些。在没有新的组织进化方式时，实际后者不失为好的选择。

万通后来有了几个契机，了解了商人规则，找到了合理改造组织、解决分歧的办法。商人文化、商业伦理推动企业组织是一个巨大的进步。

民营企业怎样进步？很多人都说民营企业管理水平低，治理结构不合理。其实从管理学角度看很简单，就是组织和人的问题。民营企业创业者一般都会经历转型，即由自然人转成商人、由商人变成领导者的艰难过程，这期间需要让游戏规则也朝这个方向转变，所有的思想、情感、行为方式都朝这个方向变化。

那么，什么样的企业才有更强、更长远的生命力呢？冯仑的看法是，只有按现代公司治理结构来做，不断改善自己的组织结构，这样的企业才富有成长性，才能在市场中不断搏击，壮大自己。

行动指南

国内相当一部分民营企业过多地重视企业的经营业绩，而很少重视企业组织的成长。其实，一家企业之所以比另外一家企业发展得好，最重要的是这家企业的组织及其高层团队优于另外一家企业。

8月18日 引进资本旨在改造组织和人

> 引进资本的意义在于改造组织、改造人的行为模式，修正目标，加快发展……其实组织变革的意义大于1000万元、2000万元的斤斤计较。挣钱是一辈子的事情，不要指望一次挣够，正像一口气呼吸不完一生的氧气一样。
>
> ——摘自2006年5月23日冯仑文章《亮出你的管理或空空荡荡》

背景分析

在过去，国内民营企业能复制的组织形式，一类是机关，一类是家族和江湖。有的民营企业发的文件和红头文件一样，老板写的文章和杂志社论一样。另一类不知不觉中把公司办得像家族、江湖，这是不自觉地在进行组织复制，过分中国化。冯仑经常看到一些公司的标语紧跟政治气候，落款为"×××公司宣"，完全是机关作风。

现在，民营企业可以复制外国的商业组织和非营利组织，复制的同时也可以去创新。以往的民营企业领导人往往忽视这一点，只对卖东西感兴趣，对组织架构却不重视。

民营企业应管理好自己的欲望，明确好自己的目标，合理架构组织，认真追求绩效。无论什么行业，只要做到这几点，这家民营企业都会发展得很好。

行动指南

企业之间的最终决战，是一个组织系统对另一个组织系统的较量。民营企业是否能够发展壮大，是否能进步，重点在组织变革和公司肌体的保健。

8月19日 民营企业的"三代人"

　　改革开放这么多年，民营经济经历了这样三个阶段，形成了三代人，每一个阶段参与的人群又不同。第一阶段是边缘人口加干部子女；第二阶段是全民经商，鱼龙混杂，什么人都下海；第三阶段是创富阶段，实际上最主要的是一些精英，在商场上筛选出来的行业领袖。

　　这些人相当于来到了水泊梁山的聚义厅。一百单八将，每个人都有绝活，比如时迁偷东西是绝活，张顺浪里白条是绝活。当今大家都身怀绝技，业绩不凡，会聚一起，成为工商界的主体和民营企业的主流。

——摘自冯仑《野蛮生长》

背景分析

　　改革开放以来，我国民营企业从代际划分上看，已经经历了三代人。

　　第一代是从1978年～20世纪90年代初，这时期可以称为"前公司时代"。当时社会上做生意的主要特征就是个体户＋"官倒"。个体户当时又叫"倒爷"，基本上都是做简单的贸易，或者是开个餐馆、钉个鞋子、卖个衣服。大的就是"官倒"，倒钢材、倒批文、倒汽车，他们以垄断的方式从事贸易。

　　这个阶段应该说是非常原始的市场经济阶段，民间的商业活动更像是跑江湖，所以这个时代也可以叫做"江湖时代"，而不是公司时代。

　　民营企业的第二代为"公司时代"，实际上就是从20世纪90年代初～2001年。所谓公司时代，就是自从有了《公司法》以后，所有的创业和经营活动是以公司形式展开的。

　　这个阶段出来经商的主要就是下海的机关干部、乡村能人、大学生、研究生，以及海外留学归来的人，他们成为整个公司时代企业经营者的主体。这些人更懂得政策，组织能力、专业能力、学习能力、竞争意识更强，风险承担的意识也更强。所以，公司时代迅速淘汰了个体户和"官倒"公司，同时也催生出一大批成规模、上水平的好公司。

　　民营企业的第三代，从2001年至今，实际上进入了一个"创富时代"，这个时期最重要的创富加速器是资本市场。它们中有许多都成为全国乃至全球行业的领导者，一些大公司和超大公司开始出现。由于这些大公司的出现，加上资本市场的放大作用，大公司的领导者，包括股东，都变成了财富的快速聚集者。他们迅速成为第三代商人，成为市场经济中民营企业的一个主导力量。

段子原声

在民营企业三代人的不同阶段中，第一阶段靠爹挣钱；第二阶段靠胆略挣钱；第三阶段靠战略管理、人才挣钱。靠的东西不一样，三个时代公司的特征和文化完全不同。市场越来越健全，第三代民营企业将占主流，前两代的会越来越少。

行动指南

面对变化，民营企业的第一代要学会组织，第二代要把模糊的公司变成透明阳光的公司，才能进入第三代。第一代死在不会办公司，第二代死在"原罪"没有根治好，第三代会死在商业技能上。

8月22日 民营企业的增长极限

我一直在观察和思考，究竟是哪些东西让民营企业的发展停下来，限制了我们的脚步？换句话说，什么是民营企业的增长极限？怎么打破这个极限？

就我看来，民营企业发展的天花板或者说增长极限有四个，分别是外部环境的极限、组织的极限、商业模式的极限、企业家的能力与价值观的极限。

——摘自冯仑个人电子杂志《风马牛》0909期文章

《民营企业的增长极限》

背景分析

一百多年以来，中国的民营企业一直长不大，活不长，生命周期无法突破15年这个坎儿。直到今天，这个周期率才被万科、联想、万通等企业打破，这些企业每多活一天，都多创造一天民营企业的历史。

冯仑认为，民营企业发展的增长极限有以下四个方面：

——外部环境的极限。

外部环境首先指一个行业的市场规模与市场结构。什么水养什么鱼，以中国电影业的例子来说，中国为何没有好莱坞，没有像派拉蒙或华纳兄弟这样的大企业？因为中国电影业的市场规模比较小，有非常大的局限性。我国电影业的市场规模是60亿元左右，其中中国电影业中最大的民营企业华谊兄弟一年利润不到1亿元。

外部环境中也有体制环境的问题。在有些人眼中，电影不是娱乐产品，而是宣传品。这样就会出现一些意识形态方面的管制（特别是审查制度和进入许可制度），很多电影不能正常拍摄、放映，电影公司的成长自然会受到约束。

再看互联网产业，目前有超过6000万家互联网企业，而且大多是民营公司，且产生了许多像百度、阿里巴巴这样的大型民营企业。所以，当市场高度开放时，交易制度非常灵活，且在"篱笆"较少的情况下，这个行业会出现很多创业公司，企业增长极限不会被轻易制约。

而政府的管制方式也导致很多企业的增长出现极限。整个的体制、制度给企业的增长创造了很多模糊地带，让它没有办法增长。所以，就外部环境而言，选择了什么行业，增长极限就受到什么行业的市场规模、市场结构和体制环境的制约。由于这类制约和影响比较多，所以通过打破内部的天花板，从而突破民营企业的增长极限就变得更加重要。

——组织的极限。

从内部来看，首先要打破组织的极限，一家公司到底能不能成长，组织的变革、组织的制度安排非常重要。

冯仑去三亚时碰到一个民营企业老板，他最自豪的是他的公司在海南三亚坚持20年没倒。但是今天他的公司仍然是跟过去一样，一个皮包公司，就两个人，报表也没有。贷一批款，陪两天领导，钱没有了，再去借一笔款，又陪几天局长。他们公司的组织形态，与20年前公司最初成立的时候没什么区别，也就没有什么本质的增长。

另一位跟他一样老资格的标志性人物柳传志，组织的衣服换了四五件了，从国有民营，到香港的有限公司，到上市变成股份制有限公司，再变成一个跨国性组织，到现在还在研究，还在变。

很多民营企业在不同的发展阶段，如果没有适时地让自己的组织制度发生变化，没有引进新的资本和创造新的更好的治理结构，没有引进专业团队，这家公司就不会成长。

民营企业的组织变革永远不会停止，要通过变革来不断地提升发展空间，创造新的无极限发展。

——商业模式的极限。

商业模式实际上决定了公司能长多大。比如你的商业模式是零散开餐馆，就做不大，但改成麦当劳的连锁经营方式，就会得到很大的市场空间。

以房地产行业为例，房地产的商业模式大体上分成三种：最早房地产普遍的商业模式是"地主+工头"，随后是"厂长+资本家"。到现在，纽约人均国内生产总值发展到6万美元之后，房地产主要的商业模式是"导演+制片"的模式。

另外，IT行业也很有意思。IT行业中的制造业，比如电脑的利润可能只有2%左右，而网游的毛利润是80%。前者对成本非常敏感，边际利润很低，而后者一个服务器增加上百万用户，边际成本几乎为零，但边际利润极高。因此，从商业模式上讲，前一种再大也有极限，而后一种企业的增长几乎是无极限的。

所以必须高度关注自己所在企业、所在行业的商业模式是不是给你制造了一个天花板，让你不能够突破，妨碍你成长为一家好公司和大公司。

——企业家的能力与价值观的极限。

现在的民营企业，大部分还是第一代创业者，实际上企业家的能力对这家企业设置了增长极限。

有些东西是历史和环境造成的，比如柳传志和前面讲的那位企业家就是两个极端。柳传志的父亲是律师，他本人毕业于西安军事电讯工程学院（现西安电子科技大学），长期在军工和科学院系统工作。在这样的背景下，柳传志作为企业家的能力很强，人在北京，信息渠道又很通畅，进行组织变革有天然的优势。而另一位企业家在一个不大的城市，小学文化，自我持续学习的能力也不突出，就限制了他的发展。所以这位企业家已经成为一个历史化石，而柳传志的故事一直延续到今天，并且还在继续。

不论是哪位企业家，都有自身的局限性，只有不断突破自己的能力极限，才能突破企业的增长极限。为了突破自己的能力极限，冯仑也坚持在全世界观察和学习。如果能够再进一步，看到别人看不见的地方，在市场的不确定性中找到确定性，那么就可以站在未来安排现在。

在企业家的能力之中，除了商业能力，价值观也是一种能力。有些民营企业家的商业能力非常突出，企业做得很大，发展很快，可是企业和企业家却并不受人尊敬，给企业发展带来负面影响，甚至有猝死的可能。而像柳传志、王石、马云这样的企业家不仅个人受人尊敬，也给企业的发展带来了道德力量。

行动指南

组织的变革、商业模式的创造、包括对外部环境的选择，都离不开企业家的个人能力，这对民营企业家不断突破自身的能力极限提出了很高的要求。民营企业家只有不断突破自身的能力极限和局限，才能突破民营企业的增长极限。

8月23日 民营企业家要突破自身局限性

创造民营资本的新传奇，有一项最重要的挑战，那就是民营企业家要正视自身的历史局限性，勇于挑战自我，改造自我，从而突破自我，开创未来。

具体说来有三个方面的工作不得不做：第一，从内心深处到企业管理方式都彻底摆脱"原罪"的禁锢；第二，用资本家精神取代传统的商人精神；第三，借助经济全球化和网络时代的全新格局，迅速改变思维方式和竞争战略，将企业全面融入新经济。

——摘自冯仑2007年新年献词《跨越历史的河流》

背景分析

应该承认，在今天的相当一部分民营企业中都还存在"原罪"的历史遗留问题。当社会舆论和道德指责一再加诸身的时候，民营企业往往会自馁和放弃，甚至好罐子破摔，一走了之（资本外逃）。

在商业精神方面，目前国内大多数民营企业长期形成的是一种商人的精神，而不是资本家的精神。商人的精神重在牟取私人家族利益、强调私人关系、建立私交、结成私党、谋取私利，而资本家的精神与商人精神具有完全不同的内涵。

21世纪头几年，尚德施正荣、百度李彦宏等一大批高新技术企业中的新型民营企业势力就是拔得头筹者。网络和新经济提供了一种全新的机会，使得原本很年轻的中国民营资本能够迅速与国际资本市场接轨，不仅创造与欧美高新技术企业几乎完全一样的创富神话，而且能够使这一神话建立在一种现代企业制度的基础之上，确保公司和财富的持续增长。

行动指南

"原罪"问题的解决，最终需要两方面的努力，一方面是民营企业要正视自己的历史，尽快转变观念、明确战略，完善治理结构，依法经营，守正出奇；另一方面是政府和社会的态度。

在商业精神的革新方面，资本家实际上是创业者、投资者、资本家、社会资本家，追求一种创新，一种社会财富。现代企业追求与政府建立一种制度对制度、系统对系统、专业对专业的阳光下的博弈关系。中国民营资本要强大起来，也必须建立自己的"新教伦理"，使自己在商业伦理和资本精神方面健康和强大起来，形成自身的道德优势和制度优势。

在思维方式和竞争战略方面，国内民营企业应该借鉴近几年网络企业和新经济企业的思路，积极与国内外资本或资本市场对接，打造全新的公司治理结构，并利用"金融与产业互动"的新思路来发展企业。

8月24日 民营企业一定要接受监督

不要认为折腾能赚到钱，大部分情况是少折腾才赚到钱的。怎样才能少折腾？要自觉自律，要置于一个很好的监督体系当中。这就是我们的考虑。民营企业一定要接受监督。没有监督，你要找一个人来监督。

——摘自2005年9月1日冯仑演讲文稿《民营企业面临的新挑战》

背景分析

作为民营企业，万通在2004年发生了一个非常大的转变。这一年，万通引进了战略投资人天津泰达集团，让一家国有企业当了万通地产的第一大股东。原来万通集团是万通地产的第一大股东，一股独大，转变之后成为第二大股东。

在这次转变之前，有很多人不同意，大家认为不自由了。冯仑的想法是应该不自由，这世界哪能都自由呢？自由就是祸，选择就是放弃，自由就是枷锁。为什么？自由就是要对所有决策的后果负责，你应该恐惧自由。在西方哲学中，自由就是恐惧。如果不恐惧自由，你就会滥用自由。

从冯仑来说，他希望一定要有人管他。以前的董事会里，冯仑是一个创业者，创业者有长期经历，有天然的魅力，新来的员工比他差一二十岁，抬头看他，员工觉得老板很伟大。这样，就会增长老板的自信心，放大老板的能力，老板就会认为自己很了不起，甚至会影响董事会。万通找了一个更大的股东以后，当然就是规规矩矩地，每年该投资就投资。这样的好处就是投资者能够安心。

万通自觉接受战略投资者的监督，当然也带来了体制的改变。当时万通还计划和国外公司合作，包括与国际上基金的合作，都是在接受监督。冯仑觉得这样非常好，有了监督他就不累了。

段子原声

你的生活作风之所以正派，要不是老婆监督，你能作风正派吗？

行动指南

一家企业自觉接受监督、制约，是自己成熟的标志。真正的、安全的自由，是使自由在一个轨道里头行走，这是对自由最大的尊重和负责。

8月25日 民营企业如何从边缘走向主流

作为民营企业，我们也面临着一场有史以来最严峻的挑战：那就是如何从边缘走向主流，也就是从被排挤、打压、躲避、逃生甚至反叛，转为阳光下经营，融入市场经济的主流，支持政府并且以建设性姿态推动经济社会发展。所谓主流，就是敢担当、能负责；具有主流意识，就是要以对社会负责的精神经营企业、回报社会。

——摘自冯仑2004年新年献词《让你的公司更张艺谋》

背景分析

事实上，中国民营企业这30年来经历了一个由边缘、反叛到主流与合作的演变。社会主义公有制经济的"必要补充"就是边缘，作为社会主义经济的"重要组成部分"就是融入主流，而股份制或混合经济作为公有制经济的"主要实现形式"则完全就是主流了。

过去，处于边缘的民营企业，没有安全感，四处受歧视，企业家心态更是趋向逃避、躲藏甚至怨愤、反叛。于是，地下经济、灰色交易、权钱交易、转移资产、偷税逃税、变换身份、海外置业、留足退路、低调潜行，就成为不得已的"聪明"选择。

现在成为主流之后，不少人还没有摆脱惯性思维，行事作风依然不改，这就难免屡遭挫折、淘汰出局。因为，主流要求你扮演的角色应当是广受尊重、拥有安全感、积极参与、全面合作。这时，最好的行为方式就是阳光心态、依法经营、照章纳税、用心积累合法资产、推动本行业全面提升竞争力。显然，如果不意识到这一点，不及时转变自己的心态和角色定位，就难以在日益规范的市场经济环境中获得更大的发展局面，甚至会失去原有的竞争优势。

段子原声

边缘心态是什么？就是你去注册一家公司，一开始就想到让老婆、情人拿到钱，换成现金，准备几张护照随时准备逃跑，这就是边缘心态。做任何事情不敢理直气壮，然后天天埋怨，天天在骂政府对我这个也不好，那个也不好，我不赚钱就是外部环境不好，这就是边缘心态。

行动指南

从"边缘"到"主流"，民营企业最应把握的是：

首先，要有使命感和责任感。历史证明，与缺少使命感的企业相比，具有主流意识和强烈社会责任感与使命感的企业不仅最能保持竞争优势，赢得广泛尊重，而且能够赚取更多更持久的利润。

其次，简单、专注、持久和执着。市场经济五百年的经验表明，最终存活下来并且能够成为市场经济中主流的企业，绝大部分都是那些专注（专业化）、简单（商业模式一看就懂）、持久（有长远眼光永续经营）和执着（愿景明确顽强坚持）的公司。

再次，要稳健运行。高度专业性、准确性才可以确保平稳运作。另一方面，飞机要飞得好还必须具备其他一些条件，只要有一个环节出问题，就无法稳健运行。

最后，创新是引导企业与时俱进、进入主流的制胜法宝。创新的过程就是不断战胜困难和对手的过程，也是不断扬弃自己的过程。

8月26日 民营资本与外国资本的关系

民营资本与外国资本的关系是横亘在我们面前的又一个现实的难题。

一方面，在民营资本自有资本不足和外部政策环境不安全的条件下，外国资本往往扮演着"天使"与"骑士"的角色……近几年在海外上市的网络公司和高技术公司（还包括很多传统行业的公司），几乎都是凭借外国风险投资的力量，快速聚集资金和高速成长起来的。

然而，另一方面，民营资本在同外国资本的合作与角逐中，又被它们巨大的资本规模和丰富的商业管理经验两面夹击，不得不弃守行业领先者的地位，沦为外国资本在中国市场的开拓者。这时，民营资本所能够扮演、也是外国资本最希望它扮演的只有三个角色，那就是代工（外国品牌、产品在中国的加工者）、营销伙伴和品牌延伸。

——摘自冯仑2007年新年献词《跨越历史的河流》

背景分析

在中国历史上，民营资本因为国有资本的挤压，往往转身求助于外国资本，但结局同样是喜忧参半。

一方面是民营资本借力外国资本发展。前几年几乎每年都有10亿美元以上的风险投资在中国直接投向民营资本，特别是以IT等新技术领域为代表的一些高新技术企业，这些风险投资纵横驰骋，点石成金，催生了一大批诸如百度、新浪、尚德之类的公司和财富新贵。在传统行业，外国资本同样像骁勇的骑士般引人注目，例如在房地产行业瑞银华宝缔造的富力和雅居乐神话，摩根又创造了"绿城"的传奇，短短两三年时间，使原来为债务负担所困的传统地产公司完成蝶变，一飞冲天，在宏观调控的行业大洗牌中，不降反升，市值一跃超过200亿元人民币。

另一方面是民营资本在外国资本的角逐中为对方所掌控。比如成衣。江苏某著名企业几乎为所有的外国著名品牌加工衬衣，但它只挣取这些海外品牌（例如POLO）产品在当地销售价的1%的利润，而委托加工者则有30%以上的利润。即便如此，当国内劳动力价格上涨或人民币升值之后，海外订单又纷纷转到印度或土耳其，国内企业立即面临减产转行甚至破产和工人失业的威胁。

显然，由于外国资本牢牢把握和控制产品价值链的上游——品牌、研发和海外市场，民营资本的成长空间被大大压缩，在它将要长大或者刚刚长大成人的时候就被强迫改名易姓，成为他人的赚钱机器。

民营资本在与外国资本竞争中一触即溃的另一个重要原因，是价值观上的弱势地位。西方商业文明已有300多年的历史，已经积累起一套完整的价值体系和商业伦理，而中国的民营资本才刚刚起步，不单在技术层面大量学习国外的先进技术，而且管理知识和商业伦理方面也几乎全盘西化。这些年德鲁克、巴菲特和盖茨早已成为中国民营资本的先知和偶像，所以在与外国资本竞争与合作时，中国民企的价值观就会主动倒向对方，特别当国有资本不给空间或者政策环境不给人安全感的时候，多数人更是以价值认同作为寻求安全庇护的心理支持。

行动指南

民营资本要取得竞争优势，与外国资本合作共赢，最重要的是师夷之长技，学会用同样的企业治理方式和游戏规则与其同台竞技。当然要完成这一步，政府合理的经济政策也是前提条件。

8月30日 在中国要把财产传下去的概率不大

从以往的制度、基因、文化、历史来看，在中国没有传承财产的智慧经验和制度条件。那么接下来能不能传下去呢？我认为不确定，八成也传不下去。……这件事情为什么给大家这么多困扰？因为它十之八九都做不好，但还得做，就像人们追求爱情，十之八九都不顺利，有时只是昙花一现，但最后日子还得过，传承也是这样。

这样看来，第二代没什么可指望的，……富人的财产都是大家的，就算你坐拥百亿，除非有本事不死，一旦去世，这都是社会的钱。

有产者想把钱在中国传下去的梦想显然要大打折扣。

——摘自冯仑的新浪博客

背景分析

民营企业的传承及富豪们的财产分配问题，历来都是"重头戏"，如果处理不当，这很可能成为家族分裂、企业败落的一个定时炸弹。

传承包括四个方面：财产的传承、人的传承、体制制度的传承、精神价值观的传承，财产传承则比较具体。

冯仑说，他经常接触到一些富二代的小孩儿，在上海还看到专门做富二代自律培训的组织。在交流中，冯仑看到他们眼里有希望、信心，也有惶惑、踌躇甚至恐惧。几十亿的财产和事业突然降临在二十几岁的年轻人身上，会让他们感觉不安。

今天在中国要把财产传下去，冯仑个人认为是不大可能的：

第一，从以往的制度、基因、文化、历史来看，在中国没有传承财产的智慧和制度条件。从中国的历史看，从明代中国资本主义萌芽时期开始，民营企业财富很少有成功传承过两代的。

第二，看税收。在美国等有高额遗产税的地方，也很难实现财富纵向传承。在中国，遗产税这个税种在不远的将来就会征收。

创业者设计传承的时候像恋爱，制订了很多计划，做了很多美梦，看到的却是继承者的改弦更张，甚至背叛。所以冯仑有时会和他们的家长讲，就让他们做点儿自己想做的事情吧。

行动指南

找继承人经常讲徒子不如徒孙，徒子徒孙能超过祖师爷的很少。所以传承这件事情的成功概率确实不大，和最初的辉煌来比，总是黯然失色或者出乎意外。

如今，绝大多数的中国民营企业都开始面临"接班"与企业财富传承的问题。除了企业自身传承财富的努力和尝试之外，体制和社会应该给出一个更加合理、明确的外部环境，而不是简单地将其作为一个企业的内部问题加以看待。这需要法律、税收乃至政治制度的全面配合。

九月 ｜ 政商关系

MON	TUE	WED	THU	FRI	SAT	SUN
	1 十九	**2** 二十	**3** 廿一	**4** 廿二	**5** 廿三	**6** 廿四
7 廿五	**8** 白露	**9** 廿七	**10** 廿八	**11** 廿九	**12** 三十	**13** 八月大
14 初二	**15** 初三	**16** 初四	**17** 初五	**18** 初六	**19** 初七	**20** 初八
21 初九	**22** 初十	**23** 秋分	**24** 十二	**25** 十三	**26** 十四	**27** 中秋节
28 十六	**29** 十七	**30** 十八				

9月1日 全面把握政商关系乃长生之道

过去100年来，民营资本的稳定持续发展从来没有超过20年，单个民营企业，特别是比较有规模、有影响的民营企业的连续发展历史几乎没有超过15年的。

政商关系或者说民营企业与政府的关系、民营企业家与政治家的关系始终是致使民营资本陷落的布满蒺藜的壕沟……所以民营企业要想寻求长生之道，跨越历史河流，全面把握政商关系乃是当务之急。

——摘自冯仑2007年新年献词《跨越历史的河流》

背景分析

1949年以前，国民政府统治下的1927~1937年是民营资本发展的黄金时期，出现过荣德生、虞洽卿、周学熙等著名的私人企业主和面粉大王、纺织大王。他们的企业若不是受后来的抗日战争和解放战争影响，其中一些一定会进入世界500强的。

从历史上看，官僚资本和国有资本占据绝对的主导地位的情形下，民营资本的趋利本能必然导致有些民营资本与政府关系的依附性、投机性和腐蚀性。它们附着在国有资本周围巧取豪夺却又时常进退失据，招致"严打"和"清理整顿"；它们仰官员之鼻息以求利、投机取巧而又往往陷入纷争、沦为刀下鱼肉；它们时常拉官员下水，以钱谋利、钱权交易，却又时常在腐蚀官员的同时给自己挖掘了坟墓。在这纷繁复杂的政商关系中，许多极富创造力或原有希望成为举足轻重的民营企业中途夭折。

从时间上看，如今风头正劲的民营企业，其实正书写着中国民营资本的新历史，不断打破和创造着中国民营企业发展的新纪录。

行动指南

在中国民营资本的历史上，很多大型民营企业的倒闭，不是因为商业因素，而是因为非商业因素，尤其是政商关系；同时，一些大型民族企业、民营企业之所以得以在乱世或者改朝换代中延续或者再造辉煌，成功处理政商关系是决定性因素。

9月2日 政商关系的三个层面

> 作为企业的主要领导人，你必须经常想着这事（政商关系）。这里所说的政商关系，实际上分成三个层面。第一个层面是企业与我们所在的体制环境的关系，第二个层面是企业家与政治家的关系，第三个层面是民营资本与国有资本的关系。

> ——摘自搜狐博客2008年1月16日冯仑文章

背景分析

政商关系是民营企业长期必须面对的一个难题。实际上，政商关系分成三个层面。

第一个层面，最基础性的层面，是企业与企业所在体制环境的关系。比如做房地产，前几年"90/70"政策（指建筑面积在90平方米以下的住宅，要占总建筑面积的70%以上）一出台，房企就面临与它的关系，它是政府的政策，有强制性，不能不应对；还有比如规划的法律、建设的法律、税收的法律，以及许多政府部门的审批制度和规范要求，这是政商关系中最基本的游戏规则。

第二个层面是企业家与政治家的关系。

第三个层面是民营资本与国有资本的关系。民营资本与国有资本按照一种什么样的方式来打交道，这也是政商关系的一个很重要的方面。在目前的体制格局下，国有资本是一种带有很强的政治性的特殊财产，所以这种特殊的财产与私人财产之间的关系就非常敏感，如果处理不当，就会变成所谓的侵吞国有资产。但反过来，假使民营资本被国有资本侵占了，并没有什么政治上的麻烦，你也不大容易去起诉他。所以，民营资本与国有资本的关系，也是一个需要特别重视的关系。

行动指南

知道了政商关系的这三个不同层面，企业的主要领导人就会知道哪个层面的关系该用什么标准来判断，把握到什么火候。这对于企业发展至关重要。

9月3日　"择高处立"的智慧

> 他（荣毅仁）一生都为共产党和政府做事，出人、出钱又出力，个人谨慎处事，生活节俭，低调为人，一如他自己说的"择高处立，就平处坐，向宽处行；发上等愿，结中等缘，享下等福"。
>
> ——摘自冯仑2007年新年献词《跨越历史的河流》

背景分析

企业家与政治家的关系随时都考验着企业家的智慧。在中国民营资本的历史上，1949年前后各有一个成功的典范。

一位是虞洽卿，他主要活跃于国民党统治时期，在上海滩的商界声望极高，担任过商会会长，人称阿德叔。他的成功与其说是因为公司战略正确、经营得法、管理有效，不如说得益于他是当时商界唯一与独裁者蒋介石有着莫逆之交、甚至帮蒋介石砥定天下的企业大佬。

正是因为虞洽卿与蒋介石有这样一层关系，虞洽卿的公司在民国时代一直顺风顺水，即使是在抗战时期，他仍垄断着上海和重庆的所有物资运输，朝野上下，莫不敬仰。虞洽卿最后因病去世，得以善终。

另一位成功者是荣毅仁。早先荣家在抗日战争之后，已被战乱和官僚资本倾轧得四分五裂，荣毅仁在1956年带头响应共产党号召，将资产捐给政府。1957年，荣毅仁出任上海市副市长；1959年，他又出任国家纺织工业部副部长。"文化大革命"之后，他应邓小平之邀出面创办中国国际信托投资公司。当国家财政资金困难时，他甚至从自己落实政策发回的钱中，拿出上千万元借给政府充当中信的创始资本而且不要回报。1993年3月，荣毅仁辞去中国国际信托投资公司董事长的职务。1993年3月至1998年3月，荣毅仁任国家副主席。

行动指南

显然，从虞洽卿和荣毅仁这两个人的身上可以看到，企业家与政治家的关系的最佳选择有两条：第一是要择高处立；第二是要"同心同德，予而不取"，"非以其无私耶，故能成其私"。

9月4日　离不开，靠不住

国内民营企业与政府打交道是非常有趣的一件事情。长虹集团前董事长倪润峰讲过6个字，"离不开，靠不住"，这是在他离开长虹之后讲的，离不开，但是也靠不住，这是他讲的一个观点。

——摘自2008年4月18日冯仑在广东东莞大朗镇的演讲文稿

有人开玩笑说，商人和政府的关系是"离不开，靠不住"。怎么理解呢？在中国经商离不开政府政策的支持，想离你也离不开；你又不能完全靠政策养着来发展，想靠你也靠不住。

——摘自搜狐博客2008年1月16日冯仑文章

背景分析

在美国，政商关系实际上应叫作商政关系，商在前政在后，是商人利益集团主导政府的游戏规则。美国的商人集团通过法律规定，比如说怎么捐款、怎么游说、怎么选举这样的一套游戏规则，来保证商人集团能够影响政府的公共政策的制定，影响到政府对于商人乃至社会的各个阶层的利益分配。

在中国则是政商关系，政在前商在后，是政府主导市场交易和企业的行为方式。政府通过研究制定一系列政策，然后来要求企业依照政策实行。在政策制定过程当中，商人是不介入的，最多是来听一听你的意见，商人对政府政策制定的影响力不强。

行动指南

国内很多民营企业的夭折和遭遇重大挫折，主要原因并不是由于市场因素，而是非市场因素，尤其是政商关系。民营企业既得靠政府，又不能靠得太近，这中间的距离、分寸和火候如何把握，就是"离"的学问和"靠"的艺术。

9月5日　"靠山"即"火山"

关系的那一头，如果是重权在握的高官，那你的行为最终难免权钱交易；或者，即使你清白无瑕，那也保不准他不出事，万一在别处翻车，你的"靠山"顷刻变为"火山"，你的事业也就寿终正寝了。须知"人链"十分脆弱，"关系"最靠不住，根本不可能确保你万事无虞，决胜千里。

——摘自冯仑2005年新年献词《决胜未来的力量》

靠山也是火山，靠得近了，它一着火，我也完了。正因为我没有靠山，所有人都是我的靠山，没有人知道究竟谁是我的靠山。别人不知道谁是我直接的靠山，就怀疑我可能有很多靠山。谁也不知道我们怎样摆平很多事情，我们反而就很厉害。

——摘自1996年2月12日冯仑与我国台湾地区登泰设计顾问公司的
谈话记录

背景分析

万通1991年开始创办民营企业，研究政商这件事情时也很头疼。他们当时不懂MBA，看了很多江湖故事，总结了一条：靠山就是火山。所以万通从一开始就说，"我们的爹不行，我们自己行，给我们的儿子当一个好爹"。

所以他们当时不是讲政府靠不住，而是怕自己没有能耐，最后惹事。万通不主张企业跟政府的关系变成暧昧关系，应该变成非常透明的正态关系。冯仑对外坦诚讲过，所有企业在成长过程中都将面临很多灰色的东西，万通在这些企业里面是做得最少的，而且是能不做就不做，"所以我们一直没有出事。我们很少依靠个别官员支持我们，我们没有什么所谓的后台"。

行动指南

企业社交尤其是对政府高层的社交是一种"有"，"有"了这群人，就会与另一群人发生矛盾，但如果我是"无"，我可以是也可以不是，我是我自己。这是非常中国式的思维方式，强调相反相成。

9月8日　迷信"关系"办不好公司

　　显然，"关系"之间的交往模式，既"激励"你不断违章、犯法，又不断往里赔钱，甚至还会导致公司内部组织涣散。这就是那些迷信"关系"的公司为什么办不好的重要原因。

——摘自冯仑2005年新年献词《决胜未来的力量》

背景分析

　　大多数普通的中国人最相信的就是关系，以为关系可以决定一切，面子才是生产力。所以在构筑未来的发展空间时，首先想到的往往就是广结善缘、膨胀人脉、寻找靠山。

　　其实，如果多问几个为什么，就不难看出，把一切成败寄托在关系和人情面子上，实际上就是想绕过一切正常的管理规范和法律法规，取得某种凌驾于制度之上的特权，从而获取具有垄断意义的机会和利润（所谓"寻租"）。

行动指南

　　"关系"越盛行的地方，制度就越遭到践踏；制度越无尊严，关系就越重要，越发有面子，形成恶性循环。所以相信关系的人或企业，从来不把制度放在眼里，权力身边的"关系"之所以违法乱纪的机会多，便是这个道理。

9月9日　行贿是导致公司瓦解的毒药

　　然而，在我看来，对于办企业来说，事实恰恰相反，关系不仅不是决胜未来的决定性力量，反而是导致公司瓦解的毒药。

——摘自冯仑2005年新年献词《决胜未来的力量》

　　你在体制外做一个商人，想用钱去协调体制内这么多人际关系几乎是不可能的，这样玩下去得到的回报一定是得不偿失。

——摘自冯仑《野蛮生长》

背景分析

有这样一件真实的事情：在贵州有一家上市公司，一度占到全省房地产市场份额的30%。有一个老板想收购这家公司，也谈好了价钱，但将成交时他还想再压低收购价，于是联系到了当时省委书记的妻子。儿媳就把公公请出来吃饭，席间说服她公公把体改委、国资委的人叫来，要他们都支持这个收购。此人给了这儿媳500万元，请她帮助运作，最后使得他收购时少花了3000万元。

从这轮交易看，这个人是赚钱了。

之后这家上市公司在股票市场上很活跃，呼风唤雨。但后来省委书记的妻子因为受贿被枪毙，然后又查出他儿媳的事情，结果整个案子浮出水面。这么一家占30%市场份额的好公司，省掉的3000万元其实很容易从正规渠道赚回来，但收购它的老板习惯占便宜，用500万元葬送了整家公司，自己也进了监狱。

行动指南

当民营企业陷入权钱交易这种关系模型时，一定会付出更多代价。所以，民营企业应当客观地看待在人际关系中花出去的钱能办多少事情，算对成本和收入的账单，这一点非常重要。长期实证研究的结论是，这种关系在第一次交易时往往有利润回报，但如果从多次博弈和长期来看，撇开道德和舆论以及未来法律的风险，单从财务上看，这种腐蚀、行贿，往往成本大于收入，得不偿失。

9月10日　不行贿可以让你永远省心

当你做这种交易（行贿）的时候，不要光看第一个交易过程，一定要看后续的交易过程，很可能损失的利益和付出的代价远远超出原来的代价。所以不行贿，不是完全出于道德考虑，而是让你把精力集中在本业和企业业务，扎扎实实做产品和抓管理，这样你就永远省心了。

——摘自2008年4月18日冯仑在广东东莞大朗镇的演讲文稿

背景分析

万科和王石的"不行贿"策略，是一个正面案例的典型。

如今，万科公司在全国开发着180多个项目，而王石却可以潇洒地在外面爬山，或者进行公益活动。万科或者王石只要有任何行贿行为，今天他就不会这么潇洒了。有一些私人老板，可能做了两个房地产项目，一天到晚还在忙，为什么忙呢？他为了拿这个项目，有了50万元的不正当交易，每天提心吊胆。

王石在公开场合多次说过，万科在拿地、办批文的时候，从不搞任何私下的交易，这样看起来地价好像有点儿贵，但是他在市场上找回来了，而且他因此省出了大量时间去登山，永远不用操心去搞定这个搞定那个之类乱七八糟的事情。他的经营成本虽然相对比较高，但市场一直在往上走，他赌赢了大势，赢得了尊严，赢得了时间，公司管理也规范了。

到目前为止，万科能一路高速增长，王石能有更多时间来关注公益，关注自身发展，关注全社会企业界的走向以及行业建设，靠的是什么？其实简单，就是不腐蚀、不行贿、不占公家便宜。

行动指南

企业家要学会算大账，算长远的账。一家企业如果能坚持不行贿，实际上既节省精力，又增加了赢利，还能改善公司管理，企业内部非常正气，公司价值观非常单纯，公司员工也因此变得很单纯。

9月11日　"不行贿"的生存之道

万科的生存之道，王石称为"不行贿"和用国有制造业企业的管理方法建立有效的系统和体制，建立经理人文化，坚持培养经理人团队。这些东西可以看成是守正出奇、阳光经营的价值观的闪光，也可以看成是成熟的专业管理系统和团队因循法制化和专业化的市场竞争与政府管理体制的成功对接。

——摘自冯仑2007年新年献词《跨越历史的河流》

背景分析

在企业与政府的关系方面，应当说万科是一个成功的榜样。万科完全以民营企业的方式创办起家，它不仅成功应对了经济体制变革以来所有阶段的政策与体制变化的挑战，而且越来越稳健成熟和快速发展，始终保持行业的领先地位，进而成为全国最大的住宅公司。

在过去相当长的一段时间内，市场秩序在改革过程中没有建立起来，法制不健全，企业和政府行为都不规范，政府管理部门的专业化能力相对低下，这时动力、信息、资源和人才优势统统掌握在民营经济、特别是那些极富雄心的创业领袖一边，他们往往通过"搞定"一两个掌握重权的领导就能轻而易举地打开体制缺口，截获巨大的资源，形成爆发式增长。即便东窗事发，也往往能够轻易化解危机，逃过生死劫难。于是，便滋长了用钱开路、为所欲为的思维和行为模式。

然而，随着市场经济体制的法制化进程不断加快和完善，政府管理部门不仅体系日益健全，而且专业化水平越来越高，资源、动力、信息、人才和专业化的优势也明显转到了政府一边。

行动指南

实际上，以投机和腐蚀干部开路、靠某个人与体制博弈的时代正在过去。目前唯一能够与现有体制长期共存和持续发展的方法，就是以组织对组织，以系统（机制）对系统（机制），以专业对专业，以人才对人才。换句话说，只有建立科学合理的治理结构，形成专业化的、有效的公司管理系统，才能稳健有效地与政府管理部门对接，获取长期发展的市场资源和政府资源。

9月12日　行贿是治理结构问题

王石不仅继续高调坚持不行贿，而且更明确地提出"不行贿是我的符号"。……王石的不行贿有深刻的制度基础，就是治理结构的基础，这种治理结构令他没有动力为了让别人发财而自己坐牢。因为不是股东，他对个人财富疯狂增长的动力小于他为全体股东实现利润、积极贡献社会的价值观的驱动力。

而黄光裕的国美是家族控制的企业，他追逐个人财富的动力要远大于王石，他可以为了个人家族财富的增长，去冒他认为可以承受的风险。因为在这条道路上，他是最大的受益者，即使是潜规则，他也是付出他应付的成本去追求他企图得到的更大的回报。而王石则不然，他没有这样疯狂逐利的制度基础。

对比这两类民营企业在政商关系方面不同的选择，可以看到治理结构在背后起了至关重要的作用，它的作用远高于我们通常关注的道德水平以及人格的力量。

——节选自冯仑2010年新年献词《今天我们怎样民企》

背景分析

前几年，昔日的中国首富、国美电器集团的实际控制人黄光裕涉嫌行贿以及引起一连串官员的落马，这迫使人们思考：民营企业中许多人为什么总是陷入政商关系中"离不开、靠不住"的悖论？而另外一个民企万科却选择了截然不同的处理方式，并使万科在史上最严厉的房地产调控下逆势大幅度增长，在当年销售收入一举过千亿元。

冯仑在深思：黄光裕和王石之间的分野究竟在哪里？为什么一个要去做、一个偏不做？通常人们愿意把黄光裕的问题简单归结为他的原罪问题、道德问题、素质问题、唯利是图等等；甚至从这些方面无限夸大、想象和批评。人们往往忽视，政府不当的管制、公权力无限扩大，可能使民营企业每一个交易过程、每一个市场的环节都充满了不确定性和制度性的障碍，制度缺陷有时也会诱良为娼。

冯仑认为，黄光裕案件曝光之后，人们才看到他怎样透过关系人对商务部法规司郭京毅等人进行巨额行贿，而郭等人把政府给予他们的审批权力任意变为牟取暴利的渠道和方法。但人们却很少质疑，这种审批究竟是不是合理？是不是公开透明？是不是依照程序和法律？这些审批如果耽误了或者不予批准，是不是也应该追究法律责任？公民甚至企业是不是有权利进行行政方面的诉讼、追索滥权造成的经济损失？目前没有一家民营企业敢这么做。所以人们看到的是汇源遵纪守法而功败垂成；黄光裕则运用潜规则，用钱开通了这条路，实现了他当时短暂的成功。

但另一方面，万科为什么不行贿？是王石的道德水平高于在政商关系方面犯了错误的企业家？还是另有原因？就冯仑个人的观察，王石也是普通人，他没有任何在道德方面成为圣人的可能性，但是他的确不行贿。那么促使他这么做的深层根源究竟在哪里呢?

冯仑发现：王石跟其他民营企业家有两个非常大的不同，第一，他是经理人，他创业以后没有当老板，而是选择职业经理人的道路；第二，万科的股权相对分散，第一大股东是华润，拥有16%的股份。万科在二十多年前就已经上市，受到监管部门和股东的制约和监管。在这种情况下，王石作为一个正常、理性的人，他唯一能做的正确决策就是不能为了给其他股东挣钱而去行贿、并因此让自己坐牢。

行动指南

未来要破解政商关系的悖论，唯一途径就是建立更加合理的公司治理结构，使公司变成混合经济，变成战略清晰、治理有效、发展健康的好的民营企业。所谓混合经济，就是私人在一个公司当中所占的股份，既不能太少，也不能太多。占的股份太少了，股东或创办人没有经济动力，只有道德的动力；而如果股份太多了，股东或创办人只有经济的动力，甚至会为了百分之百的利润而完全忽视法律和道德的约束链而走险。那么这个比例应该是多少呢?

现在看来，30%到50%之间是比较可行的。在这一范围内，可以保持治理结构上的平衡和股权的多样性，以及动力和约束之间的平衡，做到内有动力、外有约束，既有经济冲动、又有道德自律。这样一种平衡，使企业家在面对政商关系时，可以建立起与政府之间有序、透明和良性的互动关系。

另一方面，企业家也要关注和推动政府，在阳光下行使公权力，使公权力的运行有边界、有程序、有法可依、依法行政、违法必究。一旦滥权给企业和社会造成损失，相应的责任人必须付出巨大的代价。只有这样，才能形成良好的企业和良好的政府之间的互动关系，也使企业和政府形成平等的服务与被服务的关系，而不是管制与被管制的关系；不是猫和老鼠的关系，而是公平博弈的关系。

9月15日 政府发球，企业接球

目前国内还是政权主导，就是政府发球、企业接球……现在进步到的状态就是政权、政府主导企业，规则、潜规则起了更大的作用。

国内相当一部分的政策制定程序，还不够透明和清晰。这经常会造成政府权力的边界与企业行为的边界发生冲突，企业必须在这种"发球"、"接球"的状态中生存、发展。

——摘自搜狐博客2008年1月16日冯仑文章

背景分析

改革开放以来，中国政府与企业的关系发生了巨大变化，国有企业从改革开放前政府部门的附属和"一个车间"演化为今天的企业，民营企业则成为有相当自主权的经济实体。即使如此，企业也要理解，社会的进步是逐步的，目前的状态仍然是政权、政府主导企业，只不过主导的方式有了非常大的变化。

行动指南

当遇到政府权力的边界与企业行为的边界发生冲突的情况时，企业需要特别审慎地处理与政府权力部门的关系，谨守分际，尊重政府的管理和所有的政策。这是企业在这个层面必须采取的一个立场，同时也是一个基本的原则。

9月16日 企业需要多大的人脉网

关系规模与关系强度、资源控制能力成反比，这是民营企业在发展当中重要的现象。当一个人天天在外面忽悠的时候，这个人实际上在每一个地方的强度都不够。当这个人不怎么忽悠，但很神秘地就能把事情办成时，他肯定在某个地方有关系，而且这个关系的强度足够大。

最后，当你满足情感和安全需要的时候，再结合一部分发展事业的需要，人的关系网大概是遵循"10-30-60"规律，最核心层10人、核心层30人、紧密层60人。

——摘自冯仑《野蛮生长》

背景分析

民营企业有时候往往把关系的规模弄得很大，什么都用关系，结果为关系所累、所困。做一家企业，到底关系网多大才够用？这是必须回答的问题。

人为什么要有关系？对一个人来说，关系在创业、经商、发展过程中有三个方面的功能：第一，事业发展的需要，要发展事业没有关系不行；第二，安全的需要，万一有个急难，你需要有一个铁杆朋友帮忙，替你说话；第三，情感的需要，总得有一些挣钱以外的情感交流。显然，这中间不存在商务关系，而是情感需要，是倾诉、解惑、求证、益智的需要。创业的人压力大，不确定的环境使得他对安全需要和情感需要的强度会比一般人大，从这个角度来说，他对朋友的渴望程度也大。

从这三种功能来看，不同类型的民营企业对人际关系的经济规模的强度和范围的要求是不一样的。往往出现这样的金字塔现象：你发展事业需要的关系对象层次越高、权力越大，实际上你所需要的关系数量会越少；如果你的关系对象比较普通、一般，权力也小，就要靠数量来补充。

此外，宁打一口井，不挖十个坑。其实在一个单位里，关系越多，作用越弱。比如一个单位有10个同级别领导，你跟10个同级别领导都很好，没人会帮你办事。因为他们之间可能有矛盾，你找这个领导，另外那个同级别领导可能会不爽，于是他们内部就会掐，最后谁都不帮你。但是如果这10个同级别领导中你只跟一两个同级别领导关系特别好，而且其他八九个同级别领导都不知道，这个同级别领导在内部帮你协调，很多事情就都能做成，而且还波澜不惊。这种做法在局部单位里最有效。关系的数量、规模和效果成反比，这是一个有趣的规律。

行动指南

在人际关系网的规模上，一定要仔细研究10、30和60这三个数字，维护好这三层关系，把握住你一生中每天精力的分配，让你的工作更有意义。

9月17日 协调政府部门的专门方法

我们不去请政府领导，也不跟领导吃饭，但万通为什么还能协调好这些关系呢？我们在人情世故方面是怎样处理的呢？

万通有一套专门的办法。我们把这些问题通过理性分析，在处理上就会避免出现一些误差，也能保证万通的精力不会分散，不像有些企业好像是在跟政府领导做生意。

——摘自《市场报》2002年专访冯仑文章《十年沧桑话创业》

背景分析

在创办万通之前，冯仑曾经在国家体制改革委员会、中共中央宣传部等多个党和政府部门工作过，他大学读的是经济学，硕士读的是政治学，博士读的是法律，比较喜欢历史和哲学，这些经历和专业知识使得冯仑思考问题非常具有思辨性。所以很多时候，别人看不到的现象，冯仑能够感知它，从理性的角度去分析它。

打个比方，做房地产开发需要经常与政府部门打交道，国内很多发展商把大部分精力放在走后门、拉关系上，而且有一部分企业因为行贿影响到了发展和安危。但到了万通你会发现，没有一个经理会这样干，企业也不要求员工这样做。

实际上，企业的根本体现在经营上和企业最终的财务成果上，你的财务成果不好，犯了法，即使有再多的关系，最终也要受到法律的制裁。

行动指南

企业如何处理与具体政府部门的关系，是一个极其重要而棘手的难题。只要把企业做好了，剩下的必然会有人来帮你，其实帮你也是在帮政府部门本身。所谓"世事洞明皆学问，人情练达皆文章"，在中国，"人情练达"应该是每一位创业者非常重要的能力。

9月18日 政府干预企业的边界

现在政府对于企业的微观干预，要不要有一个法律限度……现在政府有时会有过界行为，使交易成本增加太快。政府应该依法行政，减少政府违约，以保护投资商的积极性。

商会不反对政府干预市场，但是要依法、适度、有据，反过来，企业应该建立公平的制度以保护自己合法权益范围内的博弈能力，这样大家才公平。

——摘自2005年6月3日《第一财经日报》专访冯仑文章
《宏观调控下地产商会维权是否会遭遇瓶颈》

背景分析

在国内房地产企业经营的过程中，有时会出现政府干预企业的情况。在保护房地产企业投资人合法的财产权益和人身权利方面，个别地方的政府部门有时不能做到国有、民营企业一视同仁，甚至压制民营企业老总正当的申诉，不严格按照法律程序处理。

个别地方的政府部门通过行政手段逼迫开发商无原则地妥协，形成了"杀大户，斗地主"的情况，开发商怎么妥协都不行。深受其扰的开发商不全是民营的，也包括国有的。

行动指南

在任何国家，政府和企业都不可能绝对分开，尤其在从计划体制向市场体制转型的中国，政府和企业分离更需要一个漫长的过程。

9月19日 对政策的敏感性

我们对政策的敏感性表现在这10年间，万通的发展基本上是与政策同步的调整，甚至略提前一些。比如，我们从海南比较早地撤出来，就是出于对政策的敏感，较早地把万通的业务结构作了调整。

在发展过程中，万通的很多决定都基于对政策的敏感把握。万通始终关注能够影响企业发展的各种因素。产业政策的变化、宏观经济的变化等都是万通研究的课题。

——摘自《市场报》2002年专访冯仑文章《十年沧桑话创业》

背景分析

万通1991年起步于海南，在那个奇迹多于机会的年代，冯仑和他的合作伙伴迅速完成了资本的原始积累，并凭着对政策、对市场敏锐的洞察，以迅雷不及掩耳之势撤出了海南市场，为万通日后的成功打下了坚实的基础。

如果你对万通比较了解，你会觉得万通更像一个政府的政策、经济研究机构，通过对行业、政策，甚至全球经济形势等信息的搜集、整理和研究，找出万通需要的东西，并与自己的业务配合起来，使企业的每一步都具有前瞻性。

中国现在仍处在一个变动的时期，之所以有很多企业失败，是因为他们过分依赖原来的经验，环境一变化，企业难以作出迅速调整，逐渐就落后了。而万通讲求的是在变应变，就是说在变化中应对变化，而不是以不变应万变。

行动指南

对于绝大多数国内企业来说，政策是企业外部环境所有变量中最大的变量。一家企业只有具备了对政策极强的敏感性，才有可能更好地适应外部环境、提高生存和发展能力。

9月22日 政策的事后博弈现象

值得一提的是政策的事后博弈现象。现在制定政策的过程基本是部门制定政策，制定完以后开始实施，政策出台时，博弈才刚开始。所谓上有政策下有对策，一般政府部门出了政策，然后接着有补充规定、有实施细则，这都是事后博弈的结果。

如果采取事先博弈，把一个政策的各利益相关方面找到一起来进行公开博弈、讨论、辩论，然后根据讨论情况由政府来平衡各方面的利益，找到解决的方法，这样一旦政策出台，博弈就结束了，更有利于提高政策的执行效率，提高政策的威信。

——摘自冯仑个人电子杂志《风马牛》0706期文章

《勿忧，拧着是个过程》

背景分析

在国内，往往当政策公布后，人们开始嚷嚷，各方面开始介入博弈，大家对政策的意见才暴露出来。冯仑认为，在市场经济下、在开放经济活动当中，政策制定应逐步走出部门内兜圈子的传统习惯，转化为公共政策。公共政策制定，博弈应该在前，做到事先博弈。

在一个竞争市场当中，关起门来做文件，然后开起门来开始政策博弈，这样不利于各相关当事人掌握自己的预期，会导致他们很难掌控对自己未来的预期，所以老跟在政策后面调整预期，调整之后，政策又转向、修订，这样社会的成本非常高，而且震荡非常多。

段子原声

不讲理的政策作用最明显，讲理的政策作用不明显；经过辩论、听证、人大立法的政策是最科学的，短期见效慢，但有利长期发展；凡是地方拍脑袋出来的点子，简单粗暴，短期见效快，长期遗留问题多；而按照公共政策制定的规则，在法制的轨道上经过各利益集团良性博弈的基础上体现理性和法制的政策，才是好政策。

行动指南

要解决现在房地产行业当中这些政策预期不确定的情况，最好的办法是在政策制定过程上作一些改进，能够把事后博弈改为事先博弈。当事先博弈的程序出现时，各类企业要积极参与，让政策制定部门听到自己的声音和逻辑，从而在提前反映自己要求的同时确保政策能更顺利、更有效地执行。

9月23日 "垄断"下的企业像独生子女

垄断下的企业更像独生子女，恃宠而骄，懒惰懈怠，不思进取，竞争能力被虚化和夸大，其业绩更像是山里的佛光。人们自己制造幻觉，偏偏又被自己创造的假象所感动。

——摘自冯仑2005年新年献词《决胜未来的力量》

背景分析

为了乞求公司的长生不老，许多人会幻想某种垄断权力，以为凭借垄断可以抵抗一切对手、消弭所有危机，因而特别羡慕特权公司。岂不知，任何一种垄断都是由社会政治和经济制度决定的，都是特定时期各种政治力量角逐和经济利益分配的结果。无论欧洲中世纪的特许专卖，还是当今发达国家巨型公司的市场垄断，概莫能外。

历史的经验表明，大凡垄断，一旦体制变革，垄断瓦解，它顷刻之间就会冰消雪融，露出纸老虎的原形。

行动指南

垄断和所有政治经济体制一样，也只具有相对的优势，必然会随着支撑它的体制的变化而变化（丧失或强化）。告别垄断和垄断思维，面向市场，是国有企业、民营企业的长久立企之本。

9月24日 民营资本从来都是国有资本的附属或补充

民营资本从来都是国有资本的附属或补充……在这样一个历史发展阶段，民营资本对国有资本所表现的补充关系也好，依附关系也好，混合关系也好，总之在这些关系当中，民营资本是处于一个弱势的位置。

——摘自搜狐博客2008年1月16日冯仑文章

背景分析

政商关系中的一个重要层面，是民营资本（私人资本）与国有资本的关系。现阶段，私人资本很弱小，而且发展时间不长，国有资本却非常强大。国有资本是与政权关系非常密切的一种资本形态，是由政权支持和保护的特殊的资本形态，是具有很大特权的资本形态，也是受上层建筑意识形态保护和在价值体系中具有优越感的资本形态。所以这种资本与弱小的、刚刚发展起来的民营资本之间的关系，就成为目前政商关系当中一个非常值得注意的问题。

这一问题表现为这样几种关系。第一种是补充关系。所谓补充就是拾遗补阙。这种补充关系的第一个特征是，政府垄断行业，你就不能做，比如电信行业。国家不垄断的，就是自由竞争的，竞争性行业你可以做。第二个特征，即使是竞争性的行业，也必须是国有资本不干的，你才可以干。第三个特征是，国有资本干不好的，你可以干，只要国有资本觉得能干好的，你都不能干。

民营资本与国有资本的第二种关系是依附关系。所谓依附关系就是主从关系，国有资本是主，民营资本是从。你要围着它的兴趣、兴奋点转，没有它，民营企业也发展不了。为什么呢？大量的资源都在它手里，银行资源、土地资源在它手里。

民营资本与国有资本的第三种关系，是一种稍微进步的关系，叫作混合关系，就是混合经济。在一个企业实体里，既有国有，又有民营，就像万通，就像万科。这种混合关系成为最近几年来比较多的一种经济形态。在混合关系当中，大家都比较遵从商业运作的规则。

行动指南

认识到了民营资本面对国有资本时的三种关系，才能知道民营资本事实上处于弱势的位置，从而才能把握民营资本面对和遭遇国有资本前后的对策。

9月25日 民营与国有资本事实上的不平等

就这样，我发现了民营与国有两种资本事实上的不平等，因为它（国有资本）有优越性，永远不能赔钱，永远不能亏损，永远不能流失。

由于出让国有资本是这个样子，那私人资本就必定要吃亏，必定要流失，否则这个事情怎么能成立呢？所以，我们在讲保护国有资产时，民营资本自身的身份地位很尴尬。

——摘自搜狐博客2008年1月16日冯仑文章

背景分析

在现实经济发展中，民营资本与国有资本尚存在着事实上的不平等。

20世纪90年代中期，万通收购了一家国有控股的上市公司。报批的时候，因为一个潜规则，拖了万通好长时间：民营收购国有，就算是亏损企业，民企也得溢价10%；如果不溢价，用正常价去买，或评估的价值去买，有人会说担心国有资产流失。所以报批的时候，对方会明说：你不溢价我没法批，我不承担这个责任。谁知道你们怎么评估的，万一到时候你们弄错了，你占了国家便宜怎么办？而赢利企业要上浮15%～20%才给批。

所以，万通收购这家公司时，只有万通多给了这部分钱，才能报批。结果审批时间达两年多，在这两年多里头，如果使目标公司净资产增值很大，又麻烦了，因为他反过来还要把这两年增值的钱要回去，你就还得给他。所以造成万通在实际收购以后，两年没敢干事。

行动指南

中国民营企业家只有真正认识到了民营与国有资本事实上的不平等，才能知道是否要去和国有资本打交道，以及究竟该如何与国有资本打交道；如果不与国有资本打交道，民营资本同样要趋利避害，择善自处。

9月26日　民营资本在政治上的发言权

其实，金钱始终没有脱离过政治。现阶段贯彻"三个代表"重要思想，政府开始注重通过法制轨道听取民营企业的意见和观点，在社会决策中也注意听取民营资本的声音，这有助于民营资本承担其社会责任。

摘自2003年12月9日冯仑在由国资委研究中心举办的
"中外名家系列讲座"第56期上的演讲文稿

一个利益阶层的崛起，必然表现为钱多、理大、声高、责任重。

"钱多"是说财富积累速度加快，在整个社会财富总量中的比重日益加大。"理大"意味着随着财富拥有者人数越来越多，手中握有的财产越来越大，代表他们说话的人也会越来越多、越来越显赫，他们的事、他们的理就都成为大事儿、大道理，不可不听也不能不听。而"声高"则是指为财产拥有者说话的人越来越多，声音也就越来越高，传播得也越来越远。这三点，每时每刻若没有"责任重"压轴，社会经济秩序就会崩溃。

——摘自冯仑2004年新年献词《让你的公司更张艺谋》

背景分析

　　改革开放以来，民营企业家已发展成一个重要的社会阶层。随着其经济地位的提高，他们必然要谋求政治上更多的发言权。如今有更多的民营企业家瞩目于政治，甚至出现"大款傍大官"现象。

　　在2009年全国两会2237名全国政协委员中，有100多位民营企业家；在全国人大代表中，也有同样数量级的民营企业家入选。事实上，我国民营企业家政治地位的提高，是中国改革开放以来、特别是20世纪90年代建立市场经济体制以来民营经济不断发展、壮大的折射。

　　在中国改革开放历程中，民营经济和民营企业家群体从"资本主义的尾巴"发展为"社会主义公有制经济的补充"，再到"社会主义市场经济的重要组成部分"，成功完成了从社会边缘群体到重要的参政议政群体的转变，中国的民营企业家和民营资本在国家政治生活中已经拥有了一定的发言权。

行动指南

　　民营资本要有发言权，首先，必须在系统和法律规范的范围内进行。财富若失去道德、公信的拘束，最终将会侵蚀市场经济赖以运转的基石。其次，社会也应制度化、程序化、公开化、法律化地吸纳工商界的优秀人才参与决策部门的工作，"把草根吸纳到草尖去"。此外，政府和企业之外的非政府组织（亦称第三组织）的发展，也将具有关键意义。公益性的咨询机构或基金组织可会聚专家意见反馈给政府，成为政府决策的民间"智库"、"智囊"。

9月29日　**民营企业80%死于和体制博弈**

　　改革开放30年来，如果把所有死掉的民营企业作一个梳理，检视一下他们的生死状，看一下生死簿，会发现它们当中80%以上死于和体制进行博弈。

　　我们不希望这样的代价继续付下去，我们应该更多地从这些人身上吸取到另外一方面的、进步的力量，即学会摆脱与体制的博弈，转而进入到加快积累与市场博弈的能力。

　　　　　　　　——摘自冯仑2009年新年献词《在历史的长河中学会坚定不移》

背景分析

中国民营企业和国外私营企业在生长环境方面的最大不同是，一方面我们要逐步学会在市场的竞争中去博弈，另一方面也不得不和体制进行博弈，既要突破旧体制的束缚，又要顺应不合理的管制。

在这个过程中，民营企业难免在时间、节奏、方法方面和社会改革、市场化改革进步的时间、节奏、方法不一致，于是就出现了错位，就有许多民营企业和民营企业家在与体制的博弈中被重创，死于和体制博弈的案例举不胜举。

中国一些知名企业出了问题，80%都是因为与体制的摩擦造成的，或者说在社会体制转轨时期，没有处理好自己的位置，造成了企业的失败，而不是商业竞争的失败。比如在MBO[1]中侵吞了社会资产、企业资产；或者在公司管理规范当中不恰当地使用了股东给你的机会，进行违规操作。所以在体制转型中，如何把握分寸，需要有很多的知识背景和文化的积累。

行动指南

民营企业是市场的建立者、参与者、竞争者、发展者，民营企业家应该用一个强者的心态去市场中搏击和创造，通过竞争使企业家的创造力和管理能力得到变现，而不是在与政府的博弈中让权力变现，使自己陷入一个进退两难的境地。

9月30日 民营资本最好的自保之道

民营资本从来都是国有资本的附属或补充，因此，最好的自保之道是要么远离国有资本的垄断领域，偏安一隅，做点小买卖，积极行善，修路架桥；要么与国有资本合作或合资，形成混合经济的格局，以自身的专业能力与严格管理在为国有资本保值增值的同时，使民营资本获得社会主流价值观的认可，创造一个相对安全的发展环境。

——摘自冯仑2007年新年献词《跨越历史的河流》

---

[1] MBO, management buyout, 即"管理者收购"的缩写。目标公司的管理者与经理层利用所融资本对公司股份的购买，以实现对公司所有权结构、控制权结构和资产结构的改变，实现管理者以所有者和经营者合一的身份主导重组公司，进而获得产权预期收益的一种收购行为。——编者注

背景分析

前几年，国有经济在整个国民经济中的比重又逐渐上升，国家已经明确七类产业为国有资本垄断行业，非请莫入。不仅如此，2006年中央经济工作会议更是强调国有资本的控制力、影响力和带动力。

近几年来，万通响应党和政府的号召，积极引入国有资本泰达集团成为战略合作伙伴，形成混合经济的格局，取得不小的进步。

在这一问题上，民营资本最容易被国有资本绞杀的，就是擅自闯入国有垄断部门，如电信、能源、金融等。千万不要试图用金钱与政府进行角力。

行动指南

面对国有资本，民营资本要想进退自如，持续发展，只有始终坚持"合作而不竞争、补充而不替代、附属而不僭越"的立场——请国内的民营企业家牢记和体会这三句话。

十月｜房地产行业思考

October
2015 CALENDAR

MON	TUE	WED	THU	FRI	SAT	SUN
			1 国庆节	**2** 二十	**3** 廿一	**4** 廿二
5 廿三	**6** 廿四	**7** 廿五	**8** 寒露	**9** 廿七	**10** 廿八	**11** 廿九
12 三十	**13** 九月大	**14** 初二	**15** 初三	**16** 初四	**17** 初五	**18** 初六
19 初七	**20** 初八	**21** 重阳节	**22** 初十	**23** 十一	**24** 霜降	**25** 十三
26 十四	**27** 十五	**28** 十六	**29** 十七	**30** 十八	**31** 十九	

10月1日　居住改变中国

　　"居住改变中国"是一场城市的革命，也是一场深刻的财产关系的革命，更是一场观念（价值观）的革命，还是社会组织和管理体系的革命。

　　从深层意义上看，"居住"（房地产）搅动着整个中国社会，并且在社会经济的剧变中成为"新中国"分娩时的助产师，社会在感受到阵痛的同时也享受着创造新生命的幸福与快乐。居住改变中国，居住创造未来。

　　　　　　　　　　——摘自《万通·生活家》2005年第3期冯仑文章

背景分析

　　2004年，冯仑作为中城联盟的第二任轮值主席，发起倡导新住宅运动和"居住改变中国"系列活动。2005年由冯仑出任总策划，各个房地产"大佬"领衔的《居住改变中国》系列电视专题片面市，香港阳光卫视首播后，引起社会广泛关注。

　　冯仑认为，"居住改变中国"是一场城市的革命，现代化的一个重要标志是城市化。房地产特别是住宅产业既是城市化创造出来的巨大需求和市场受益者，又是城市化进程的强有力的推动者、建设者和美容师。

　　"居住改变中国"也是一场深刻的财产关系的革命。据统计，2004年中国城市家庭户均财产数30万元人民币，其中，80%是房产。城市住房制度的改革，首先使大量公职人员和国有企业的管理者成为财产（房产）拥有者，不断增长的商品房市场又使新兴阶层成为更大的实物资产（房产）的拥有者。这种私人财产正以每年超过10000亿元人民币的速度快速积累。举目四望，一个多数人拥有恒产（私产）的财产制度正在形成。

　　"居住改变中国"更是一场观念（价值观）的革命，业主、社区自治、财产权、隐私权等一系列新语汇、新观念、新价值，伴随着住房市场化和变革逐渐成为深刻影响甚至决定人们行为方式的力量。由财产权派生出的一系列事关人的生存权与发展权的权利得到从未有过的尊重和保护。

　　"居住改变中国"还是社会组织和管理体系的革命。由于人们可以自由地选择居住地，拥有自己可以支配的财产（住宅），从此，街道、居委会、大妈侦缉队面临转型，甚至瓦解，而业主委员会、社区自治、基层选举应运而生，生人聚集而居取代单位宿舍（熟人社会），人际关系模式也从单位管理和人身依附转变为自由选择、法律调节和伦理调节。

行动指南

没有一类企业能像房地产公司这样改变中国。让建筑铭刻历史，以居住改变中国；替天下人行道，为当代人立碑。这就是国内房企的自豪，也是房企的责任，更是房企的光明前途。

10月2日 四种需求支撑未来住宅市场

我们应该看到，有四种需求在支撑未来的住宅市场，第一种是拆迁性需求；第二种是自然产生刚性的需求，结婚、离婚的需求；第三种是改善性需求；第四种是投资与投机的需求。

——摘自2008年8月2日焦点网文章
《冯仑：京津双城效应与房地产发展新契机》

背景分析

在人均国内生产总值达到8000美元以后，任何一个健康的房地产市场的住宅需求量都会有一个很大的缩减。这种判断基于对结构的研究，而不是简单的总量研究。

这四种需求在不同的经济发展水平下互相有一个对应关系。一般来看，人均国内生产总值在4000美元左右的时候，拆迁性需求和改善性需求事实上是一个市场的主导需求，而人均国内生产总值在4000~8000美元之间时，投资投机性需求占很大的量。在这四种需求中，结婚增长、自然增长的需求是每年保持稳定的、刚性的需求。人均国内生产总值到了8000美元，改善性需求和拆迁的需求基本上解决了，而投资性需求、投机性需求已经被政府拦在门外，事实上只剩下刚性的需求。这部分刚性增长的需求又被政府通过两限房、经济适用房分离一部分，脱离出正常交易市场。

行动指南

房企一定要认识清楚行业发展的客观规律。如果能掌握到未来住宅市场的这四种不同需求发展变化的规律，那些定位在住宅市场的国内房地产公司就更容易知道怎样做住宅市场，做哪一类住宅市场。

10月3日 放弃住宅思维

认为（当前）房地产市场不好的人犯了一个严重的错误——住宅思维。何谓住宅思维？就是一味地用住宅房价来谈房地产市场的好坏。

根据笼统的房地产定义，每年有将近30000亿元的市场，住宅市场是多少？10000亿元。住宅的10000亿元里，与房地产商有关的有5000亿元，还有5000亿元是有定价，但没有公开市场交易的，比如提供给公务员或者说政府机关内部盖的房子。所以，5000亿元的部分市场不能完全反映出30000亿元的全部市场的情况。

——摘自《万通·生活家》2008年第9期文章《过日子与度蜜月》

背景分析

当时冯仑的观点与大部分人不同，他认为房地产市场很好。看一个东西是好还是坏，第一取决于眼光，第二取决于看问题的角度。房有两种，一种是住宅，一种是非住宅。房地产应该包括在土地上建筑的所有可用于经营的商业空间和住宅空间。

冯仑认为，以当时的市场来看，只能说是一部分出了问题，有波动，但这一部分不能代表全部。

行动指南

角度不一样，看待事物的态度也就不一样。面对一件事情时要善于分析，而不是任由惯性思维作祟。为什么大家会有思维惯性，也就是住宅思维呢？现在的房地产市场，大家看惯了住宅这一张脸，就用这一张脸代替了整个房地产舞台。

10月4日 商业地产是行业下一个金矿

经历本轮调整后，发展商业地产将是我国房地产开发企业进入下一轮"蜜月期"的机会。

在上一个蜜月当中，我们（中国）为全球贡献了一个最大的住宅公司——万科，我个人认为下一个蜜月来的时候，我们会为全球贡献一个最大的商用不动产公司。

——摘自2008年11月1日《中国证券报》文章
《冯仑：商业地产是行业的下一个机会》

万通首倡的美国模式随着万通中心在北京、天津、杭州和成都地区的渐次展开，已逐渐显示出巨大的扩张能力和运营上的先进性。我们有信心在未来3～5年，凭借万通中心的有序扩张使万通地产拥有最大规模的商用不动产。

——摘自冯仑文章《2007年董事长致辞》

背景分析

未来3～5年间，我国住宅供应十分充足，但住宅市场开发空间有限。在美国等发达国家，商业地产开发企业的市值远大于住宅开发企业，商业地产将成为房地产行业的下一个发展机会。

冯仑通过对国内外的房地产市场研究发现，一个国家或区域的房地产主打产品与它的经济发展阶段即国内生产总值存在着一种规律：在人均国内生产总值500～4000美元这段时间，房地产市场以住宅市场为核心，住宅市场呈现爆炸式的增长；人均国内生产总值到了6000美元以后，商用不动产，特别是社区商业这部分的增长空间很大；人均国内生产总值到了8000美元以后，核心区的商用不动产开始大幅度增长。在人均国内生产总值60000美元的纽约，大地产商90%都是做商用不动产的，比如写字楼、购物中心、酒店等。这是房地产行业发展的规律，也是城市化进程的自然逻辑。

这就是近几年国内北京、上海等人均国内生产总值超过8000美元的几个城市出现"住宅市场向下，而商用不动产向上"趋势的原因。

行动指南

近几年部分城市房地产住宅市场的不景气，一些房地产企业资金链紧张，因此，它们开始关注收益率和成交量较为稳定的商业地产项目。加大商业地产的比重，是自救的一种方式。

10月5日 工业地产

通过创新园区地产的模式和利用收购返租的扩张手段，我们有信心在未来几年使我们的园区地产成为工业地产领域的领先者。目前建立的园区项目品牌"万通工社"（Vantone Park），将是今后着力打造的园区品牌。我们将继续收购一些环渤海地区，包括天津滨海新区和北京地区工业地产类的资产。

——摘自《万通实业2008年度报告》

背景分析

2008年3月，万通实业正式宣布与TCL集团公司合作成立天津万通新创工业资源投资有限公司，其中万通实业持股55%，TCL持股45%，首期注册资本1亿元人民币。万通新创是国内第一家地产投资企业和大型制造业合作创立的工业地产开发公司，将利用双方股东在地产开发和工业土地储备上的优势，为工业地产的开发开辟一种全新的模式。

2008年，经过不断探讨和研究，万通新创形成并制定了公司的四点发展战略，即：低成本、规模化扩张；以部分物业售后回租的方式保证稳定收益；对闲置物业和空地重新进行规划改造，获得高附加值收益；加强资本市场的运作，物业成熟后以工业地产基金的形式在资本市场退出。

按照既定的战略和计划，万通新创公司在2009年初完成了与TCL集团的合作以及对无锡资产的收购。经过对TCL集团21个物业进行现场考察和资产研究，万通新创最终确定将无锡数码项目作为双方合作的首个项目，并就项目的交易价格、交易方式、TCL回租事项等合作内容达成一致。

万通新创的愿景是成为中国一流的工业及商务空间创造者，投资将主要集中在大北京和大上海区域。投资的目标物业类型及方式为：收购位于核心区域的工厂及物流物业；收购位于核心区域的成熟的商务园或商务园区中的物业；开发位于核心区域的新的商务园。

行动指南

工业地产是国内房地产市场又一个具有广阔前途的细分市场。问题是同样都做房地产，为什么万通能率先进入这个市场，而其他房地产企业未能进入工业地产市场？其他企业究竟与万通有哪些不同或差别？这值得行业内所有企业深思。

10月8日 房地产宏观调控围绕三个轴

> 我总结出了一些规律，那就是最近五年频繁发生的所有房地产的调控，基本上围绕三个轴：第一个轴是土地，第二个轴是住宅，第三个轴是融资……这三个政策主轴的方向还会不断变化。这是非常重要的观察点，有利于我们搞清楚调控的规律。
>
> ——摘自冯仑个人电子杂志《风马牛》0601期文章
> 《我们走在政策以外的安全通道》

背景分析

在认真研究最近五年国家对房地产的宏观调控政策之后，冯仑总结出了一个规律，那就是这些政策基本上围绕三个轴：

第一个轴是土地。所有的政策都围绕着土地，趋势是越来越紧，越来越透明，政府在土地上要拿走的钱越来越多，留给企业在土地上挣钱的空间越来越小。

第二个轴是住宅。以前是把公平的问题和市场的问题混合在一起，现在把它扯开，公平的问题、保障的问题交给政府，特别是地方政府，而把市场化的、竞争性的这一部分交给市场。虽然在具体调控中，不管是税收政策、二手房政策，还是有关面积和规划的政策，都还没有达到成熟的状态，但是趋势是把市场和公平两个问题分开解决。

第三个轴是融资。在融资上调控的主要方法是限制房地产行业的贷款，再就是涉及不动产经营的创新。具体的调节可以通过"快一点，慢一点；多一点，少一点"来控制。

这三个政策主轴的方向折射出背后的东西：从土地来看，背后的政策目标是解决农民问题、城市化问题和社会公平问题；从住宅来说，折射的实际上是政府职能问题和社会保障问题；从资金折射出来的是中国整个的金融体制改革问题和国家经济安全问题。所以作为商人，要看到政策后面的东西，当后面这些问题没有得到解决，并且还处于一个转型和变化过程中的时候，前面这三个主轴还会不断变化。

行动指南

对当前政策的解读不光要就政策看政策，还要看到社会政策变革的长期性，企业要根据政策节奏安排业务节奏。

10月9日 宏观调控加速地产并购时代

房地产业并购时代的到来，宏观调控只起了一个加速的作用；国内房地产市场本身的"基础建设已经完成"，才是并购时代到来的根本原因。

——摘自2004年8月26日《新京报》文章
《宏观调控加速地产并购时代到来》

在经济高速成长时期，因为行业竞争引起市场波动，甚至重新洗牌的现象非常正常。我国台湾地区人均国内生产总值达到1.5万美元时，8000多家房地产开发商，只有100多家幸存下来。我们认为，5年后，在中国大陆目前的6万多家房地产开发商中，只有3000多家开发商能够继续存活，这样分布到各个省市，那每个省市就只有几十家。就目前情况来看，房地产开发商中有250家上市公司，如果再加上一些具备上市实力的公司，专业运动员也就1000多家，剩下的都是业余运动员。

——摘自2008年3月22日《厦门日报》文章
《冯仑：房产刚性需求不会减弱》

背景分析

在宏观调控逼得许多开发商喘不过气来的特殊时期，"被并购"就成了一些项目无可奈何的选择。此时，希望被并购的地产项目越来越多，而考察和筛选众多"无力为继"的项目，也成了那些实力派开发商每天的重要工作之一。

事实上，国内房地产业的并购时代已经到来。冯仑认为，今天国内的房地产市场已经具备了大规模并购、重组的条件。

第一个条件，是市场的标准化和规范化。《公司法》修改后，大家都在一部《公司法》的框架下运作，不同性质股权的权利和责任都一样，公司之间的交易和重组比较容易。

第二个条件，是市场竞争和资源的分配规律在起作用。规模大的企业自然会在市场竞争中占据有利地位，在经营中也容易获得规模经济效应，因此，很多企业都会去追求企业规模。而追求企业规模有两种方式，第一种是靠自己的积累而增长，第二种就是并购扩张。中小房企靠自己的积累而增长的压力越来越大，因此，引进外部资金、通过被并购而得到成长就会成为它们的最佳选择。

第三个条件，是土地出让制度的变革。土地出让制度的变革提高了拿地成本，使得企业进入房地产业的门槛大大提高。在这种情况下，如果企业规模小，就不大容易生存。这就迫使企业之间建立联盟，联合来控制它们共同的市场，提高双方进入市场的能力。这是土地出让制度的变革带来的资源分配方式的变化，而这种变化使得企业对并购行为的需求增加了。

行动指南

在国内，很多企业经营者有一个理念误区：总认为"被并购"是一件不太光彩的事情。其实，在国外被大型企业并购是一件非常风光的事情。"被并购"同样说明了企业的价值。如果没有企业愿意并购，那才是一家企业的悲哀。通过被并购或重组把企业一步步做大，是棋高一着的策略。

10月10日　同类型并购更易成功

房地产企业在执行并购战略时，最好选择专业化的并购之路，即并购同一类型的项目。不是同一类型的项目，回报率再高，也不要去考虑。比如经济适用房，回报率再高，万通地产也不会去做。

——摘自2004年8月26日《新京报》文章

《宏观调控加速地产并购时代到来》

背景分析

在一轮接一轮宏观调控的大背景下，中国的房地产业正在经历一场变局，主要表现在两个方面：第一是"大鱼吃小鱼"式的收购行为频繁发生；第二是"大鱼"之间的资本（或资源）联合，即强强联合现象增多。

在美国，最大的5家地产公司只占全国市场14%的份额，地产业的集中度比较低，垄断不大容易形成。在这种情况下，对一家地产企业而言，并购的对象一般是同类型的企业，这样比较容易成功。

行动指南

并购容易，整合难。在只有1/3的并购案例能成功的情况下，并购之前应该思考清楚即将进行的并购成功的概率有多大，企业是否具备并购成功的资源和要素。

10月11日　要准确界定保障房范围

按照目前的国家政策，住房市场一分为二：30%中高收入者的住房要靠市场来解决，70%低收入者的住房由政府解决。

——摘自2008年3月22日《厦门日报》文章

《冯仑：房产刚性需求不会减弱》

对政府来说，要维持房地产市场的充分竞争，就要用市场的办法来解决，适当界定保障房的范围，不要随意扩大保障的范围。因为把保障人群扩大到中产者，事实上会伤害到正常的房地产市场，而且会使房改这么多年所形成的住宅商品化意识、趋势、机制毁于一旦，所以从政府来说要特别注意保障范围。

——摘自2008年10月23日《钱江晚报》文章

《冯仑：要准确界定保障范围》

背景分析

2007年，政府改变了保障用房的政策，保障面非常大，使很多准备在市场上买房的人持观望态度，更多的人希望能够加入两限房、经济适用房的购买行列。政府开了很大的口子，市场的需求量进一步萎缩。这种把保障和市场分开的举措，虽然为低收入人群有力地提供了供房保障，但也使中等收入人群开始迷惘。这样客观上抑制了当时商品房市场的发展，造成住宅领域价格整体低迷，交易量持续减少。

对于政府大规模参与低收入人群住房市场，冯仑表示了担忧，"举个例子来讲，最近几年北京每年销售住宅大约16万套，但是2008年政府就推出10万套。政府这样大规模的干预，造成中低档价位市场供过于求，并推动这个领域泡沫的形成；同时把这个市场的交易制度、交易规则都改变了，导致大量民营企业被排挤出去"。事实上，现在中国A股十大房地产企业名单中已经没有民营企业了。

行动指南

政府政策出台之后，企业一方面应该调整策略，积极应对，另一方面也应该主动呼吁，发出企业方的声音，从而在政府的后续政策（比如实施细则）中争取对企业更有利的条款。

10月12日 房价涨得太离谱了，也不对

房价每年5%～10%的增长属于大家可接受的范围，等这个阶段结束之后，我认为肯定是5%～10%的缓慢上涨。

在不超过国内生产总值增速、收入增幅的背景下，房价稳步上升——这种上升甚至是不分区域的——增幅局限在两位数以下，这样才是健康正常的。在全世界的范围来看，在国内生产总值和人均收入同时增长的条件下，房价是下降的情况也是不正常的。但是，房价涨得太离谱了，也不对。

——摘自2008年3月25日《海峡都市报》文章
《冯仑：房价将以每年5%至10%速度增长》

背景分析

冯仑在多个场合谈到过他的房价"缓慢上涨论"。

根据房地产市场规律，人均国内生产总值在6000～8000美元之间的房地产市场以住宅为核心，房价随着国内生产总值增速、收入增幅、汇率等因素不断攀升。在这个过程中，全世界没有一个地区例外。

行动指南

从宏观和长期来看，房价缓慢上涨是一定的，关键问题是房地产企业进入的是哪一类市场，是住宅，还是商业地产（又分为商铺和写字楼）？是工业地产，还是旅游地产？是哪一个档次的市场，高端、中端，还是低端？请三思而后行，谋定而后动。

10月15日　未婚女青年推动房价上涨

现在大多年轻女孩没有房子是不嫁的，这些待嫁女孩的年龄在25～30岁之间。这样就把买房的年龄大大提前了，房价上涨与这些女孩的需求有很大的关系。

——摘自2008年3月22日《东南早报》文章
《冯仑：未婚女青年推动房价上涨》

对于那些到了性冲动年龄的男青年来说，买房或者具备买房能力就成了搞对象的前提。因此，结论是，适婚女青年制造了大量市场需求，推动了房价上涨。

——摘自2007年6月21日新浪房产频道文章
《冯仑：适龄女青年推动房价上涨？》

背景分析

冯仑在多个场合都抛出这个观点："未婚女青年推动房价上涨。"风趣表达的背后，冯仑实际上向大家陈述了中国人的消费习惯带来的强大的住房刚性需求的事实。

　　过去农村的兄弟几个"分家"就是从结婚开始，兄弟中哪个娶了媳妇就搬出去，当然搬出去的前提是要有房子。所以，过去农村的老人家辛苦一辈子，最大的事就是给儿子盖房子。结婚的人叫"新人"，当然住的也得是"新房"。虽然时代已经进步了，但这种结婚住"新房"的传统观念并没有"与时俱进"。

　　在城市生活成本增加、压力增大的情况下，稀缺的女青年们选择"嫁个有钱人"也是对未来的一种保障。那些被婚姻逼迫的男青年们，有父母资助了首付的有幸成为房奴，没父母资助的连做"房奴"的资格也没有。

段子原声

　　上海女青年把男人分成四类，一是有房有车无房贷；二是有房有车有房贷；三是无房无车无房贷，但是马上就能有房有车有房贷，属于现金储备充足的一种；四是无房无车无房贷，很长一段时间也不会有房有车有房贷。对于第一类男人，可以马上谈婚论嫁，二、三类可以考察后谈婚论嫁，第四类免谈。

行动指南

　　实际上，冯仑是从消费者角度来解释房价上涨的，国内由结婚引发的旺盛的住房刚性需求的确是房价上涨的主要原因之一。而从企业角度来看，发现了市场需求就意味着发现了商业机会。

10月16日　房地产市场"拐点论"不成立

　　我自己对（社会上的）"拐点论"存有异议，因为出现阶段性房价下跌、交易迟缓的仅仅是住宅市场，而房地产市场并非只包含住宅。中国的房地产行业前景一片光明。

　　国内房地产市场总体上仍然看好。事实上，住宅以外的市场近年来发展前景很好。2007年，北京市的写字楼市场、商用不动产市场都发展得很好。

　　　　　　　　　　　　　　　　——摘自2008年7月14日焦点网文章
　　　　　　　　　　《冯仑：房价的阶段性下跌不代表整个市场走弱》

背景分析

2008年，国内房地产市场出现了"拐点论"。国内房地产市场出现了很大变化，很多房企诚惶诚恐，如惊弓之鸟。

"拐"，还是"没拐"？2007年末到2008年，这成了地产业争论不休的最大话题。王石的"拐点论"和社会上的"拐点论"有所不同，"王石讲得非常清楚，是从过分的、非理性的、过快的上涨，转到一个理性的调整。拐点拐到哪了？拐到理性的调整，调整是个中性的概念，有高有低"。

行动指南

当关于一个市场转折点的争论出现时，企业要冷静地分辨清楚：市场的确出现拐点了吗？是整体市场的拐点、局部区域市场的拐点，还是某个类别市场的拐点？分辨清楚之后再决定企业对策的选择。

10月17日 "蜜月论"和"日子论"

房地产的第一个蜜月在海南，1991年开始，1993年结束。第二个蜜月从2000年开始，到2007年结束。

由于蜜月太长，我们已经形成蜜月思维了。政府也是蜜月思维，房地产还没有预售就要收税。全中国只有住宅一个行业"没有生孩子就收人头税"。

——摘自2008年9月16日《中国房地产报》冯仑文章

《房产业下一个蜜月在哪里》

目前房地产业有一个思维定式是蜜月思维，大家把蜜月当日子过了。蜜月就一个月。人一生能有几次蜜月？我们都希望有很多次蜜月，天天都蜜月，但遗憾的是大部分都是日子，蜜月结束了就是日子。所以你不能拿蜜月的观点来分析日子。旅行度假回来，接下来就是日子。蜜月的时候大家都是超凡脱俗的，一到日子就见婆婆了，就是油盐酱醋了。蜜月是短暂的，日子是长久的。蜜月是无忧无虑的，而日子是酸甜苦辣咸五味俱全的。

——摘自2008年10月1日搜房网冯仑文章

背景分析

中国的房地产经历了2000～2007年的又一轮蜜月期。在冯仑眼里，2008年对房地产市场而言，只是平凡的日子而已，2008年以前的市场才是非常态的，他喻之为"蜜月"，"过去20年来，房地产行业从来都是蜜月很短，日子很长。2000～2007年这个蜜月的时间有点长，使得在这个蜜月当中的人忽视了日子本身的存在"。

一般来讲，一个经典的商业周期在7年左右，7年需要完成萧条、复苏、繁荣、衰退4个环节，繁荣好比是蜜月，萧条、危机、复苏好比是日子。但是国内房地产市场的第二个蜜月期从2000年开始，到2007年时繁荣已经持续了7年，持续了这么长时间，总是要有一个调整。哪能一直有这么好的日子？

如今国内房地产公司的70%以上都是在这七八年繁荣期间成立的，没有危机和萧条意识，所以它们不知道周期会让一家公司死掉。而过去的商业历史表明，让一家公司死掉的最大元凶不是社会革命，也不是技术进步，更不是自然灾害，而是商业周期波动，这种波动会淘汰一个行业内的大部分企业。

行动指南

一家公司在蜜月里要想到日子之艰难，生活之不容易；而在过日子时，又要为下一个蜜月的来临作好准备。只有经历过商业周期的低谷，做到既会"度蜜月"，又会"过日子"，企业才能活得长久，在未来的"蜜月"中才能活得更好。

10月18日　不赞成放松银根救房企

我不赞成放松银根挽救房地产企业，因为能救房地产企业的（根本因素）是市场不是贷款，是客户不是银行。

政府真正的救市，是推动房地产市场化的改革，扩大房地产特别是住宅的市场化范围。不大力推进住宅市场化，银行给贷再多的钱也不行。

——摘自2008年8月8日新浪博客文章
《冯仑：政府可以换一种方法救房市》

背景分析

2008年，在国家对房地产市场进行宏观调控、紧缩银根之后，围绕要不要"救市"，各方展开了激烈的争论。冯仑作为"反对救市"的代表，是媒体关注的焦点。

冯仑公开不主张政府救市，不希望给开发商后路，认为无须在贷款方面挽救企业。因为他认为，从海南的经验教训看，房地产行业渡过波动和周期的关键不是简单的放松还是收紧银根问题，而是扩大和缩小市场的问题，所以企业应该争前途，而不是谋后路。

所谓争前途，就是推动房地产市场化的改革，扩大房地产特别是住宅的市场化范围，积极支持政府在房地产市场的发育和规范等方面多下工夫。

不把高收入的教师纳入保障范围，不把高收入的公务员纳入保障范围，这就等于扩大市场。应该推动住房制度进一步的市场化。因为只有这样，房地产才有未来。这才是真正的政府救市。

"市场大了，缺钱也能活，"冯仑说，"1993年宏观调控时，贷款的回收比今天来得还要快。当时我们有一笔贷款才贷了一个月，可银行却马上要收回，我们马上就还掉了。事情来得虽然凶猛，但我们活下来了。那时银根比今天要紧得更厉害，我们为什么活下来了？因为市场开放了。"

"从这个角度看，房地产行业不应该呼吁松绑贷款，而应该呼吁政府更大、更深、更广地开放房地产市场，不走回头路。要让非低收入的教师、公务员和25岁的年轻人都按照自己的能力购买合适的市场住房，或者租赁合适的住房。这样比简单说贷款的问题，对中国房地产市场更具有战略性意义。"冯仑再次强调。

行动指南

认真研究市场、掌握规律、跨越周期，希望市场化房地产改革方向不要改变，这才是开发商根本的出路和发展之道。

10月19日 土地多了未必挣钱

在中国香港地区，因为土地私有，所以"圈地潮"受到追捧；而在中国内地，土地的国有性质决定了拥有土地并不代表拥有财富，圈地两年不开发会被政府收回，因此，指望大量囤积土地赚钱，是打错算盘了。

　　表面看来，在高通胀的形势下，土地是保值的，那囤地有什么错呢？讲这话的人忘了，土地固然是保值的，但是现行的法律和政策都不允许囤地不开发，而通胀之下资金和劳动力成本水涨船高，囤那么多地，开发得起吗？

——摘自2008年6月25日华龙房产网文章

《冯仑：给房产公司一个活下来的理由》

背景分析

　　2008年上半年潘石屹曾经说过，百日之内房地产业有巨变。但是，变的是谁不得而知；不过，谁的地最多，谁最有可能先变。

　　比如，2007年为了好上市、多卖钱而拼命跑马圈地的××地产公司就有"重大嫌疑"。2007年一年里，该公司的土地储备从600万平方米猛增到了4580万平方米。且不说买这些地要多少钱，即使按22的容积率算，这些地也能造1亿平方米的房子，每平方米建筑成本怎么也少不过1000元，也就是说，想把这些土地建完，就得投入1000亿元以上的资金！像这样的企业，光财务成本就能压死它，"幸福"只能是奢望了。

段子原声

　　一家房地产公司的发展有三样东西绝对不能靠。第一，不能靠爹。第二，不能靠天，政策有时候变化太大太快。第三，不能靠买地。地多了，老婆多了，都不幸福，所以我们这几个人（万通原先的几个合伙人）买地都特别小心。

行动指南

　　一家房地产公司囤地太多，是一种"自杀式爆炸"的增长。幸福多半来自于量力而行。过去都说房地产市场面临洗牌，似乎就是小房产商死，大房产商趁机做大的"机遇"，此话未必正确，没准房地产洗牌后出局的正是一些"地王"呢。

10月22日 有限土地储备策略

根据对中国房地产市场的研究，冯仑提出了"土地无限论"，即因为地域之大，城市开发的轮次之多，对于房地产企业来说，土地是近乎无限的。因此，视土地储备量为发展机会和实力，不足取。与这个理论相对应，万通地产采取"有限土地储备策略"。

万通地产目前的总土地储备面积约300万平方米，能够满足公司2~3年的发展需求，这同以土地储备量为公司发展潜力和实力衡量标准的绝大多数房地产企业截然不同。

——摘自2008年10月17日《第一财经日报》文章
《万通地产：价值经营与下一个蜜月》

背景分析

2007年、2008年，许多房地产企业掀起了圈地运动的高潮，一时间"地王"频频涌现。对此，冯仑一向冷眼看待；甚至有媒体将"土地储备不足"列为万通的"硬伤"，他也不以为然。

万通只做经营性土地储备，不做存货性土地储备，其结果是万通地产发展的速度一点不慢。行业研究者认为，万通地产是兼顾龟型企业之稳健和兔型企业之成长性的最佳样本。

与很多公司盲目拿地相比，万通研究的是土地怎么由存货式储备变成经营式储备。现在一般公司拿地后，在第一年土地只是存货，第二年预售，第三年有收入，第四年有利润，快一点的也要三年才有利润。所以土地储备多，存货就大，负债就高。很多上市公司目前净现金流都是负的，这就是隐忧。

行动指南

要衡量房地产公司特别是房地产上市公司的好坏，不能只看其所拥有资金或土地的多少，而是要看其是否有充沛的现金流、低负债率和先进的商业模式。

10月23日 客户价值倍增计划

> 万通客户忠诚度建设方面最核心的做法是"客户价值倍增计划"。"客户价值倍增计划"是以为客户提供价值、为客户增加价值作为指导思想的一系列工作的总称，是万通地产客户关系的内核。目前，已实施的计划包括"积分计划"、"二次规划"等，将来还将实施"换屋计划"等一系列的具有持续性的其他计划。
>
> ——摘自《客户世界》2005年8月文章《站在未来看现在》

背景分析

在很多企业还停留在做"客户服务"时，万通已经开始做"客户管理"了。"客户管理"包括三个主要任务：客户忠诚度管理、客户价值开发和促进企业运营效率的提升。

很多企业在进行"客户忠诚度建设"时仅仅停留在如何把客户服务好。而万通"客户价值倍增计划"的做法更有高度，可以说处在战略高度上。目前，万通"客户价值倍增计划"的内容包括：

"积分计划"。万通的客户可因购买或推荐他人购买万通的住宅、商铺、写字楼而获得积分，其他渠道也可以获得积分。积分可以用于再购或兑换奖品等。客户可以通过不断重复的消费体验，建立对万通的一种信任感。

"二次规划"。万通地产对已入住一段时间的项目，会根据居住需求的变化和时代的要求，自出资金，对社区进行重新规划与改进，以保证社区的高品质，并与时代同步，使客户的资产得到"保值增值"。

"换屋计划"。当万通的老客户在居住多年后准备购买万通的新产品时，万通将协助他们将现有房产出租或出售，使这些忠诚客户能够不断享有万通的最新产品。

行动指南

能够把客户管理和服务的新理念真正做到位，赢得客户发自内心的认可，是一家负责任的企业追求的目标。

10月24日　对已建成小区进行"二次规划"

> 对于客户，万通地产不遗余力。2005年，万通地产就推出了"客户价值倍增计划"，其中对已建成小区进行"二次规划"——由万通地产自掏腰包，对旗下多年前就已经交付使用的物业公共区域进行升级改造，目前已经有数个项目实施，并继续沿袭。这也是万通对客户和社区履行社会责任的一部分。由于万通的后期维护，客户二次购买万通产品的比例占40%。
>
> ——摘自2008年11月27日《第一财经日报》文章
> 《冯仑：让制度的理性照进CSR的长路》

背景分析

万通的"二次规划"在地产界又开创了一个先河。

"二次规划"的总目标是提升客户在产品使用中的舒适感、安全感和尊贵感。截至2006年7月，在万通地产7个已交付项目里，已有3个进行了二次规划，占整个万通已交付面积的64%，总的预算大约是1600万元。这个钱是从万通地产口袋里掏出去的"真金白银"。万通地产对已交付的和正在建设将来交付的项目，都会进行二次规划。这是万通客户价值倍增的重点计划之一，是公司客户战略一个很重要的部分。

社会在发展，需求在变化，社区原有的设施和功能确实需要二次规划。

二次规划与一次规划在背景、需求、出钱的人、受益的人四个方面有非常大的区别。

二次规划是万通地产客户终身责任感落地生根的物质产物。就是客户买了万通的房子，作为开发商的万通不是赚了钱就走，而是留出一部分利润，不断地投资进去，让业主的房产保值增值，从而达到双赢。万通认为，只有这样，才会有万通地产真正的忠诚客户，才会有万通地产的永续未来。

行动指南

"二次规划"体现的是对客户利益的尊重，这与马云所说的"客户第一，员工第二，股东第三"的原则异曲同工。需要特别提醒学习这一做法的后来者：花钱为业主做好事，也要充分沟通获得许可，这也是对业主财产权的尊重。

10月25日 业主与开发商纠纷的"解决机制"

目前，在房地产市场的维权过程中，似乎开发商倾向于建立理性的楼市纠纷"解决机制"，运用法律武器；而业主更倾向于道德怀疑，直接诉诸媒体和聚众向政府施压。造成这种状态的主要原因是业主诉开发商败多胜少，对诉讼失去信心，只好聚众向政府管理部门施压。而政府管理部门依法行政经验不足，有时似乎对"众"无计可施，只好无原则退让。两相作用，致使此类事件了犹未了。

问题是在一个公民人人平等的法制社会，是否可以允许"诉不赢就闹"的游戏规则存在。法律既然存在而且具有强制性，就必然会有败诉的一方，败诉方就必须接受法院裁决的结果。真正的法制精神，不是"我必须赢"而是"结果公平"，输赢都必须坦然面对。甚至可以说，只有接受输的规则，才能推动法制建设。否则，谁输就闹，就怀疑法律不公正，就不接受判决，那社会秩序就无法维护，稳定和安定团结就是一句空话。

——摘自冯仑文章《将"维权"进行到底》

背景分析

最近几年来，业主与开发商的纠纷不断，冲突的激烈程度早已超出人们的想象，口水战、大字报，此起彼伏，短兵相接、肢体冲撞也不再新鲜。据说广东已有400多个项目被投诉，某家开发商的保安还打了业主；北京也有不少于100个项目被投诉，某业主委员会临时主任甚至被黑棍殴伤，险些毙命。一时间，沸沸扬扬，人声鼎沸，维权之声四起。政府管理部门对此既理解又无奈，"事件"不停，了犹未了，有的已拖了近半年仍不知如何收拾残局。

但在如今中国的社会体制环境中，业主与开发商纠纷的形成有多种原因，比如房产产品品质与权属界定、开发商的履约和诚信、执法的公正、社区自治水平等。

这使得国内业主与开发商纠纷的"常规解决机制"尚未探索出来。

行动指南

实际上，业主与开发商之间的纠纷折射出的是现代商品社会与市场经济中私权和人权伸张的一个过程，是一种巨大的历史进步。一个拥有广泛私权的社会秩序，当然不光是业主单方面可以建成的，还必须通过法律和习俗等各种方式连接的其他私权单位（如开发商，中介服务商等等）共同互动配合，才能早奏全功。

10月26日　让建筑细节打动人的灵魂

> 我特别希望我们的社区里面有一些细节，它们能够打动每一个人的灵魂，让生活在社区的人能感受得到，在精神上有所触动。
>
> ——摘自2007年7月《楼市》杂志文章
> 《冯仑：好建筑打动你的灵魂》

背景分析

建筑可以只是建筑，建筑也可以不只是建筑。有人说，建筑可以很哲学、可以有思想；有人说，建筑艺术应该体现在人性关怀上；也有人说，建筑应该代表一种文化的传承或创新。

而在冯仑看来，建筑与人是一体的，建筑本身是因为人才产生的，所以一定要体现人的观念、习惯以及风格、传统，没有人就没有建筑。但是另一方面，建筑一旦被人建成，某些符号就变成了标准的文化符号，反过来又会影响人的行为方式。

不同的建筑形式、风格会带给人不同的感触，也会对人的生活产生不同的影响。一个好的建筑作品，会让人琢磨半天，引起思考，这就是建筑的艺术感染力。

建筑与艺术的融合不仅仅体现在外表。真正好的建筑应该一眼看去就有自己的个性特点，而一旦真正走进去，它则能反映开发者、使用者的个性。建筑的艺术性更多是在影响人们的心理感受。

行动指南

其实，房地产企业只要略微用心，就可以做出一些打动人灵魂的建筑细节，从而使得公司赢得更好的声誉和效益。

10月29日　中城联盟的成功之处

中城联盟目前发展得相当成功，虽然门槛费高达430万元，但几乎每个月都有新成员进入。我想它最成功的三个地方是：第一，它学会了有程序、有理性和制度化地更换第一把手；第二，它有一套救助机制；第三，联盟基金越来越大。

——摘自冯仑《野蛮生长》

背景分析

1999年，万科、万通、河南建业、浙江南都等一批国内优秀房地产企业发起成立了"中国城市房地产开发商策略联盟"，简称"中城联盟"。

简而言之，这个联盟就是房地产行业中的"欧盟"，是一个好公司和大公司的俱乐部。它有四项最重要的任务：信息交流、集体采购、财务支援、联合开发。截至2007年底，中城联盟已有42家企业成员，分布在全国各主要城市，它们同时也是当地城市中最有影响力、最大的企业。另外，中城联盟还开发了一个重要的产品系列，叫"联盟新城"，分布在郑州、重庆、等地，有近10个产品。

中城联盟的制度化、程序化，成为这个联盟商业机构得以很好发展并且持续吸引人的地方。这几年中城联盟影响力越来越大，内部凝聚力也越来越强，这是一个非常少见的策略联盟，在行业的一些重要的发展方向上有一定的影响力。

行动指南

实际上，很多企业都可以团结同业企业一起，建立类似中城联盟的机构。企业要善于运用企业之外的联盟、商会、同业协会或公会的力量。

10月30日　中城联盟的三套内部机制

（从组织结构和制度设计上看，中城联盟的成功在于）形成了三套机制：第一套机制是董事长联席会和总经理联席会，第二套机制是设有一个仲裁委员会，第三套机制是设立秘书长和各专业委员会作为执行机构。

——摘自冯仑《野蛮生长》

背景分析

已成立近10年的中城联盟影响力越来越大，已经成为除中国房地产业协会之外最具影响力的房地产行业组织。中城联盟不是少数人的，是大家的，属于国内整个房地产行业。中城联盟的每个成员企业都可以参与管理这个联盟，具体来说，成员企业是通过以下三套内部机制来实现管理的：

第一套机制是董事长联席会和总经理联席会，负责制定整个联盟的游戏规则。每个人都要签署联盟协议并按照协议履行职责。

第二套机制是一个仲裁委员会。当有成员企业不按规则做的时候，联盟内部有一整套制裁办法，包括道德谴责、信用等级降低，以及通知所有联盟成员统一抵制它，不与它做生意，甚至集体起诉它。

第三套机制，联盟内部还设有秘书长和各专业委员会作为执行机构。专业委员会包括培训委员会、财务委员会、资格审查委员会等。这些委员会在秘书长的领导下开展经常性的活动，比如每个月的培训，采购、工程、客户服务等。

行动指南

中城联盟的成功，又一次证明组织进化程度决定一个组织的寿命和能力，商业组织更是如此。当企业的所有者想做大企业时，除了关注业务本身之外，还应该关注企业自身的组织水平和组织进化能力。

十一月 ｜ 企业公民

November **11**
2015 CALENDAR

MON	TUE	WED	THU	FRI	SAT	SUN
						1 二十
2 廿一	**3** 廿二	**4** 廿三	**5** 廿四	**6** 廿五	**7** 廿六	**8** 立冬
9 廿八	**10** 廿九	**11** 三十	**12** 十月小	**13** 初二	**14** 初三	**15** 初四
16 初五	**17** 初六	**18** 初七	**19** 初八	**20** 初九	**21** 初十	**22** 小雪
23 十二 **30** 十九	**24** 十三	**25** 十四	**26** 十五	**27** 十六	**28** 十七	**29** 十八

11月1日 企业公民时代来临

> 只有企业逐步由单纯追求利润最大化转变为在创造利润依法纳税
> 的同时，更多地关注劳工利益、环境保护、社区利益，更多地履行企业
> 公民的责任，和谐社会才能获得持续动力并取得成功。
>
> 作为经济运行的微观主体，中国企业正以企业公民的姿态开始其
> 新的生命历程，不断创造和推动企业与社会以及企业与环境的和谐发
> 展，为中国经济社会的持续进步注入新的力量。起而行，鼓而呼，欢呼
> 企业公民的时代，做一名大时代的真心英雄，这就是我和万通的新使命。
>
> ——摘自冯仑2008年新年献词《欢呼企业公民的时代》

背景分析

随着中国经济和中国企业的发展，其外部的利益相关者越来越多，相互交织
共生共荣的利害关系也越来越复杂，彼此之间的利益边界也变得日益模糊起来。这
时，企业为了长期生存，为了获取更大和更有利的发展空间，不得不日益关注直接
的利益相关者（比如员工利益、社区利益等）和包括环境生态、社会公平等在内的
间接利益相关者。

于是，企业社会责任的问题在中国从2002年萌芽，2004～2006年兴盛和深化，
2007年由个别行动扩大到联盟行动。2006年10月，由招商银行、万科等中国著名企
业发起成立"中国企业社会责任同盟"，企业社会责任已经成为中国企业界的一种
集体的自觉意识。

段子原声

企业的生命过程犹如人的生命过程。当一个人只有三四岁的时候，他从家庭、
父母和社会方面只是获取哺育、关怀和保护，他只要求别人对他负责，没有必要也
没有能力影响更多的人群，进而对他人承担责任。

一旦他长大成人，进而娶妻生子，上有老下有小的时候，或者他在企业团体或
社会担任某种职务或积极角色之后，他在能够影响更多的利益相关者的同时，也承
受着更大的压力，承担着更大的责任。

行动指南

企业公民时代来临之后，企业能够做的是顺应时代要求，由坐而观到起而行，按照企业公民的要求，转变观念、完善价值观、改变行为、加速前进。

11月2日　对企业公民义务的范围有三种理解

目前国内关于企业公民义务的范围有三种理解。第一种是最窄的理解，即企业只要赢利、纳税，就算履行了企业公民责任。第二种理解非常宽，企业需要承担无边界、无限度的责任。第三种是目前西方比较通用的企业公民概念，这个范围就是只涉及直接的利益相关者。

——摘自冯仑《野蛮生长》

背景分析

对于企业公民义务的范围，冯仑作出了自己的总结和分析，即目前关于企业公民义务的范围有三种理解。

第一种理解认为，只要企业赚钱，实现赢利，能够很好地配置资源，善待员工、依法纳税，这样的企业就算是一个好的企业公民。这属于很窄的一个理解。

第二种理解认为，企业对公民的义务不仅是维护员工利益、纳税、依法经营、建立合理的竞争秩序以及维护社区环境、自然环境、生态环境等，还需要承担无边界、无限度的责任。

第三种理解是目前西方比较通用的企业公民概念，即企业公民要承担确定范围的社会义务、公民责任，这个范围就是只涉及直接的利益相关者。比如非洲难民不属于你的直接的利益相关者，你可以关心，但不关心也不为错，然而如果对直接利益相关者不负责任就一定是错。比如食品企业将食品卖到非洲，那里的消费者就是企业的直接利益相关者，就要对食品安全负责任，就要对购买本企业食品的非洲消费者负责任。

行动指南

企业公民的边界既不是窄到企业内部，也不是宽到无限，而是界定得很清楚的直接利益相关者。企业按照这个范围有计划、有步骤地去履行企业公民的责任，这样才能保证公益事业被正常、积极、持续、有效地不断推进并发扬光大。

11月3日　责任边界是"直接利益相关者"

当然，我们（指万通的企业社会责任）要关注的范围，就是万通的"直接利益相关者"，画一个圆圈，既不是小到我们万通，也不是大到全球60亿人的事。

——摘自《万通》2007年第5-6期文章《公益新战略》

归根结底，企业公民的责任范围强调的关键词第一是"直接"，第二是"利益相关者"。如果企业公民的责任范围定位在非直接利益相关者，或者直接非利益相关者，那么企业公民的边界就会被无限扩大，大到企业自身无所适从。

——摘自冯仑《野蛮生长》

背景分析

近年来，冯仑一直在思考：究竟什么是企业公民？企业公民的责任边界在哪里？冯仑个人比较接受和赞成企业公民的责任范围只涉及直接的利益相关者。

通常的利益相关者包括企业的股东、债权人、雇员、消费者、供应商等交易伙伴，也包括政府部门、企业所在社区、本地居民、媒体、非政府组织等，甚至还包括自然环境、人类后代、非人物种等受到企业经营活动直接或间接影响的客体。企业利益相关者理论的本质是指企业行动产生的影响所涉及或者说可能涉及的那些人、群体或组织，企业作出的各种决策对他们产生一种"利害关系"，因而，企业的各种经营决策活动要考虑到他们的利益。

段子原声

CSR（企业社会责任）这件事情来自西方，好比企业穿的一件新衣服，欧洲衬衫的领子很大，中国人身材不是很适合。新衣服要合体，要找一个合适的裁缝作一些改进，否则走路就会很扭曲，不舒服。

行动指南

利益相关者理论，尤其是直接利益相关者责任范围的提出，为企业履行社会责任提供了很好的分析工具。抽象的企业社会责任可以从具体的方面来加以衡量和评价，具有很强的操作性，因而经常被企业应用。

11月4日　用治理结构保障企业行善

在西方，跨国公司将这件事情（企业社会责任）作为公司治理的一个部分，是公司整个治理结构当中的一个内容，在公司治理中包含一个目标，那就是履行企业公民的责任。

——摘自冯仑2008年新年献词《欢呼企业公民的时代》

背景分析

在跨国公司，所有的公益战略的实施都必须经过董事会和股东会的决策程序，履行必要的法律手续。比如每年拿出多少钱来放在公益基金里面，这得经过董事会和股东大会批准，然后再作出预算，每年按照这样的步骤实施。

在这种情况下，如果突然发生了地震、水灾，公司要重新调整预算的程序就相对复杂。比如东南亚海啸来了，需要公司快速捐款，但程序和约束不能随便动，预算不能临时改，要有一套程序对此作出评估。

所以跨国企业的善举往往稍显迟钝，但它们在治理结构上保证了行善和公益是在合法的情况下去做的，而不是违法行善。

行动指南

企业应不断检讨和完善自身的治理结构，依法依规依照公司章程履行企业公民责任，有专门人员负责企业公民事务，可以考虑在董事会成立企业公民委员会，建立和完善企业公民方面的信息披露制度。

11月5日　股东利益和社会责任的平衡

> 董事长的责任是维护股东的利益，在满足股东利益的同时回馈社会。但如何在股东利益和回馈社会中找到平衡点，无疑是企业面对的一个难题。
>
> ——摘自2008年12月5日《第一财经日报》文章《冯仑CSR观》

背景分析

企业应该承担多少社会责任？如果天天承担，社会信誉好了，公司却赚不了钱。承担得过多会伤害到企业的财务制度、收益，伤害到股东的权益。要实现社会责任就可以不对少数人负责吗？在承担社会责任方面，作出什么样的抉择最终依靠的是领导人的价值观，取决于他做事的动机是出于牟利，出于道德良心，还是因为外部压力。一般情况下，道德良心最弱，外部压力最大，牟利排第二。

冯仑认为，解决股东利益和社会责任这一难题需要两点，第一点是从长期来看，企业社会责任与公司的利益、股东利益保持高度一致。

比如万通成立的"万通公益基金会"，得到了全体股东的大力支持。北京万通公益基金会聘请具有国际公益组织经验的专家担任秘书长，组织专业的人员机构独立运作，独立进行财务审核。在2008年的抗震救灾过程中，万通公益基金会第一时间发挥了积极的作用。

第二点是平衡好技术成本和舒适度，简单地说，环保技术提高、成本适度提高，但舒适度也相应增加。以二次规划社区升级来说，万通这一举动虽然增加了成本支出，但同时也为万通带来了口碑和更多客户，无疑成为良性互动的成功案例。

行动指南

无论从企业自身利益出发，还是适应社会转型期化解社会矛盾与阵痛的需要，抑或从推动公民社会的建立来说，企业都必须自觉和不自觉地由单纯追求利润的"凶猛动物"，转变为"温良恭俭让"的企业公民，承担起更多的社会责任。

11月8日 义利相和

　　古时，有人把义和利完全对立了。但今天来看，义和利有一致性，比如合法赚钱、依法纳税，税费惠泽天下人。

　　依法挣钱，依法纳税，是个取利的过程，而这个过程也是取义，只有取义才能取大利。比如社会发展方向，股东要分红、员工要工资、政府要税费，这就是义，往往只有取义之后才能挣大钱。

　　　　　　　　——摘自2001年9月19日《中国经营报》文章
　　　　　　　　《反思万通10年：从江湖规则到商业规则》

背景分析

　　冯仑认为，过去没有市场交换，义、利容易对立。有了市场交换以后，应该把两者很好地统一起来，脱离了义的利是一种恶欲。

　　在如今的企业公民时代，企业面临的义利问题实际上是利润最大化和社会责任是否和谐的问题。企业是商业组织，以赢利为目标，追求利益最大化是无可厚非的。如果企业侵犯到公众利益，不承担社会责任（诸如环保、劳工、社区、公众的道德理想、关注弱势群体等），不关心公共事务，会影响企业的发展。而有社会责任感的企业就像一个人，血肉丰满而富有正义感，对自身的完善很有好处。

行动指南

　　在现在这样一个商品经济时代，谁也离不开谁。如果一家企业在生产商品时不是出于义，甚至是仅仅为了取利不顾义，这家企业的取利行为就不可能长久。

11月9日 站在"大我"的立场上

　　由于我们过去没有经验，或者企业小，出于本能，只要对企业不利的东西，我们就说不好；对自己有利、赚钱就说好，这是"小我"的立场。但是，作为一个负责任的开发商，不能只站在"小我"的立场，还要站在"大我"的立场——行业的立场、消费者和中国经济整体发展的立场上。

——摘自2003年9月17日冯仑写给中国房地产协会的文章

背景分析

2003年，国家针对地产"泡沫"开始对国内热火朝天的房地产行业进行整肃，很多开发商抱怨房地产的"冬天"提前来临了，而万通集团董事局主席冯仑却不为所动，欣然提出"身体论"，"我们应该把宏观经济的变化当作天气变化，艳阳高照、刮风下雨都是正常的事。刮风下雨，我锻炼身体。就是得病，我也是最后得的"。

冯仑分析说，此次房贷新政可能是一个信号：本届政府更加重视社会公平，社会也更加重视财富积累过程中的道德因素。央行121号文还提醒企业在开放的充分竞争的市场条件下，企业公民究竟应该采取什么样的立场。

"'小我'就是不负责任的立场，就不会有公信力。"冯仑说。从1997年开始，他就一直在想怎样把企业做得更健康，这是对宏观经济反应最积极的一种办法，是正确的"大我"立场。

对房地产行业来说，121号文件会推进行业调整的进程，这是该项政策的积极意义所在。它像试剂一样，添加了一股重要力量。但是，归根结底，行业结构调整趋势不是外部条件强加的，而是市场正在自主进行的。

行动指南

宏观政策始终是第一轮出牌的，而企业是接牌的，企业更多地是被动的适应者。清楚了这个定位以后，企业就只能锻炼身体，把企业做得更规范、更健康，更好地应对外部环境的变化。

11月10日 履行社会责任对经营有帮助

目前来看，关于企业更好地履行企业公民的责任到底对经营有没有帮助，还没有数学模型来量化，只有一个定性的说法和一个道德的说法。

总体来说，履行企业公民的责任不是速效救心丸，而是一个保健品，不是说吃了马上就活了，但是你经常吃虫草、燕窝，对身体一定是有帮助的。

——摘自冯仑《野蛮生长》

背景分析

一家企业更好地履行企业公民责任、企业公民义务是为了什么，有没有必要？

关于这个问题，主要有两种观点：一种观点认为很有必要，因为全球化经济、自由贸易使大家相互关联，所以不能光顾自己，也应该同时注意自己的利益相关者，否则他会报复你。比如食品不健康吃坏了人，造成恶劣影响，你企业的产品也卖不掉。很多研究证明，企业公民责任履行得越好，经营绩效也会越高。

也有一种观点说，很多企业在履行企业公民责任方面做得不错，但是也没看到企业业绩提升，只是看到管理费用不断增加。如果这样，会造成两个方面的问题：一方面公司效益衰退，股东利益没保障；另一方面员工福利减少，使得企业没办法履行内外部责任。

行动指南

只要有条件，企业还是要经常地服用类似履行企业公民责任这样的"保健品"，经常放在身边，对公司有益无害，至少可以获得心理上的道德安全感，同时获得社会上更多人的支持。

11月11日 创业初即肩负社会责任

冯仑列出的万通基本理念总共九条，第一条是"以天下为己任，以企业为本位，创造财富，完善自我"。这条是冯仑和万通团队从1991年创业以来就一直坚持的共识：办好企业既是为了完善个人，更是为了造福于社会。

——摘自《万通》2008年7月号文章《企业公民行动》

背景分析

在万通的战略里，在冯仑的思虑中，履行企业公民的社会责任，在万通创业之初早已是题中应有之义。

2006年万通创业15周年纪念时，公司出版的《万通全书》中对万通企业文化进行了新的归纳。冯仑和万通把"以天下为己任，以企业为本位，创造财富，完善自我"这条从1991年创业以来就一直坚持的共识，置于万通九条基本理念之首。此外，冯仑很早就参加了"救助孤儿"等慈善活动。

从1994年开始，万通逐步系统地投入社会公益活动，包括捐赠建立"希望小学"、协助高校培养博士人才、与地球村等非政府组织合作环保项目、参加阿拉善生态协会（SEE）、每年的"感恩日"和"生活节"活动、组织员工参加慈善事务、建设"新股东文化"、在所有产品和服务中全面贯彻国际通行的绿色标准等。

2008年，万通的上市公司"万通地产"以"绿色公司，企业公民"作为公司年度经营管理的主题。

行动指南

不同公司的不同基因，决定了公司的未来。一家公司要想走得远、走得好，需要在最开始的时候就培育好自己的基因。

11月12日 做好"企业公民"的三部曲

> 万通探索出了做好"企业公民"的三部曲：纳入公司战略、公司治理重视、培育核心价值观。公司在履行企业公民的过程中将企业公民的核心价值观灌输给员工，从而将正确的价值观渗透到公司的各个方面。
>
> ——摘自冯仑2008年新年献词《欢呼企业公民的时代》

背景分析

在社会责任这个新课题上，企业面临的问题是：企业究竟应当怎样扮演好企业公民这一新角色，从而发展新空间，取得新进步，创造新业绩。

首先，协调好企业公民的角色要求与公司原有战略的关系，是能否真正充当企业公民、承担好社会责任的关键所在。

遗憾的是，现在很少看到将履行企业公民责任纳入公司战略，从战略定位、战略目标和战略实施方面给予充分阐述和有力推动的企业。要么是领导者自说自话，公司战略一成不变，形同双轨，各不相干；要么说的一套和公司实际的政策和表现完全背道而驰，一方面喋喋不休地说社会责任，另一方面又不断破坏生态环境，忽视劳工权利，自毁前程。这些都不足取。企业应当采取的唯一做法就是将履行企业公民责任完全纳入公司的战略，使之与公司的经营目标和股东的长期利益协调一致，相得益彰。

其次，企业履行企业公民责任的能力与表现和公司治理结构有很大关系，然而很多人却不重视这件事。

实际上，在"非典"和"海啸"的时候，很多民营企业提出捐钱但并没有经过内部法定程序，而且很随意。很有可能法定程序过不了，股东不同意，最后也没法真的掏钱，大嘴小手。万科已经通过股东会决定拿出企业利润的1%来履行企业公民责任。万通也通过股东会议决定成立独立的万通公益基金会，每年从赢利中拿出利润的0.5%～1%捐给基金会。这些都体现了万通在治理结构上确保有效履行企业公民责任的积极努力。

再次，员工参与是企业公民实践活动成败的又一关键。公司在履行企业公民的过程中必须将企业公民的核心价值观灌输给员工，不断对其进行教育培训，从而使所有员工发自内心地接受和热爱企业公民的活动，随时随地互相激励和监督。

行动指南

有志于做好企业公民的公司，应该把企业公民事务纳入公司战略，并据此调整或重塑公司治理结构，然后通过员工的参与将企业公民的核心价值观落实在公司的各个方面。

11月15日　公益目标聚焦节能环保

万通的公益战略将以推动节能、环保事业为主。天下的公益事业非常多，要做的公益也非常多，做不完，我们不可能都做。我们现在只做一件事情，在公益事业中我们一心一意做节能环保。按照这样的公益战略，我们的目标就是实现国际上的绿色公司的标准。

———摘自《万通》2007年第5-6期文章《公益新战略》

背景分析

万通的公益基金会成立之后，曾发动所有的员工提出合理化建议，选择一些环保和公益项目，由公益基金会去实施。公益项目的选择有很大的学问，一般来说，应该有这么几个标准：政府不做的项目，政府能做的，你不要做；政府也能做，民间也能做，而政府做得不好或者不积极的，你能做就做，你做了以后可以推动政府更积极去做。

结合自己的行业特征和社会需求，万通把公司公益活动的目标聚焦在生态社区改善方面。目前万通公益基金会已经资助了19个社区。

冯仑认为，万通能做的公益项目应该是具体的、可复制、可量化的项目。为此，万通为自己节能环保的公益活动设立了一个标准，并且非常系统、仔细、可操作。

行动指南

确定参与公益事业的企业，可以结合自己的行业情况把自己的公益活动聚焦，确立自己公益活动的特色和标准。只有这样，才能达到公益活动的专业水准。

11月16日 定义"绿色公司"

我们的目标就是要使万通变成绿色公司。

———摘自《万通》2007年第5-6期文章《公益新战略》

万通所说的"绿色公司"的定义非常广泛。它包括两个层面的含义：一是人与自然的和谐共存，二是人与人之间的和谐共存——企业与社会的和谐共生和企业与大众的和谐共生。它包括："环境表现"（环境认知和政策、环境影响评估、环境绩效、环境商业前景、环境保护公关、环境信息公开）和"社会表现"（员工关系、消费者、社会参与、社会表现）两大组成部分，是大众、消费者、员工和投资者对一家优秀公司研判的新系统和新标准。

——摘自《万通》2008年7月号文章《绿色公司　企业公民》

背景分析

当今社会能源、环境问题日益突出，商业伦理、社会和谐内在需要的演化发展使绿色公司渐已成为国际最优秀公司追寻的方向。2008年，万通地产以"绿色公司，企业公民"为主题，推出了自己的绿色公司战略，并以此来规范、指导和改造公司行为，使企业商业价值与社会价值得到更完美的结合，实现更持续健康的发展。

"绿色公司"已经成为当前西方发达国家企业界新的商业伦理，具有一套执行标准和认证体系，是在综合西方发达国家数十年企业社会责任（CSR）发展和执行经验以及大型跨国公司多年环境保护战略方针的基础上建立起来的，体现出顶尖跨国公司多年战略性思考结出的丰硕成果，也将是中国企业在全球化和全球变暖背景下思考本企业未来战略发展方向的一个极好契机和迫切需求。这对于中国企业的发展乃至社会的进步必然产生深远的影响。

万通以绿色公司来系统整合公司的价值与行为，塑造公司未来的长远竞争力，为万通未来发展的美丽新世界提供"绿动力"。绿色公司是万通基业长青的战略安排，对于公司的未来发展具有举足轻重的意义。

段子原声

在万通确定了绿色公司价值观之后，如今在万通所有的事情和工作都要戴"绿帽子"。

行动指南

探索自己的"绿色公司"之道，并以此来指导、检测和完善公司的发展，同样是基于站在未来安排现在的战略领先之举。

11月17日 **绿色产品**

> 今年公司制定了万通新一代的（绿色）产品标准，同时开始绿色园区试点的建设，我们的目标是希望能够做得很好。
>
> ——摘自《万通》2009年1月号

> 一家地产企业做绿色产品，多半会让人联想到"低密度、高绿化率、回归自然"等词汇，而万通地产的绿色产品并未止步于此。安全、舒适、节能、降耗是万通地产对绿色产品的基本理解。
>
> ——摘自2008年11月27日《第一财经日报》文章
> 《冯仑：让制度的理性照进CSR的长路》

背景分析

产品，是对绿色公司理念的最有力支持。在万通地产，人与自然的和谐共存落实到产品可以归纳为"万通地产绿色产品标准"。万通一套新的绿色产品标准和代表万通地产绿色技术追求的"万通绿色原型屋"相继被推出。

依照国际、国内的绿色建筑标准，万通地产在材料选择、能耗以及排放等方面，尽可能多地维护和自然、大众、社会的和谐关系，减少对地球自然、人文环境的破坏。同时，万通地产努力想达到节能、舒适和成本相对控制的有效平衡，让客户拥有更具价值的产品和服务。

万通地产绿色产品的目标是通过制定绿色产品和服务标准，最大限度地节约资源，保护环境和减少污染，为客户提供健康、高效的使用空间，与自然和谐共生建筑，同时根据产品与服务标准的要求，在施工过程、采购过程、营销过程、产品交付后的二次规划过程，切实实施绿色环保的要求。

行动指南

看一家公司提供的是否是真正的绿色产品，主要应该看它提供的产品或服务是否是绿色的，以及其产品或服务达到的绿色标准是否能为业界所接受，是否接近或者高于行业绿色标准。这是最有说服力的。

11月18日 绿色公司价值观

> 万通地产的绿色公司价值观，就是把绿色公司所提倡的环保、节约、和谐和理性发展的精神奉为公司圭臬，以此为出发点，对企业经营管理的全部行为进行指导，自我选择，自我约束。同时，也以绿色公司的价值观为坐标，对公司的全部经营行为进行检视、评判和完善，以系统制度的建设，保证绿色公司价值观的贯彻和执行。
>
> ——摘自《万通》2008年7月号文章
> 《绿色公司：万通的美丽新世界》

背景分析

万通以"学好"为核心，已经发展出自己独特的企业价值观，并奉为珍宝。万通地产倡导健康地发展，理性地生存，能使公司的经济利益和社会价值并行不悖，相互促进。

在充分了解"绿色公司"这一国际企业未来的发展趋势之后，万通地产以"学好"之心，以自己一贯的理性、制度创新和战略领先精神，来领悟和实践属于自己的绿色公司的价值观。

万通的绿色公司不仅仅停留在绿色的理念和绿色的产品上，它以"绿色公司"作为公司的价值观，从公司的日常管理，从股东、员工、客户、投资人、合作伙伴和社会等各个维度，以绿色公司的标准来构建公司制度，规范公司管理，提升公司产品，是从价值观到行为方式，再到具体产品标准的系统整合。

万通地产的绿色公司价值观，是万通价值观的进一步发展和丰富，也是一次对万通价值观的总结和提升，是整个万通地产绿色公司体系中最基础、最核心的部分。

行动指南

绿色首先是一种公司价值观。看一家公司是否具有了绿色公司价值观，首先要看它提供的产品或服务，更要看该公司的行为方式。

11月19日 绿色公司行为方式

　　所谓绿色公司行为方式，是指在绿色公司价值观指导下，公司对于员工、股东、客户、合作伙伴和社会的态度，以及在此基础上的具体制定的制度和采取的行为。

——摘自《万通》2008年7月号文章

《绿色公司：万通的美丽新世界》

背景分析

　　如果说绿色产品和服务标准是绿色公司的"硬件"，那么绿色公司行为方式则是绿色公司的"软件"。在今天的万通，冯仑是这样打造万通的"软件"的：

　　——对社会，环保、公益共举。万通公益基金会是万通承担社会责任的专门载体，并已经被制度化。在此基础上，万通还通过了《公益战略规划》，全面、持续、主动承担社会责任，做好企业公民。

　　——对股东，做尊重股东权益的阳光公司。以"万通新股东文化"为代表，万通着力提升投资者关系管理，在依法阳光治理的基础上，维护资本市场的和谐，维护股东权益，特别是中小股东的利益，把万通做成一个能为投资人带来稳定的阳光利润回报的优秀企业。

　　——对客户，和谐之绿与客户价值倍增计划。把客户价值摆在公司的突出位置，万通从产品到服务，为客户提供最安全、舒心的服务，创造和谐的居住环境，并致力于客户价值的不断提升。

　　——对员工，从日常做起，共同参与。公司内部倡导、培训、改变和养成一种新的绿色行为方式，让万通员工成为"绿领"人群的代表，使员工的行为规范完全符合绿色公司的要求，形成鲜明的绿色公司企业文化，并能影响到周边人群。

行动指南

　　一家真正的绿色公司应该在产品和服务的"硬件"方面达到绿色公司的标准，更应该在公司行为方式等"软件"方面实现绿色公司的标准。在"硬件"方面达标，已经非常不易；而在公司行为方式等"软件"方面达标，实属难上加难，因为公司行为方式的改变首先需要公司领导及其员工经年累月的努力和坚守，同时还需要外在环境、体制变迁的支持。

11月22日 第一时间快速反应

（2008年5月12日14点28分之后）万通中心写字楼毫无预兆地晃了几晃——地震了？很多人惊慌、恶心，几欲乘电梯下楼。万通董事长冯仑走出办公室，提醒大家：不要怕，不要坐电梯……

三分钟后，冯仑得知是在四川汶川发生了特大地震，马上掏出手机打给高中——万通公益基金会原副理事长兼秘书长："老高，我们得做点什么。"顷刻之间，两人达成共识。

当天晚上，秘书长高中通过各种渠道，与四川某部队、当地教育局、教育基金会取得了联系。

——摘自《万通》2008年7月号文章《企业公民行动》

背景分析

2008年"5·12"地震那天，万通地产《万通·生活家》编辑部执行主编白桦的日记里，记录下了当时万通地产公司员工在北京的亲身感受。

随后，白桦记述了万通面对社会责任是如何及时行动的："随之，万通公益基金会紧急启动了'凝聚力量，点亮希望'救援行动，主动参与和帮助当地灾后重建以及灾民安置工作，重点向灾区捐赠大功率节能应急照明设备，为灾区救援工作提供绿色照明。当时，冯仑已经跟中城联盟各成员单位商议妥当，共同发起了救援赈灾联合行动。5月13日，万通系统包括家属开始进行捐赠活动，一周之内捐款220多万元。5月17日开始，高中率万通公益基金会和万通志愿者克服困难，三番五次奔赴灾区，冯仑直达聚源中学等重灾现场，大家一起投入慰问受难居民、送水、赠物、搭帐篷、装灯具等工作。"

行动指南

当国家和社会的灾难、紧急时刻来临时，一家有社会责任的企业最关键的是要行动，而且要第一时间快速反应，结合自己的企业特点贡献出自己的力量，真正在现实生活中实践社会责任理念。

11月23日 通过公益基金会来承担社会责任

我们准备建立一个"万通公益基金会"，以便推动和实施我们的公益战略。

——摘自《万通·生活家》2007年第10期文章《新万通 新企业公民》

公司最近作了一个决定，成立万通公益基金会，公益战略通过之后，万通就开始进入企业公益时代。万通以前是一个商业机构，今后仍然是一个商业机构，但是我们多了一份责任——"企业公民"责任。以前万通是自觉不自觉地承担了企业公益的那一部分责任，今后万通将进入一个主动的、长期的、理性的企业公益时期。

——摘自《万通》2007年第5-6期

背景分析

2007年，万通公司的历史掀开了新的一页。至少有两件事令人难忘：第一件，万通地产以上市公司新面貌出现在中国资本市场；第二件，万通成立"万通公益基金会"，以新的公益战略履行企业公民的社会责任。与之相对应，万通的企业发展与企业价值追求也进入了新的历程。

基金会报批、制定公司章程、从跨国公司挖人、地震后第一时间及时行动……看来，冯仑成立万通公益基金会是动了真格，而冯仑通过公益基金会来承担社会责任的态度也是严肃的、长远的。

有了万通公益基金会之后，万通的企业公民计划就进入了专业化、制度化和规范化的全新阶段。通过公益基金会，万通能更好地承担社会责任，做一个更加优秀的企业公民。

行动指南

一家企业成立的公益组织也具有专业手法和认真态度，可以反映出该企业重视公益事业的核心价值观。

11月24日　制度化安排公益战略

经股东大会和董事会批准通过，万通在当年向主管部门正式申报注册成立公益基金会，每年将拿出上市公司万通地产利润的0.5%、非上市公司万通实业利润的1%给公益基金会。同时决定，这个公益基金会将交由专业人士完全独立运作和考核。

————摘自《万通》2008年7月号文章《企业公民行动》

背景分析

2007年，万通制定了进一步的企业公益战略规划，从此将企业公益纳入了公司法定的制度和行为准则。冯仑甚至花了近四个月的时间，委托顶级猎头公司，广泛寻找兼具国际经验和专业能力的人士，聘任为万通公益基金会秘书长。

万通把履行社会公民责任制度化，股东会、董事会以及其他方面进行协商，决定把每年企业赢利中的0.5%～1%，加上公司高管捐出的一部分，以及其他渠道募集的资金，投入并成立"万通公益基金会"，完成万通回馈社会、履行社会责任的工作。平时，公司员工以义工的形式来参与基金会活动，有机会按照公司承担社会责任、履行企业公民义务的方向，推动和完善自己的公益行为。

冯仑强调，万通公益基金会能够取信于社会，是因为绝大部分理事是独立专业人士（包括国外人士）。正因为如此，这个公益基金会的法律地位和组织方式能够取得更多人的支持，社会公信力也会更大。

当时，万通公益基金会六个全职成员，没有一个万通的人员。当时的理事会九名理事中，两位是万通人员，一是冯仑，出任理事长；一是万通地产派出的员工代表。其他七人是专家、学者、独立人士。万通希望公益基金会在节能环保方面多作贡献，而公益基金会也有自己的方向和专业能力，具体做什么万通并不干涉。

行动指南

万通公益基金会的设立思路和制度架构值得借鉴：它属于社会，不属于万通。万通公益基金会的组织架构和制度安排能保证公益的专业化运作和长期持续方向。

11月25日 按世界先进标准做公益

> 我们专程去美国考察七个最有影响的非政府组织，特别是公益组织和慈善基金会……考察的基金会都是有上百年历史的基金会，它们在具体运作上都很有经验。这次考察对中国的公益基金会的如何运作问题会有很大的帮助。
>
> ——摘自《万通》2008年7月号文章《企业公民行动》

背景分析

2008年6月9日，万通参加了阿拉善生态协会规划、组织的一次大活动，与该协会内外16家企业领导人，专程去美国考察7个最有影响的非政府组织特别是公益组织和慈善基金会。

这些参观者怀着真诚学习的愿望，完成了为期近两周的详细考察。当时，在全国性抗震救灾的巨大触动下，他们悄悄出国进行的这次考察，实际上承担着社会对企业公益更多的期待。

考察归来，企业家们对各自企业参与或捐建的各个不同的基金会，在制度、治理层面有了新的想法和建议，知道了公益基金会如何更加合理地在独立运作的基础上提高效率。冯仑说，非政府组织公益组织最重要的就是诚信，首先要取得所有捐资人的信任，其次就是资金的使用效率要非常高，这样才可以花一元钱取得两三元钱的实际效果，帮助支援对象改善他们的生活状况，推动社会进步。

万通公益基金会原秘书长对国外的基金会很熟悉："福特基金会12年中捐了1.28亿美元，脚踏实地，每个项目不在乎大小，每个项目都要夯实，而且资产运用很有效率。"

行动指南

一家企业做公益事业，并去当前最发达的美国借鉴世界最先进的经验，这样的做法值得更多企业借鉴。在只有30多年市场化历史的中国，企业能做公益活动已经非常不易，而如果能在内心里真正把公益作为长久之计，同时按世界先进标准来做公益，一定能让企业走得更远。

11月26日 专业公益人才非常稀缺

> 公益人才在未来也是非常稀缺的人才，我们要花时间培训自己的
> 公益人才，同时也要选拔社会上优秀的做公益管理组织的人才。实施一
> 个好的战略要有经费、有目标、有战略，更要有人。
>
> ——摘自《万通》2007年第5-6期文章《公益新战略》

背景分析

等到冯仑想成立一个专门的万通公益基金会时，才发现没有专业的公益人才。冯仑呼吁，万通需要人才，需要找到最好的人才。

冯仑只有通过猎头来挖人。2008年，冯仑终于从跨国公司找来了高中先生，担任万通公益基金会的副理事长、秘书长。高中从1998年至今一直担任法国苏伊士里昂水务集团驻中国首席代表，并在2004年创办过"清水同盟"，并任该机构主席。

2009年1月，万通又延请公益人才领域的"海归"李劲，来担任万通公益基金会的新一任秘书长。李劲是美国哈佛大学肯尼迪政府学院的公共政策硕士，他担任过近5年时间的国际计划组织中国总部的项目总监，后来联合国开发计划署驻华代表处做了3年多的高级项目官员。

不仅仅是万通，国内企业想认真做公益基金会时都遇到了专业公益人才奇缺的普遍问题。国内另一个有影响力的南都公益基金会，是房地产行业的知名人士、南都房地产的原董事长周庆治发起的，基金规模1亿元人民币，是在国家民政部门正式注册的。南都公益基金会一开始就按照国际公益基金管理的游戏规则和国内的法律规定组建了专业管理团队。该基金会也选择了从外边挖人，请来了中国青基会原来的秘书长徐永光担任南都公益基金会的秘书长，徐永光是中国最资深的公益基金的秘书长。

行动指南

实施公益战略，除了经费筹集等问题之外，最重要的就是人才问题。其实，公益基金会是很难的工作。挣钱是本事，花钱是艺术。花钱要有效率，要受人尊重，这件事更不容易。巴菲特为什么把钱投给盖茨的基金会，因为盖茨花钱有效率。

11月29日 履行社会责任的法律环境不完善

目前国内建立一个公益机构，相当于20多年前建立非公经济、民营企业时面临的体制环境，在审批规范、管理制度、人才培养上都是这样……

——摘自《万通》2007年第5-6期文章《公益新战略》

政府给我们提供的履行企业公民责任的法律环境目前还不够完善……我有一个朋友注册1亿元的公益基金……最终是国务院副总理批的。这个朋友为了做这件好事花了一年半的时间来注册办手续，就好像做一件赚钱的事一样，要找这个，求那个，最后才批下来。

——摘自冯仑《野蛮生长》

背景分析

目前我国成立公益基金的法律环境还非常不完善，这使得企业履行企业公民责任的渠道不顺畅。比如一家企业要去注册一个公益基金，想长期履行公民责任，但是政府在注册方面还没有接纳、设立一个公益基金的工作流程和完善体制。

冯仑的一位企业家朋友想注册1亿元的公益基金，这位企业家把钱拿到民政部，民政部蒙了，这个人拿那么多钱想干吗？最后这件事报到了国务院，才得以批下来。另外，对于企业来说，公益基金还有一个至关重要的政策扶持和利益回馈问题，即企业的公益捐赠带来的退税的问题，到现在还没有很好地解决。原来只有国家指定的6个公益基金可以退税，政府希望企业把钱捐到那儿，由那儿分，最后再来退税。

目前国内公益基金的法律环境、政策环境不完善，使得企业乐善好施的渠道不通畅。实际上，法律环境的不完善抑制了企业创办公益基金的积极性，致使整个社会，包括民营企业对积极推动公民责任和参与社会公益活动的理解很不成熟，造成一些行为上的偏差，道德上的误解和社会上的负面评论。

行动指南

在转型期的中国，做企业需要耐心。在刚刚来临的企业公民时代，企业做公益同样需要耐心。企业应该主动承担开路人、拓荒者的光荣使命，通过做公益来为自己、为别人、为后人开创、培育一个良好的环境。

11月30日　王石做慈善"离圣人很近了"

据万科披露，王石这5年的合法税后收入是1900万元，在地震之前他已经捐出去1200万元……至少我认为他离圣人很近了……一算账才发现，（王石这5年收入的）2/3都捐了。

我问一个问题，你们还想要中国的企业家怎么做？你认为王石应该每个月只拿1000元钱的工资吗？你不为他感动吗？

——摘自2008年7月11日《财富时报》文章
《冯仑：从王石样本看中国企业家慈善》

背景分析

在王石遇到网民非议之后，冯仑以王石的同行和朋友，为评价王石提供了最具有说服力的事实和数据。

根据冯仑知道的情况，王石这个人看见好事就做，但他做了也不说。王石的个人收入远远小于他的贡献，而且他又把收入中的大部分捐出去了。大家知道，万科是全球最大的住宅公司，2007年末的市值是美国前三大住宅公司市值的1.5倍。一个人从一无所有开始创业，干成了一个全世界最大的住宅公司，他一年的收入只有100多万元，这是真正拿回家的。另外就是剩下的700万元，他又承诺要捐出一两百万元。但他预计的一些别的收入没到，结果他没钱了，就借朋友的钱捐款。后来怎么还的呢？是因为家里发生了一个意外事件，保险公司赔了些钱，他才有能力还钱。

而当大家有对他误解的时候，他没有再作解释，只是道歉，而且到现场去，最后说服股东追加捐款。你认为中国还能有比他更好的企业家吗？假定是你，你会这么道歉吗？道了5次歉，最后是无条件道歉，你会这样道歉吗？

王石为何要说服股东捐钱？因为他个人没钱了，不是他不捐了，他家里还得过日子啊。他答应了捐款，借朋友的钱履行了诺言。

中国的创业者，特别是像王石这样的创业家，在如今这个时代具有他的典范作用。如果中国的企业家都像王石一样，中国的市场经济和慈善事业会比现在还要好很多。

行动指南

民众对企业家、对公众人物有很高的道德要求，这是好事情，这是公众人物们一步步走向圣人的动力，但是这个期待需要非常长的时间去实现。一个人由普通人变成能人，由能人变成英雄，由英雄变成伟人，从伟人变成圣人，这中间要经历很多事情、很长时间才能达到。

十二月｜探寻商业文明

December **12**
CALENDAR

MON	TUE	WED	THU	FRI	SAT	SUN
				1 二十	**2** 廿一	**3** 廿二
4 廿三	**5** 廿四	**6** 廿五	**7** 大雪	**8** 廿七	**9** 廿八	**10** 廿九
11 十一月大	**12** 初二	**13** 初三	**14** 初四	**15** 初五	**16** 初六	**17** 初七
18 初八	**19** 初九	**20** 初十	**21** 十一	**22** 冬至	**23** 十三	**24** 平安夜
25 圣诞节	**26** 十六	**27** 十七	**28** 十八	**29** 十九	**30** 二十	**31** 廿一

12月1日 四种根本力量决胜未来

> 既然关系、机会和垄断都不足以确保企业高枕无忧，那究竟什么才是决定未来基业长青的根本性力量呢？
>
> 我认为，第一种力量是制度与制度文明，第二种力量是正确的核心价值观，第三种力量是企业组织形态及其创新方式，第四种力量是时间和毅力。
>
> ——摘自冯仑2005年新年献词《决胜未来的力量》

背景分析

在2004年岁尾，中国企业界"20周年纪念"蔚然可观，企业领袖们都在祈求确保自己企业未来第3个甚至第4个、第5个10年健康发展的灵丹妙药，寻找决胜未来的力量。

一般而言，公司必须经历三次转变，才称得上成功。第一，由做项目转变为做公司。创业起步，公司架构简单，人手不足，老板必须亲力亲为，所有精力都围着项目转。但如果一味如此，不能在掘得第一桶金之后迅速转型到办公司、管理公司上来，即解决如何依靠公司组织连续生产（项目）的问题，那就会很快被项目或简单的生产规模扩大所拖死。第二，由做现在的公司转变为做未来的公司。一家公司正常组织生产经营并不难，难的是10年、20年连续不断地增长，傲视同侪，领袖群伦。这就要求公司有良好的战略和管理能力。第三，由做对股东而言有价值的公司转变为做能够改变人类生活和社会形态、创造新的商业文明的公司。

所以，研究决胜未来的力量，就是寻找决定这三种转变的规律性的东西。

行动指南

冯仑找到的这四种决定未来基业长青的根本性力量，其实不仅仅适用于商业组织，同样适用于其他有追求的组织，比如政府组织和非营利组织，比如国际奥委会，它们之所以能办好一届又一届出色的奥运会，而且经营了几十年，同样可以用以上四种根本性力量来解释和验证。

12月2日 第一种力量：制度与制度文明

> 只有坚持不懈，经过经年累月的磨合，才能逐步建立适合自己企业并且优于竞争对手的一整套公司制度。对企业家能力的绝对挑战，既不是研发，也不是销售，而是创造制度。正是从这个意义上说，熊彼特把制度创新作为企业家的最重要职能是英明的。
>
> ……
>
> 我以为，历史的逻辑事实上是领袖不创造财富。财富创造的过程是由良好的制度安排决定的，领袖如果不能对这种制度安排施加影响或者起决定性作用，那就只能是一个财富的消费者和破坏者，无论这个领袖个人如何信誓旦旦，甚至抛头颅洒热血，其结局绝逃不出这一历史的逻辑。
>
> ——摘自冯仑2005年新年献词《决胜未来的力量》

背景分析

从人类文明史的范围来看，或者从国民财富积累的角度来看，领袖究竟是否创造财富？这是一个很有意思的话题。两百年前，中国国内生产总值比美国多。两百年后，我国的国民财富总量不及全球财富的4%（2004年左右的数据），而美国却拥有全球1/3的财富。这两百年，人们记住和津津乐道的是伟大的皇帝、领袖和他们的传奇故事与丰功伟绩，却见不到财富的实际增长。而在大洋彼岸，人们记住的只是制度（宪法与法律），随意批评甚至嘲讽的是弱智的总统。

国家如此，公司也是如此；短期不一定如此，长期却一定如此。当一家企业结束创业过程后，领袖或企业家的作用就不应继续停留在冒险犯难、硬打硬拼上，而应把90%的精力用在制定公司战略和不断完善推进战略实施的制度上。这既包括治理结构、人力资源开发、产品研发、生产和销售，也包括投资者关系、风险管理、价值观训练等方面。

制度是制度建设中的硬件，制度文明是制度运行中的软件。建立制度不难，坚持执行制度很难，而使制度强化为制度文明更是难上加难。推进制度文明，不单单是一个长期宣传教化的过程，而是依制度生存的每一个个体不断以自己的实际利益作代价与制度进行重复博弈的结果。

行动指南

　　只有当人们一次又一次从遵守制度中得到不断扩大的实际利益时，人们才会真正从心底里认同制度的合法性，从而自愿接受它，认真执行它，坚决捍卫它。换句话说，只有融化在血液（利益）里，才会落实到行动中。总之，比起制度来，制度文明更是一种长期的信念和文化，而一旦制度文明形成，由领袖崇拜变为制度崇拜，这个国家或者企业持续创造财富的基础才会像磐石一般不可动摇。

12月3日　第二种力量：正确的核心价值观

　　核心价值观必然会由简单和内在的是非判断、道德指引和行为规范，上升为外化的企业文化，最终固化为核心竞争力。

　　不同价值观决定着企业和个人如何算账（算大账），如何看未来（算前途），从而决定了企业未来的分野与高下。

　　　　　　　　——摘自冯仑2005年新年献词《决胜未来的力量》

背景分析

　　万通历史上曾遇到过多次是做好人（比如维护信誉）还是做坏人（比如赖账）的争论和现实选择。因为做好人短期成本巨大，未来收益往往一时还看不到，而做坏人当下看好像好处多多麻烦小小。所以，多数人容易选择后者。

　　然而，幸运的是，万通选择坚持做好人的核心价值观和行为方式。尽管万通花费了巨大代价，失去很多短期利益，但却使万通从海南泡沫经济的崩溃中幸存下来。不仅如此，由"学先进、傍大款、走正道"，"好人、好事、好钱"等价值观导引的万通企业文化，推动万通地产逐渐成为市场上最有价值的公司之一。

　　那么，究竟什么是核心价值观？所谓核心价值观是一家企业特别是它的领导人内心最深层的是非判断和善恶取舍，它是企业未来行为方式与业务导向的最根本的指引。这种价值观其实在任何企业都客观存在着，只不过当它不被领导人放在嘴上到处宣称时，便只能在企业兴衰的历史轨迹中找到蛛丝马迹；而当它被提炼成精确文字广为传播甚至宗教化时，便成了可以研究和仿效的"企业文化"。

更有甚者，如果根植在一家企业的核心价值观，随着时间推移而变成不可动摇的天条或信念时，它就成为一种核心竞争力，成为一种最不可模仿也最不可替代的能力。

行动指南

不同价值观引导出的不同行为调节甚至决定着企业与外部的各种关系，从而给自己营造出不同的社会生态。反过来，不同的社会生态又划定了企业未来的生存空间与发展方式。可见，凡是能够赢得未来的企业，必定信奉那些念及他人的价值观和时刻保持对社会及大众人群高度负责的精神。

12月4日　第三种力量：企业组织形态及其创新方式

> 企业家能力的最后较量，其实是驾驭组织的能力和变革组织的能力的较量。
>
> 商业文明的演进，其实就是组织形态不断进化的过程。企业组织的变革不仅无限扩大着企业疆域，而且使财富的创造过程日益完善，生产效率也十倍百倍地提高。
>
> ——摘自冯仑2005年新年献词《决胜未来的力量》

背景分析

有四种因素推动着商业组织的变革。

第一，随着劳动生产率的提高和人们收入水平的上升，市场容量不断扩大，人们对大规模交易需求的不断增长。需求是商业进步的终极动力。有需求，才有满足需求的企业的生存空间，而竞争则会加剧企业在产品与组织方面的创新速度，改变企业间竞争与共处的游戏规则。

第二，信息技术。信息的收集与传递方式是一个组织特别是商业组织的网络神经。随着信息技术的发展，采集、处理和传递信息的成本越来越低，形式也从简单的文字发展到声像同步，无所不及，无所不能。因此，公司的金字塔式组织日益坍塌，取而代之的是灵活应变的扁平化和网络式组织。正是有信息技术的支撑，才使跨国经营和标准化管理成为可能，从而使麦当劳和沃尔玛成为商业巨人。可以说，没有微软和英特尔的成功，便没有今天发达国家巨型跨国公司的商业霸权。互联网也给后起创业的企业以巨大的组织变革空间，使之能够跃为人先，例如戴尔、亚马逊、雅虎等。

第三，金融技术。信息技术的变革与金融工程和金融服务关系极为密切，而金融服务的方式直接决定着商业组织的形态。设想没有发达的资本市场，哪里会有跨国企业的资本巨兽和网络时代新兴企业的传奇故事。资本市场的水平和交易技术的进步完全取决于信息技术的水平。因为资金流动首先是一系列关于钱的信息的流动，企业和投资者的信息是否对称是市场是否完备和有效的最重要标志。

最后，当然，企业家的能力对企业组织的变革也至关重要。历史上被人们记住的企业家无非是两种，一种是推动组织变革（广义的变革包括生产与交易方式的变革等）的人；另一种是拥有技术发明从而颠覆商业规则，并且最终缔造新型商业文明关系的人。

行动指南

组织的进化能力和变革组织的能力是中国企业与发达国家优秀企业的主要差距之一。

12月5日 第四种力量：时间和毅力

在企业家的生涯中，与时间相伴的有一种东西叫毅力。毅力是时间的函数。崇高而远大的目标，特别能够激发人的奋斗热情和战胜困难的勇气，同时也能锻造出不断坚持的毅力，所谓"人必有坚韧不拔之志，方有坚韧不拔之力"就是这个道理。

——摘自冯仑2005年新年献词《决胜未来的力量》

背景分析

一件事、一家公司，其价值往往并不取决于它本身，而是取决于它所存在的时间，生命力越久就越有价值。所以，一个伟大的人或者杰出的企业家要想拥有未来的事业，首先要在内心对准备付出的时间有一个承诺：是一生一世，还是半辈子、三五年。你设定的目标越高远，实现起来就越困难，所需要的时间就越长。反过来说，一个有价值的未来，你必须以支付足够长的时间为代价，时间越长，越不可战胜，越发辉煌。无论个人、公司还是国家，其财富都是时间给的，都是朝一个正确的方向连续积累的结果。

行动指南

世界上只有三种人。一种人只忙过去的事，那是历史学家、死人或犯人。第二种人只为现在奔忙劳碌，那是普通人、平常人。第三种人是站在未来的终点教化我们，那是神。企业要想赢得未来，只能在普通人和神之间找个位置，看到的未来越远越清楚，就离神越近，就越是能人、超人。企业家就是要做超人，就是要在未来找一个支点，引领自己的企业，创造未来，赢取未来。

12月8日　制度创造财富，领袖不创造财富

经过一段的琢磨，我发现一个现象：只有制度可以创造财富，领袖不创造财富。

大概在2004年国庆前后，我和王石还有远大的张总（张跃，远大空调董事长）一起到朝鲜待了一周，回来后，我在北京待了一周，随后又去纽约待了一周。这三周让我看到，制度与制度的差距在200年以上。

——摘自2005年1月21日冯仑在武汉东湖论坛的演讲文稿

背景分析

冯仑认为，中国应该建立一个理性、法制、有自我纠错能力的制度。中国正走在改革开放的正确道路上，但花了多长时间找到这条道路呢？70年，70年中国都在为找这条道路折腾。70年以后中国又继续做积累财富这件事情，如果在20世纪20年代民族资本在上海勃兴时，中国就开始做这件事，财富一定会有更好的积累。但中国没有这么做。这在很大程度上是因为中国长期缺少一个稳定的能够纠错的理性规则。

行动指南

　　财富能不能积累取决于有没有一套很好的完备的法律制度。这个法律制度能够让各种各样的观点、行为在法律制度下进行筛选，从而保障财富的创造、积累过程不被打断。

12月9日　百年老店与非百年老店的差别

　　一项长期研究表明，百年老店与非百年老店的差别，不在于生产什么产品和怎样营销这类产品，关键在于前者拥有持久和正确的核心价值观。

　　作为一家企业，最具价值又最易被人忽视的正是这种无形同时又超越于眼前功利追求的价值观。

　　　　　　　　——摘自冯仑2002年新年献词《羞答答的玫瑰静悄悄地开》

背景分析

　　多年前，冯仑读到了美国两位记者写的一本畅销书《基业长青》，这本书讲到了全世界的百年老店和同类型的但没有百年历史的公司之间的各种差别。

　　这两位记者发现百年老店与非百年老店最重要的不同是企业领导者倡导的核心价值观念不同，也就是对于是非善恶的判断方法和标准不同。

　　百年老店的第一代老板的价值观念都很有意思。他们的核心价值观念之一是为社会服务，有一种叫"终极关怀"的情感追求。

　　比如，美国目前最好的叫作"市场服务"（Service Master）的公司，它比物业公司的保洁、安全、行政管理还要复杂一点。这家公司的第一代老板，是个宗教信徒，他起初不想挣钱，只是看见他的教区的人生活很忙碌，孩子没人管，草坪没人修剪，他就鼓励教友去做服务，为他们打扫卫生。他们从来没有考虑到要发财，很多人就这样真心实意地为教区居民服务。于是很多人非常感谢他，越来越多的人乐意接受他们的服务，这就是需求。以后，他们觉得需要服务的太多了，教会也要收一些基本的费用才能负担得起，这家公司就这么发展起来了。他们的企业文化就一代一代传承下来，这叫作"真诚的服务，低廉的收费，无怨无悔"。

核心价值观中一个有趣的现象是：所有创业的老板最初都不是特别喜欢钱。其中有些老板最初是出于兴趣，他对这个事真有兴趣，就去钻研，最后没想到这个兴趣被人发掘了商业价值。

美国这两个记者发现，所有的百年老店创始人的相同性表现在核心价值观的这两个方面：第一个叫"终极关怀"，能放弃眼前利益的，就能追求长远利益。第二个就是重视核心竞争力的培养。

行动指南

事业的边界在内心，不在外部环境；而内心的事业就是按照一种正确的价值观永无止境和百折不挠地追求。有大胸襟，方有大视野和大世界。

12月10日　长寿公司的秘诀是减少决策

今年过年时，我去英国怡和集团的总部参观。这是家拥有170多年历史的家族公司。我问了他们董事长一个问题："怎样经营财富、保有财富、发展事业？"得到的答案只有四个字："减少决策！"

——摘自冯仑2003年周年反省会演讲文稿

背景分析

万通地产董事长冯仑说，万通一贯学先进，向同行学，向合作伙伴学。万通的长期合作伙伴之一香港置地拥有120年左右的历史，它的母公司是有着超过170年历史的英国怡和集团。当时只有十几年历史的万通与他们合作，它们的商业经验、管理、组织架构都成了万通学习的榜样，万通在很多方面学习它们。

从英国怡和回来之后，冯仑认识到万通要减少决策，要做到"谋定而后动"，在决策前把事实全想透，最后简单复制。很多人都在说万通这几年没有买地，可是万通从来没有停止过思考。万通近几年花了很多时间从战略的高度重新设计商业模式，用战略导向代替机会导向。这样做的结果是万通明确了战略目标，减少了很多不必要的决策，从而为万通进入优秀公司的行列提供了重要的前提。

段子原声

龟为何是寿命最长的动物？龟之所以长命百岁，与它的四个特性有很大关系：脚踏实地，承受重压能力好，稳扎稳打，善良温驯。如果一家企业能具备龟的这些特征，也容易像龟一样长寿。

行动指南

"人要乱动，就要动乱"，心乱动，杂念多，心神不定，就容易导致一切的覆灭。企业同样如此。

12月11日　判断好公司的三个简单标准

> 人们通常为不能看清一家企业所烦恼，投资亦无从下手……其实，判断一家公司是不是好公司，有三个简单的标准。第一，好公司应当自己一句话说得清楚，别人一眼看得懂；第二，一定要看得见终端产品的连续销售；第三，要看公司老板或经理下班以后干什么，和什么人混在一起。
>
> ——摘自冯仑文章《你要让我把你看得清楚》

背景分析

冯仑认为，判断一家公司好坏有以下三个简单标准：

第一，好公司应当自己一句话说得清楚，别人一眼看得懂。比如，自己公司做什么，是做食品，还是制衣，一句话就能讲完。不仅老板自己一句话讲得清楚，而且无论问哪一级员工，大家的回答八九不离十。另外，自己一句话讲完了还不够，还得看别人，特别是外行、普通人他们对你做什么的说法与你自己的说法是否吻合。

其实国外也一样，可口可乐、吉列、麦当劳都是简单到人们一眼看得懂的企业。

第二，一定要看得见终端产品的连续销售。商业的核心是交易，而交易的本能冲动无非是贱买贵卖，赚得利益。无论多大的买卖，无论多伟大的商业故事，没有东西卖就说明它没有稳定的经营性现金流。

现金是公司的血液，而经营性现金流是唯一属于自己的健康的血液。其他如资本性现金流和融资性现金流，固然可以输入企业维持其生命，但毕竟不是经营性现金流，不具有健康的造血机制，早晚会绷断的。

第三，要看公司老板或经理下班以后干什么，和什么人混在一起。如果老板或经理并不成天往政府跑，而是往国内外同行那里跑，往市场（产品市场和资本市场）上跑，那一定会变成行业先进。

万科声言绝不行贿、阳光利润，所以鲜见王石混迹于官大人之间，亦不与公检法司的人推杯换盏，反倒是落拓洒脱，寄情未来，玩山弄水。

行动指南

世间万物，伟大只是一种简单，只有真实才不怕简单。对照这三个简单标准，你就会知道你自己或者你身边的公司是不是一家好公司，同样也会知道这家公司距离成为一家好公司还有多远。

12月12日 按商业常识经营企业

德隆也好，三九也好，我以为问题都不出在现行体制上。因为两家分属民营和国有，但致命一击却同样是所谓资金链。

显然，在现行体制下，资金流向并不因为企业性质而被阻断，甚至民营的德隆从各个方面融到的资金还数倍于国有的三九。其实真正的危机恰恰在于面对日益完善的市场秩序，它们未能按商业竞争的常识经营自己的企业，反而一再企图违背普遍商业规律，勾兑政府、谋取暴利，逃脱监管，创造自己幻想中的奇迹。

——摘自冯仑文章《学好才会赢》

我认为民营企业最常犯的错误是不相信大道理，比如公司要有治理结构、战略、价值观等，听的人很多，但不相信的人更多。我们相信大道理，而且一直按大道理走。相信大道理的人，人家看你都是尊敬地看你。

——摘自和讯网《领袖对话》栏目专访冯仑文章

背景分析

2004年前后，德隆轰塌，托普摇坠，三九变色，一些著名公司纷纷消隐。其英雄无比的掌门人顿失颜色，或束手待毙，或不知所终，或黯然弃印。企业家们终于坦然接受了一个事实：必须以平常心回到市场经济的常识中去。

过去十多年，中国的经济一直处于计划体制向市场体制的转型中，那些善于和政府及体制打交道的人，深谙寻租和搞定之道。他们在发展过程中往往形成一套固定的思考模式和行为习惯，拒斥公开竞争中的游戏规则，不注意提高纯粹商业竞争所要求的能力。随着中国加入世贸组织和国企改革最后攻坚的完成，事实上，市场经济体系已成为中国经济体制的主导性力量，竞争规律也已由与政府的博弈转为企业间纯粹的商业竞争。

因此，正确的选择应当是放弃过去那种"机会导向、项目赌博、灰色交易、赖账跑路"的行为模式和思考习惯，努力奉行"战略导向、创造股东价值、公开透明、公平竞争、制度取胜"的行为方式。同时，创业者自身必须完成对自己的改造过程，放弃英雄主义情结，转而建立和持续积累自身的制度优势，加强战略管理，培育股东文化，创造公司价值，使公司转到纯粹的商业组织的轨道上来，认真扎实地积聚竞争优势，稳步拓展事业空间。

行动指南

你不相信大道理，放弃正道，就难以实现大前途。如果一家公司、民营企业能够按大道理来做，就能够不断地积累在正道上的优势。

12月15日 公司的四种死法

从历史上看，企业有四种死亡的方式，第一种，社会革命、制度变迁；第二种，技术革命；第三种，不可抗力和不期而至的灾难；第四种，商业竞争和商业周期导致的死亡。

——摘自2007年12月13日新浪读书频道冯仑文章

背景分析

按照一家企业正常的发展规律，绝大部分企业最终还是要走向死亡。死亡是企业从一出生就必须面对和趋进的自然规律，清醒的企业家不应回避企业的四种死亡方式：

第一种，社会革命、制度变迁。社会革命会造成大量的企业的性质发生变化和死亡。

第二种，技术革命。当一种新技术进入快速发展期，旧技术所能支持的一些企业就不复存在了。技术革命不断变化的过程会使非常多的企业死亡，这些企业的死因往往是当事人（企业家）迟钝或不敏感，或对以往技术过于偏执。技术变革本身导致企业的死亡将是经常性的和大规模的，较之第一种死亡，它不是很痛苦，而是在和平状态下不知不觉地死去。

第三种，不可抗力和不期而至的灾难。最典型的就是地震、海啸、战争，这些灾难会使很多企业破产，资不抵债。抵御这种灾难比较有效的方法是购买保险，预先作一些防范，避免死亡。

第四种，商业竞争导致的死亡。研究表明，每5～7年为一个商业周期，每一个周期都是由危机导致萧条，然后复苏繁荣；再危机萧条，复苏繁荣，这样周而复始不断循环。导致危机的最主要原因是供需关系发生了矛盾，造成强制性的市场供求结构调整，以及强制性的技术和固定资产更新。每轮商业周期循环都将会有一半以上的企业不复存在。

行动指南

在人类的商业文明历史上，这四种方式足以让企业死亡，而每家民营企业预防、诊断然后避免死亡的方法各有不同。

社会革命企业是没有办法抗拒的，但现在社会革命并不是民营企业需要防范的重点。

应对技术革命，企业必须通过保持高度的警觉性、敏感性和技术竞争上的创新能力，来适应未来的市场和不断出现的新产品。

应对自然灾害，作一些预防是有必要的，但通常防不胜防，因为自然灾害具有一定偶然性。总体来说，还是要作点预防。比如做房地产的企业，买防地震的保险就很有必要。

应对商业竞争唯一的办法就是降低负债，扩大现金流量的弹性，保持公司竞争性和财务稳健。因为经济危机一来，主要表现为银根紧张、市场萎缩、销售收入减少。这样带来的实际上是一个现金周转的问题，如果保持足够的现金，能够灵活地应对市场的供求变化，减少负债，一般就能活下来。

应对商业周期波动，最好的方法就是保持足够的现金流，减少负债，使产品能够应对市场的快速变化。这是唯一的存活之道。

12月16日　应对企业家自身可能的死亡

中国民营企业的很多强人在困难的时候匆匆离席，将死未死的时候被周围的人拿来做交易筹码，一旦死了，原来的事业也就迅速崩溃了。再强的人也绕不开死亡这一劫，但强人生前是让制度比他强还是他永远凌驾于制度之上，在死之后对其事业的影响是有天渊之别的。

——摘自2007年12月13日新浪读书频道冯仑文章

背景分析

很多民营企业家都是强人，他们蔑视一切困难，蔑视死亡，从来不正视自己也会死亡这件事，不去理性地安排他们死亡前和死亡后的一整套体制，而完全依赖自己超前的能力。很多民营企业的领导不相信体制，没有作出支持公司继续发展的制度安排，一出事，坐牢了，公司就死亡了。

而美国从建国到现在有四十几任总统。每个总统都会死，而且也有突发的死亡，但美国自建国以来没有因为任何一个总统的死亡使国家发生性质改变、方向改变、法律改变，对人们的生活产生巨大的影响，或让国内安定出现巨大的波动，其中一个重要的原因就是因为美国甚至将死亡这件事情都纳入了它们的制度管理。

美国《宪法》里面有明确规定，总统突然在任期内去世了，副总统应该按照什么程序来继任。这样就可以做到：保证政权更替的连续性和稳定性，不会因为总统的突然死亡，使国家的体制和政权发生变化，保证美国权力继承是稳定的。

行动指南

冯仑认为，目前民营企业家应该在下面几个方面作好安排，以应对自己可能的死亡：

第一，使自己的公司高度制度化。

第二，制订好继任计划，以确保你的离开不会使公司受到撼动乃至崩溃。

第三，应该立一个遗嘱，一旦去世，所有可能的问题，特别是财产分割的问题，要提前说清楚，避免引起身后的混乱和不必要的争执。

第四，应该作好对子女和身后财产的安排，包括财产的信托计划，对子女的教育和未来生活要有一个安排，使一切按照计划来，保证你的后代有人关照。

12月17日 救援濒临困境民企的机制

在当事人（企业家）面临法律诉讼，面临其他的困境时，要由他本人去面对，企业的资产、员工和业务应当被保护起来，保证企业能正常运营。民营企业处在困难和死亡边界的时候，能有很好的救援机制来避免死亡，这是社会和市场经济发展的必然，也是进步的象征。

——摘自2007年12月13日新浪读书频道冯仑文章

背景分析

在民营企业面临死亡时，怎样救活它？濒死的企业有没有活的希望？这是一个有趣的问题。

第一种办法是像德隆这样，由政府接管，只不过政府是用市场的办法管理，这算是一种进步。几大资产管理公司接管它，把它的资产分开，然后由这些大的经营机构还掉债务，同时进行业务重组。

第二种办法是道义上由政府管，实际靠法律去管。比如顾雏军被查出假账问题、挪用问题、虚假出资问题之后被抓起来，进入了司法程序，政府也管不了，随后科龙被海信收购了。结果是用商业的方法管了一部分，工商联在道义上管了一部分，然后法律管了一部分，使这家企业改换门庭，走上一条复活道路。

第三种办法是一些民间机构、工商联自己想出来的互助救援方法。工商联的一些会员和领导曾经想过一个办法：成立一个基金会，专门帮助那些濒危的民营企业。在德隆出事以后，工商联系统地研究过商业救援并提出一些提议，但目前还未成功。

"中城联盟"机构内部有一些成功的尝试，联盟成员享有一种"救援机制"，即当一家成员企业出现商业危机的时候，联盟启动它的基金、管理力量或其他成员的财务能力，接管这家公司，或者购买它的一部分资产，或者托管企业本身，帮它恢复、发展，等该企业家回到企业的时候，再把公司完整地交还给他。

比如云南有一家企业，当年出现了危机，王石是这家公司的董事，他就派了一个经理人，管了三年，把这个企业管得很好，赚了很多钱。在当事人恢复自由后，他把企业又还给当事人，这家公司现在已经成为云南最大的地产企业。

行动指南

救援濒临困境民企的机制最终不是一个道德问题，也不是一个政治问题，而只是一个商业问题，最好的办法就是用商业的方法来救活将要死的企业。

作为一个民营企业领导人，你每天都要有危机意识，要清楚地知道你快不行的时候谁会来救你。只有不断把这个问题想好，才能确保自己的企业未来的安全。

12月18日 能力要与机会匹配

> 我想，任何一个成功或失败的人，都是被机会牵着走的，其结局只是能力与机会的不同组合而已……所以，不光机会与能力常常不匹配，能力和身份也往往名不副实。

——摘自冯仑文章《学好才会赢》

背景分析

德隆是一个传奇，但只是胆略和幻想中的传奇，而不是商业上的传奇。那些年媒体和德隆自己最为乐道的是"产业整合"，不是要整合某一个产业，而是要整合几乎所有的传统产业；不仅要纵向整合，而且要横向整合。

从逻辑上讲，任何一个小小的产业链，只要你把它扯开拉长，其实可以无限延伸，把地球上的所有产业和一切经济活动都囊括进来。譬如，纸的原料是木材，木材的上游是林木以及相关的机械、化肥，机械再往上找就是钢铁，如此循环，无休无止。

所以，"整合产业"实际上是给自己设定了一个无边际的事业。然而，他们为什么会相信并且深陷于这种幻想呢？据说是因为发现了巨大的机会。德隆幻想"整合产业"，其实是5岁男孩想要媳妇的美梦。

段子原声

5岁的男孩看见美女，她对于他即便是机会，他也无力娶她为妻；15岁的男人能生儿子，未必会当爹；25岁会当爹，也未必就是教育家。

行动指南

民营企业往往把偶然的成功当成必胜的逻辑，过多地看重机会，而忽视自身能力与机会的匹配性，捡了一次钱，就以为可以天天站在那儿弯腰捡钱，结果难免一次次落空，贻为笑柄。

12月19日　生意场上的挣钱和分钱

> 有两件事在生意场上永远都得做好，第一是你能不能挣钱，这是经营问题；第二就是挣了钱给不给别人，这是商业道德问题。
>
> ——摘自《万通·生活家》2008年第3-4期冯仑文章
> 《商业伙伴：万通的选择与思考》

背景分析

在万通的历史中，冯仑大概有10年左右是在资产负数下生活，那时候他只能讲创造，不能讲分享，分享痛苦是没有人愿意的，所以他讲得更多的是承担责任。

但是今天万通已经发展得比较顺利了，在这样一个情况下，他需要更多地研究的问题是如何与同事、商业伙伴创造财富和分享财富。冯仑说过，"挣钱要从最近处着想，分钱要从最远处着想"。

这是什么意思呢？假如说今天万通挣钱了，冯仑首先想他要多出钱，多出力，多冒风险，多承担责任，这是最近的。分钱要从最远处着想，就是说赚钱了，他得想分钱有没有遗漏，是不是忘掉谁了，先把最远的都分了，把每一个层级都分完，最后剩下的钱才是他的。只有这样，创造和分享的两个过程才能够完善。

公司不能光是创造财富、为股东创造价值，另外还需要分享。

行动指南

别的商业伙伴与你合作，不知道你的经营能力怎么样，人家冒的是经营风险；挣了钱你给不给别人，别人冒的是道德风险，是对你道德原则的考量。所以合作要成功，这两件事都很重要。

12月22日 挣钱的最高境界是"让"

挣钱的最高境界，不是"争"，而是"让"。赚钱的过程中，人的本能都是争，讨价还价，杀价抬价……"让"的学问在中国尤其重要，因为中国人讲面子。但美国人不讲，他会当真。我们世贸的项目现在都是1美元、5美分地争，谈判的律师费却是每小时800美元。

——摘自2007年12月13日新浪读书频道冯仑文章

背景分析

想要运作资金，想要懂得如何让别人支持你，让钱为你的公司创造效益，就得懂人心。怎样打动对方呢？要研究人心，要懂人情世故，包括怎么给别人面子，怎么让人放心，怎么让别人相信你是好人。

在不同的民族、社会、文化背景下，钱必须按照当地的伦理、风俗、习惯、人际关系运作。只有取得别人的信任，才能让钱走到你这边。

有一个故事为证。"非典"时期，冯仑卖了一家公司的股权给一家私人企业，是一项价值好几亿元的项目。冯仑和那家企业的老板是非常好的朋友，冯仑和那个朋友商量说，我们太熟了，不好意思谈，不如先让下面的人谈，如果谈不拢我们俩再出面。之后下面人谈啊谈，最后冯仑他们要的和对方愿意给的还差4000万元。他们就商量在上海见个面，吃个饭，把这个事情说道说道。冯仑一直在想怎么说，如果让朋友妥协，确实不给他面子，还有一个办法就是对半掰，他多出2000万元，冯仑少要2000万元。

后来冯仑想了个办法，他跟对方说："哥们儿，这4000万元我要是不写到合同里，董事会上交代不过去，因为董事会授权的底价就是这么多。你现在不太能接受，那么你就付4000万之前的钱，我给你办过户，这4000万元你爱什么时候给就什么时候给，但是你得给我写上。对我而言是长期应收账款，反正也不是坏账。"这算是冯仑"让"了。

那位朋友没多久给冯仑打了一个电话，说："我觉得占了你的便宜，我付一半，你先给我过户，完了我再拿它抵押银行贷款，再贷4000万元一块儿给你。"后来一分钱没少给万通。因为冯仑卖的时候整个价格还是低的，所以现在对方光这个项目就赚了几十亿元。这个交易过后，双方的关系仍然非常好。

段子原声

谋人钱财其难度仅次于夺人贞操，从别人口袋掏钱忒难。

行动指南

在生意合作、人际交往中该让多少呢？这是一门学问。面子尊严很难拿捏，让到他有面子你有尊严，就比较好。在人生过程中，"让"的学问远远高于"争"的学问。

12月23日 为什么中国的土壤长不出"苹果"

论偏执狂、神经质，对成功的渴望、坚持，挑战权威和传统，有这些特质的中国企业家不在少数，但出不了乔布斯，这不是中国企业家的问题，而是中国整个市场运行的效率很低，在这种低效的环境下，中国出不了乔布斯，也长不出苹果。

——摘自冯仑的新浪博客

背景分析

从思考立体城市时开始，冯仑就一直试图用互联网思维改造自己以及立体城市的下属，这也促使他开始思考创新的问题。在他接触的企业家中，性格有如乔布斯、扎克伯格一般偏执、喜爱挑战的人不在少数，这也激发了他进一步的思索：为什么有这么多具备成为大师潜能的企业家，中国却出不了一个乔布斯、一个扎克伯格，也出不了苹果这样的企业？

冯仑认为，这不是中国的企业家出了问题，而是中国总体市场经济效率导致了中国土壤中永远也生长不出苹果这样的企业。

行动指南

"定价机制"是解决这个问题的最现实办法之一，例如百度在美国的上市、腾讯登陆纳斯达克等，实际上在一定程度上形成了"定价"的示范效用，这必然会催生、吸引更多的人去创业。但是，接下来就必须解决一个市场经济效率的问题，

因为经济活动的效率是靠重复交易来体现的，如果这一个交易总也达不成，要达成非常之复杂，就叫市场效率低；另一个标志是交易成本高。比如今天、明天马上就能达成交易了，但是中间的成本很高，这个成本就包括显性和隐性成本，比如有腐败存在，那就是隐性成本，这些隐性成本很高，市场效率就降低。中国的民营企业家，要解决的是第一个问题，至于后者，不是他们能解决的。

12月24日 评李嘉诚："建立自我，追求无我"

一个成功的人对生活的态度非常重要。比如我们在生活中经常看到一些人，做一些事情偶有所得，有点成功，他的自我就会让别人不舒服，他的存在让你感到压力，他的行为让你感到自卑，他的言论让你感到渺小，他的财富让你感到恶心，最后他的自我使别人无处藏身。但李嘉诚先生不一样，他在建立自我的同时又在追求无我，这是他的一种生活态度。

——摘自冯仑《万通·生活家》悦读俱乐部"哲学与生活"活动

讲话稿

背景分析

2006年，冯仑和我国内地的一些企业家去香港拜访李嘉诚，和李嘉诚吃了一顿饭，感触非常大。

当时李先生76岁，是华人世界的财富状元，也是中国商人的偶像。大家可以想象一下这样的人会怎样和冯仑他们见面。一般会想，"李大爷"这样的大人物，会等大家都到了，坐好了，然后才会缓缓地过来，讲几句话。如果要吃饭，"李大爷"一定会坐在主桌，有个名签，内地企业界20多人中相对伟大的人会坐在他边上，其余人坐在其他桌，饭还没有吃完，"李大爷"就应该走了。如果他是这样，在座的人也不会怪他，因为他是伟大的人。

但是让冯仑非常感动的是，等到内地的企业家到达的时候，李嘉诚先生已经在电梯门口等他们了，然后给他们发名片，这个小小的细节出乎他们意料——以李先生的身家和地位而论，已经不需要用名片了！发完名片后，内地的企业家们一个人抽了一个签，这个签就是一个号，就是他们照相站的位置，是随便抽的。冯仑当时还想为什么照相还要抽签，后来才明白这是用心良苦，是为了大家都舒服，否则怎么站呢？

抽号照相后又抽个号，说是吃饭的位置，又为大家舒服。最后大家让李先生说几句，他说也没有什么讲的，主要和大家见面。后来大家鼓掌让他讲，他就说："我把生活当中的一些体会与大家分享吧。"然后看着几个老外，用英语讲了几句，又用粤语讲了几句，把全场的人都照顾到了。

吃饭时，冯仑抽到的正好是挨着李嘉诚隔一个人的位子，冯仑以为可以就近聊天，但吃了一会儿，李先生起来了，说抱歉他要到其他桌子坐一会儿。后来，冯仑发现他们安排李先生在每一个桌子坐15分钟，总共4桌，每桌都只坐15分钟，正好一小时。临走的时候，他说一定要与大家握手告别，每个人都要握到，包括边上的服务人员，然后又送大家到电梯口，直到电梯关上才走。

行动指南

如果一位企业家想让自己强大起来，就要像李嘉诚追求的"建立自我，追求无我"那样，把自己融入生活和社会当中，不要给大家压力，以此来接纳你、喜欢你、认可你。

12月25日 评王永庆：抓住时代给予的机遇

> 人一生总有一次成功的机会，这个机会不是你自己创造的，而是你生活的时代赋予你的，但这个机会只有一次。
>
> ——摘自冯仑《万通·生活家》悦读俱乐部"哲学与生活"活动讲话稿

背景分析

冯仑第一次见到台塑集团的创始人、前董事长王永庆，是在我国台湾地区。

到达会议室以后，王永庆一开头就讲人的成功和时代的关系。他说我国台湾地区"二战"后的经济复兴是一个机会，而这个机会就一次，他正好赶上了，但是很多人不认为这是机会，而认为"二战"后的我国台湾地区是一片废墟，是悲惨的经历，是含辛茹苦的故事。这就是差别，同样的时代，他认为这是机遇，而别人却不这么想。

大家所处的时代背景一样，唯一的差别就是每个人对这个时代的感觉不一样，也就是看法不一样，眼光不一样。

行动指南

大家对现实世界的看法存在很多差异，而正是这些差异引导着人们采取了不同的行为方式，而这些行为方式的不同就决定了人们做事方法的不同，而做事方法的不同又决定了天下的人才、资源、眼前的机会与每个人的关系。

12月26日 评柳传志："拐大弯"

> 柳传志抓住了近20年中体制转轨的每一个时机，他火候把握得特别好。在产权、体制等问题上，他比较有耐心，到最后，分红权、认股权、股权全都有了，这就是他今天经常讲的"拐大弯"。
>
> 在中国的大环境下，体制没变的时候，先做的就会成褚时健，体

制有松动的时候，就水到渠成了。

——摘自《知识经济》杂志2002年第7期专访冯仑文章

很久以前，柳传志不是联想股东，没有钱，当时很多人让他改制。一般人都会认为应该抓住这个机会，但是柳传志认为，所有的事情都要拐大弯。这是他的生活态度，就是所有事情不是90度的急转弯，急转弯会翻车。所以，他说拐大弯，事情要顺着走，该得到的都会得到。

——摘自冯仑《万通·生活家》悦读俱乐部"哲学与生活"活动
讲话稿

背景分析

2009年9月，中国商业界最大的新闻是联想控股的股权转让事件。据北京产权交易所透露，这家曾经在2008年进入《财富》世界500强的著名企业将29%的股权挂牌出售，价格为27.55亿元人民币，最终，泛海集团成为唯一一家符合条件的受让方。

著名财经作家吴晓波认为，这是一起典型的"柳传志式"的转让。对于65岁的柳传志而言，联想的产权改造是他终生最大的一件事情，而且他必须在未来的5年内彻底地解决它。而联想的产权改造会遭遇很多困难：第一，规模太大，出让价格的高低，非常容易引起大的争议；第二，进来的那个民营资本，不能够干扰到现在联想业已形成的经理人治理结构，所以时机和人选的选择变得非常的关键。

在柳传志的经营管理思想中，有一条很出名的表述是"看中目标拐大弯"。现在看来，在他拐过的所有大弯中，产权改造无疑是最大、次数最多、也是历时最长的一个。

除了联想的产权改造之外，柳传志在交接班、贸工技、企业业务拓展等方面都奉行"拐大弯"的原则。联想已经从25年前的一间小平房发展成了联想控股公司以及旗下的联想集团、神州数码、联想投资、弘毅投资和融科置地，形成了现在的联想"1+5"事业群体。

行动指南

在中国做企业的特殊性在于背景和环境，从过去僵化的计划经济的社会体制逐步转化到一个开放的、充分竞争的市场体制，中国无疑取得了重大的成功，但中国的路径也非常不容易，生存在其中的中国企业更加不容易，企业家从复杂的渐变环境中寻找规律需要极大的耐心。

12月29日　评王石：取名不取利

　　谈到对钱的态度，王石说人生就是名利，在中国你要利那就别要名，要名就不要要利，因为在中国你活得好就是对别人的摧残。所以王石说，在商场，我决定要名不要利。于是他做了职业经理人。他的工资在2004年以前还不如我们公司经理，但是万科创造的利润是我们万通公司的数倍。他离钱的距离很远。

　　　　　　——摘自冯仑《万通·生活家》悦读俱乐部"哲学与生活"活动
　　　　　　　　　　　　　　　　　　　　　　　　　　　　　讲话稿

　　王石是一个非常成功的范例，我认为他的成功还没有到头，还有很大的上升空间。他的成功是我们许多人不能企及的。王石是对我影响非常大的一位企业家，也是我非常推崇的企业家。

　　王石是企业领袖中接近完美的一个典型……他现在从企业家这个角色又升华了，成了社会企业家，也就是说他承担起更多的社会责任，为社会公益和社会进步作出很大的贡献。所以我老跟他开玩笑说："再往下发展，基本上只有一个前途，那就是贴墙上了。"所谓贴墙上就是说成神了，没有缺点了。

　　　　　　　　　　　　——摘自2007年12月13日新浪读书频道冯仑文章

背景分析

　　王石是冯仑的同行，也是冯仑的良师益友。冯仑和王石从1993年开始认识，已经有16年的交情了。

　　作为企业领袖，王石已几近神话；他领导的万科已走过25年，成为国内最大的住宅企业，并有望进入《财富》全球500强。万科的成功或者王石的成功，究竟反映出一位企业家身上哪种特别的力量？对照其他类似的企业家，冯仑发现王石身上有一些特别之处。

　　王石坚持名和利只能得其一。在中国，得利很危险，若是不甘寂寞，那就得取名舍利。回过头来看，他的确如此：他不是个富豪，富豪榜上从来没有他；但是好人好事的榜上老有他，这样他在中国社会就容易生存。如果他是个富豪，同时又爱张扬,那万科就会有问题,肯定活不到现在。

冯仑对王石说过:"你当时作的最正确的一个决定就是不当老板。"为什么呢?在那一代的企业家和创业者中,很少自己创业不当老板的,王石是唯一的例外。

选择不做老板这件事情是非常独特的,王石作了中国所有的创业者当中最独特的一个选择。正是这种选择,使他摆脱了"原罪",避开了很多危机,也使他以后的人生、他的公司都与别人不一样。王石的这个选择,使得万科今天能够集中资源、能够形成很好的经理人文化、有很好的价值观、有很好的治理结构,在专业领域里持续提升,而且使得他自己超越其他所有的人,最终成为一位伟大的企业家。

行动指南

在中国,不要说创业者,就是一般经理人都很难做到在金钱方面律己。人能够在金钱上自律非常不容易,一般的人做不到。

12月30日 评马云:未来新商业文明中新的敬畏

目前我比较钦佩或者欣赏的应该是马云。我最近从马云身上学到了很多东西。我看到了一个有全球观的、一个完全现实的理想主义者,这一点是我很欣赏的。

从未来10年来看,从创造新商业文明角度来看,特别是互联网时代以后,中国现在有3亿多网民,将近30%的人都上网。未来10年可能50%、60%的人都上网,这个社会里面新商业文明的制定者是未来之王,马云很有希望成为这样的人。

在未来新的商业文明中新的应该被敬畏的人是马云,我对新商业文明是很敬畏的。……我觉得目前能够改变中国乃至全球商业规则、颠覆商业规则、创造新商业文明的人物名单中,马云是重要的候选人之一。而且我在他身上看到了理想主义的光芒,也看到了一位负责任的企业家怎么样来处理个人的很多小问题。

在很多方面，马云的理想主义和责任感、使命感已经超越了与我同时代的前二三十年的企业家。

——摘自2009年11月17日凤马牛网站

背景分析

据笔者所知，这几年冯仑与阿里巴巴集团主要创始人马云走得非常近，除了两人私交之外，两家企业互动也不少。他们一起去不丹感悟幸福，一起去我国台湾地区考察。冯仑请"阿里人"来给公司员工作培训，也去亲自参加阿里巴巴10周年的庆典。冯仑还专门请了一个助理，让他研究马云在做什么，互联网到底是什么。

冯仑很欣赏马云的直率与坦诚。比如，马云2009年套现了几千万元的股票，要变现，他没有找理由，而是坦诚"为了让家人享受小小的幸福感"。这比同冯仑年龄段或者以上的企业家更加直接。

2014年9月，阿里巴巴成功在美国纽交所上市，最高融资218亿美元，为美国历史上最大IPO（Initial Public Offerings，首次公开募股）。说目前马云的阿里巴巴是一个网络商业帝国一点也不为过，有国内最大的B2B网站阿里巴巴、B2C网站天猫网、C2C王牌淘宝网，以及软件服务、搜索引擎和网络广告等。目前马云的金融版图已经成型，有互联网主流支付工具支付宝、阿里小微金融集团，还有互联网金融天弘基金等。

更重要的是，冯仑眼中的马云是一个有全球观和责任感的理想主义者。马云用阿里巴巴、淘宝建立全新的网商，建立一个新的商业文明，这完全有可能改变甚至可以说是颠覆中国乃至全球的商业规则。

"电子商务将会成为一个国家的核心竞争力，电子商务在中国的发展一定会超过美国。"马云如是预言。

行动指南

作为一个领导人，眼中得要有神，有敬畏。所以企业自身要尽快调整，有敬畏，人就有内省，就有自我约束，就会进步。学马云，就要学习在新商业文明下的规则以及怎么生存、发展。有些企业需要适应马云创造的商业文明。谁适应得早，谁就能在互联网变局的新商业世界中占据主动，甚至后来居上。

图书在版编目（CIP）数据

冯仑管理日志 / 王建红，李乐编著. 一修订本. 一
杭州：浙江大学出版社，2015.1
　　ISBN 978-7-308-14022-5

　　Ⅰ．①冯… Ⅱ．①王… ②李… Ⅲ．①房地产业-企
业管理-经验-中国 Ⅳ．①F299.233.3

　　中国版本图书馆CIP数据核字（2014）第253338号

冯仑管理日志（全新修订版）

王建红　李　乐　编著

策　　划	杭州蓝狮子文化创意有限公司
责任编辑	徐　婵
出版发行	浙江大学出版社
	（杭州市天目山路148号　邮政编码310007）
	（网址：http://www.zjupress.com）
排　　版	浙江时代出版服务有限公司
印　　刷	浙江印刷集团有限公司
开　　本	710mm×1000mm　1/16
印　　张	20.5
字　　数	355千
版 印 次	2015年1月第1版　2015年1月第1次印刷
书　　号	ISBN 978-7-308-14022-5
定　　价	49.00元

版权所有　翻印必究　　印装差错　负责调换
浙江大学出版社发行部联系方式：(0571) 88925591;http://zjdxcbs.tmall.com